2011 全国房地产估价师
执业资格考试辅导用书

《房地产估价相关知识》命题点全面解读

建筑考试培训研究中心　组织编写

中国铁道出版社

2011年·北京

图书在版编目(CIP)数据

《房地产估价相关知识》命题点全面解读/建筑考试培训研究中心组织编写. —北京:中国铁道出版社,2011.5

2011全国房地产估价师执业资格考试辅导用书

ISBN 978-7-113-12877-7

Ⅰ.①房… Ⅱ.①建… Ⅲ.①房地产－估价－中国－资格考核－自学参考资料 Ⅳ.①F299.233.5

中国版本图书馆CIP数据核字(2011)第067321号

书　　名：2011全国房地产估价师执业资格考试辅导用书
《房地产估价相关知识》命题点全面解读

作　　者：建筑考试培训研究中心

策划编辑：江新锡　曹艳芳

责任编辑：陈小刚　　**电话**：010-51873017

封面设计：冯龙彬

责任校对：张玉华

责任印制：李　佳

出版发行：中国铁道出版社（100054，北京市宣武区右安门西街8号）

网　　址：http://www.tdpress.com

印　　刷：三河兴达印务有限公司

版　　次：2011年5月第1版　2011年5月第1次印刷

开　　本：787 mm×1 092 mm　1/16　印张：16.25　字数：408千

书　　号：ISBN 978-7-113-12877-7

定　　价：37.00元

编写委员会

组织编写：建筑考试培训研究中心

参加编写：（排名不分先后）

学慧教育（www. xuehuiedu. com）

中华培训教育网（www. wwbedu. com）

编写人员：（以汉语拼音为序）

郭爱云　郭丽峰　郭玉忠　郝鹏飞
黄贤英　靳晓勇　李同庆　李中其
梁　燕　梁晓静　刘　龙　乔改霞
施殿宝　孙　静　王凤宝　魏文彪
谢文婷　薛孝东　杨自旭　曾　韶
张春霞　张福芳　郑赛莲　周　胜

前言

建筑考试培训研究中心应广大应试者的迫切要求，组织了一批执业资格考试辅导名师组成房地产估价师执业资格考试辅导用书编写委员会，利用这些考试辅导名师在具体辅导和命题工作中积累的经验，在全面锁定考纲教材变化、准确把握考试新动向的基础上，科学安排知识体系架构，以独特方法全方位剖析试题的真实含义，采用多维的解题方法拓展解题思路的编写理念编写了《2011全国房地产估价师执业资格考试辅导用书》。

《2011全国房地产估价师执业资格考试辅导用书》系列丛书的编写体例是：

命题规律解读 通过辅导用书编写委员会对房地产估价师执业资格考试的命题规律的准确定位，深度透视命题规律，帮助应试者理顺备考思路。

命题点解读 一种话题就是一种考点，一段材料就是一段积累。辅导用书编写委员会将房地产估价师执业资格考试的命题要点作了深层次的剖析和总结，帮助应试者有效形成基础知识的提高和升华。

历年考题诠解 辅导用书编写委员会依托历年众多真题，赋予专业讲解，全面引领应试者答题方向，悉心点拨应试者破题技巧，有效突破应试者的思维固态。

热点试题全解 辅导用书编写委员会在编写过程中，遵循考试大纲，结合考试教材，经过潜心研究、精心策划、重点筛选后编写出难易符合考试要求的典型试题，帮助应试者巩固已掌握的知识。

《2011全国房地产估价师执业资格考试辅导用书》系列丛书的特点是：

"地毯式"搜索命题点——使考点插翅难飞；

"闪电式"速记命题点——把考试当作一场游戏；

"题库式"活用命题点——让命题者无计可施。

建筑考试培训研究中心专门为应试者组成了强大的专家答疑团队，所有应试者都可以通过专家答疑QQ(1162528052)和答疑网站(www.wwbedu.com)提出问题，专家答疑团队接到提问后会在24小时内回答应试者的提问。我们更希望应试者通过邮箱给我们提出宝贵意见，以便我们在以后修订时更进一步提高辅导书的价值。

进入考场的那一瞬间，你可能会感到有点紧张，这很正常。放松你的心情，增加信心，我们相信你有能力也有把握将本次考试做到完美。

由于编写时间仓促，书中难免存在疏漏之处，望广大读者和同行不吝赐教。我们衷心希望将建议和意见及时反馈给我们，我们将在以后的工作中予以改正。

最后衷心预祝广大应试者顺利通过考试。

建筑考试培训研究中心
2011年5月

目录

考试相关情况说明

一、报考条件

项　目	报　考　条　件
基本条件	凡中华人民共和国公民，遵纪守法并具备下列条件之一的，可申请参加房地产估价师执业资格考试： （一）取得房地产估价相关学科（包括房地产经营、房地产经济、土地管理、城市规划等，下同）中等专业学历，具有8年以上相关工作经历，其中从事房地产估价实务满5年。 （二）取得房地产估价相关学科大专学历，具有6年以上相关工作经历，其中从事房地产估价实务满4年。 （三）取得房地产估价相关学科学士学位，具有4年以上相关工作经历，其中从事房地产估价实务满3年。 （四）取得房地产估价相关学科硕士学位或第二学位、研究生班毕业，从事房地产估价实务满2年。 （五）取得房地产估价相关学科博士学位的。 （六）不具备上述规定学历，但通过国家统一组织的经济专业初级资格或审计、会计、统计专业助理级资格考试并取得相应资格，具有10年以上相关专业工作经历，其中从事房地产估价实务满6年，成绩特别突出的
香港、澳门和台湾居民报考条件	按照原人事部《关于做好香港、澳门居民参加内地统一举行的专业技术人员资格考试有关问题的通知》（国人部发〔2005〕9号）和原人事部、国务院台湾事务办公室《关于向台湾居民开放部分专业技术人员资格考试有关问题的通知》（国人部发〔2007〕78号）、《关于台湾居民参加全国房地产估价师资格考试报名条件有关问题的通知》（国人厅发〔2007〕116号）有关要求，符合报名条件的香港、澳门和台湾居民参加房地产估价师执业资格考试，在报名时须提交国务院教育行政部门认可的相应专业学历或学位证书，从事相关工作年限证明和居民身份证明等材料。其中，台湾院校的不动产估价、不动产经营、土地管理、建筑、都市计划（或区域及都市计划）和不动产管理与开发学科的专业学历证书，可视同报名条件中相关学科的专业学历。台湾居民还须提交“台湾居民来往大陆通行证”
学历或学位规定	上述报名条件中有关学历或学位的要求是指经国家教育行政主管部门承认的正规学历或学位；从事房地产估价实务工作年限是指取得规定学历前后从事该项工作时间的总和，其截止日期为考试报名年度当年年底

二、考试时间及科目

考试日期	考试时间	考试科目
10月15日	上午 9:00～11:30	房地产基本制度与政策（含房地产估价相关知识）
10月15日	下午 14:00～16:30	房地产开发经营与管理
10月16日	上午 9:00～11:30	房地产估价理论与方法
10月16日	下午 14:00～16:30	房地产估价案例与分析

三、考试题型、试卷分值、合格标准

考试科目	考试题型	试卷分值	合格标准
房地产基本制度与政策	单项选择、多项选择、判断、综合分析题	100分	60分
房地产开发经营与管理	单项选择、多项选择、判断、计算题	100分	60分
房地产估价理论与方法	单项选择、多项选择、判断、计算题	100分	60分
房地产估价案例与分析	问答、单项选择、指错、改错题	100分	60分

四、考试成绩管理

考试成绩实行两年为一个周期的滚动管理办法。参加全部四个科目考试的人员必须在连续两个考试年度内通过全部科目。

考试合格者，颁发由人力资源和社会保障部统一印制，人力资源和社会保障部、住房和城乡建设部用印的"中华人民共和国房地产估价师执业资格证书"。

备考复习指南

2011年房地产估价师执业资格考试临近，你准备好了吗？下面是为你研究制定的一套备考方略：

1. 准备好考试大纲和教材——将考试大纲要求掌握的内容，用不同的符号或不同颜色的笔迹在考试指定教材中作好标记，以备在学习中随时掌控。

2. 收集近几年的考试真题——在教材中将每一题的出处找到，并标记是哪一年的考题，当把近几年的考题全部标记好后，你就会恍然大悟，原来考试的命题规律也就这么几招。

3. 总结命题考点——根据你在教材中标记的历年考题，统计各章各节在历年考题所占的分值，一定要统计出来，圈定考试命题点，为以后有重点地学习，做到心中有数。

4. 全面通读教材——通读教材需要一定的时间和精力投入，应试者宜早作安排。强调对教材的通读，是要突出全面理解和融会贯通，并不是要求应试者把指定教材的全部内容逐字逐句地背下来。通读教材要注意准确把握文字背后的复杂含义，通读教材还要注意不同章节的内在联系，能够从整体上对应考科目进行全面系统的掌握。

5. 突击考试重要考点——在对教材全面通读的基础上，应试者更要注意抓住重点进行复习。每门课程都有其必考知识点，这些知识点在每年的试卷上都会出现，只不过是命题形式不同罢了，可谓万变不离其宗。对于重要的知识点，应试者一定要深刻把握，能够举一反三，做到以不变应万变。

6. 通过习题练习巩固已掌握的知识——找一本好的复习资料进行巩固练习，好的资料应该按照考试大纲和指定教材的内容，以“考题”的形式进行归纳整理，并附有一定的参考价值的练习习题，但复习资料不宜过多，选一两本就行了，多了容易眼花，反而不利于复习。

7. 实战模拟——建议应试者找三套模拟试题。一套在通读教材后做，找到薄弱环节，在突击考试重要考点时作为参考。一套在考试前一个月做，判断一下自己的水平，针对个别未掌握的内容有针对性地去学习。一套在考试前一周做，按规定的考试时间来完成，掌握答题的速度，体验考场的感觉。

8. 胸有成竹，步入考场——进入考场后，排除一切思想杂念，尽量使自己很快地平静下来。试卷发下来以后，要听从监考老师的指令，填好姓名、准考证号和科目代码，涂好准考证号和科目代码等。紧接着就安心答题。

9. 通过考试，领取证书——应试者按上述方法备考，一定可以通过考试。

答题方法解读

1. 单项选择题答题方法：单项选择题每题1分，由题干和4个备选项组成，备选项中只有1个最符合题意，其余3个都是干扰项。如果选择正确，则得1分，否则不得分。单项选择题大部分来自考试用书中的基本概念、原理和方法，一般比较简单。如果应试者对试题内容比较熟悉，可以直接从备选项中选出正确项，以节约时间。当无法直接选出正确选项时，可采用逻辑推理的方法进行判断选出正确选项，也可逐个排除不正确的干扰选项，最后选出正确选项。通过排除法仍不能确定正确选项时，可以凭感觉进行猜测。当然，排除的备选项越多，猜中的概率就越大。单项选择题一定要作答，不要空缺。单项选择题必须保证正确率在75%以上，实际上这一要求并不是很高。

2. 多项选择题答题方法：多项选择题每题2分，由题干和5个备选项组成，备选项中至少有2个、最多有4个最符合题意，至少有1个是干扰项。因此，正确选项可能是2个、3个或4个。如果全部选择正确，则得2分；只要有1个备选项选择错误，该题不得分。如果答案中没有错误选项，但未全部选出正确选项时，选择的每1个选项得0.5分。多项选择题的作答有一定难度，应试者考试成绩的高低及能否通过考试科目，在很大程度上取决于多项选择题的得分。应试者在作答多项选择题时首先选择有把握的正确选项，对没有把握的备选项最好不选，宁"缺"勿"滥"，除非你有选择正确答案的绝对把握，否则最好不要选择4个选项。当对所有备选项均没有把握时，可以采用猜测法选择1个备选项，得0.5分总比不得分强。多项选择题中至少应该有30%的题你是可以完全正确选择的，这就是说你可以得到多项选择题的30%的分值，如果其他70%的多项选择题，每题选择2个正确答案，那么你又可以得到多项选择题的35%的分值。

3. 判断题答题方法：判断题是给出一个题干(一般情况是一个概念或一种观点)，要求考生对其正确与否作出判断。判断题的命题思路主要有两点：一是需要考生进行判断的试题往往是一些很容易混淆的基本概念、有关规定、基本观点、基本原理；二是是非观念很明确，命题时一般不会出现新的观点、不明确的观点、有争议的观点。判断题不像选择题，命题已给出具体答案，而是需要学员用所掌握的知识判断，答案是"是"与"非"。对于判断题就要靠自己所掌握的基本知识和基本理论来作答。但切记对似是而非的题目不要盲目作答，因为答错会倒扣分。

4. 综合分析题答题方法：综合分析题实质是提供背景材料的选择题，包括计算分析题和综合分析题。综合分析题一般是15个小题，每小题2分，每小题的备选项中有1个或1个以上的备选项符合题意，如果全部选择正确，可以得到2分；错选或多选的不得分，少选且选择正确的，每个选项可以得到0.5分。其答题方法应参考多项选择题。但在分析时必须要结合背景材料，才可以得出正确答案。考生拿到综合分析题后，应该认真、仔细阅读题目，准确地理解题意和答题要求，确定考题涉及的知识点，这是正确答题的关键。考生应在认真读题的基础上，全面归纳解题的已知条件，获取解题信息。

5. 计算题答题方法：计算题主要检验考生从事房地产估价活动所应具有的基本计算能力，以及对各种数据处理和运算水平的高低。相对来说，计算题所考查的知识面比较简单，但具体的解答过程是很繁琐的，需要考生正确运用计算公式，并准确进行计算才可以得出正确答案。考生在作答计算题时首先要写出所运用的计算公式，然后再代入数据进行计算，这样如果在计算过程中出现错误，阅卷人认为你对其理解的正确，只是计算过程有误，也可以给你几分。

6. 问答题答题方法：问答题的目的是综合考核考生对有关的基本内容、基本概念、基本原理、基本原则和基本方法的掌握程度以及检验考生灵活应用所学知识解决工作实际问题的能力。问答题是在具体业务活动背景材料的基础上，提出若干个独立或有关联的小问题，每个小问题可以是计算题、简答题、论述题或改错题。考生首先要详细阅读问答题的背景材料，建议你阅读两遍，理清背景材料中的各种关系和相关条件，看清楚问题的内容，充分利用背景材料中的条件，确定解答该问题所需运用的知识内容，问什么回答什么，不要"画蛇添足"。问答题的评分标准一般要分解为若干采分点，最小采分点一般为 0.5 分，所以解答问题要尽可能全面、针对性强、重点突出、逐层分析、依据充分合理、叙述简明、结论明确。

7. 指错题答题方法：指错题是对存在错误的估价结果报告和估价技术报告进行指错，一般情况下会设置 13 处以上的错误，但只要求指明其中的 13 处就可以。每指明一处错误可以得到 3 分，整个指错题全答对的话，就可以得到 40 分。切记每个错误对应一个序号，未将错误内容写在序号后面空格处的不计分。阅卷时只考虑这 13 个序号后面的答案，超出范围之外的答案不予考虑。比如，某考生在 13 个序号后面空格处指出了 20 处错误，在这 20 处答案中的前面 9 个指错了，而且占据了 9 行答题位置，即使后面的 11 个全部指对了，该考生也只能计 4 条正确的答案，即只能得 12 分；如果该考生指对了的 11 处错误排在前 13 个序号上，则该考生可得 33 分。因此答题时要把自己有把握的、确定的错误排在前面，而且要一个答案占据一行。如果 13 个序号后面空格处有一处没有填写答案，也可以得到 1 分。

8. 改错题答题方法：改错题是根据题目所提供的估价报告的片断，指出并改正其中的错误。改错题的满分为 10 分，错误之处不超过 4 个，一般为 3 个或 4 个，后面应用前面的错误计算结果导致的错误不再算作错误。如果考生将正确的内容改错，则每改错一处要倒扣 2.5 分，最多扣至零分；如果考生将错误的内容又改错了，也不会扣分。改错题包括指出错误和改正错误两项工作，如果考生只指出了错误而未改正错误或改的也不正确，在这种情况下每处也可得到 1 分。

答题卡填涂技巧

应试者在标准化考试中最容易出现的问题是填涂不规范,以致在机器阅读答题卡时产生误差。解决这类问题的最简单方法是将铅笔削好。铅笔不要削得太细太尖,应将铅笔削磨成马蹄状或直接削成方形,这样,一个答案信息点最多涂两笔就可以涂好,既快又标准。

在进入考场接到答题卡后,不要忙于答题,而应在监考老师的统一组织下将答题卡表头中的个人信息、考场考号、科目信息按要求进行填涂,即用蓝色或黑色钢笔、签字笔填写姓名和准考证号,用2B铅笔涂黑考试科目和准考证号。不要漏涂、错涂考试科目和准考证号。

在填涂选择题时,应试者可根据自己的习惯选择下列方法进行:

先答后涂法——应试者接到试题后,先审题,并将自己认为正确的答案轻轻标记在试卷相应的题号旁,或直接在自己认为正确的备选项上作标记。待全部题目做完后,经反复检查确认不再改动后,将各题答案移植到答题卡上。采用这种方法时,需要在最后留有充足的时间进行答案移植,以免移植时间不够。

边答边涂法——应试者接到试题后,一边审题,一边在答题卡相应位置上填涂,边审边涂,齐头并进。采用这种方法时,一旦要改变答案,需要特别注意将原来的选择记号用橡皮擦干净。

边答边记加重法——应试者接到试题后,一边审题,一边将所选择的答案用铅笔在答题卡相应位置上轻轻记录,待审定确认不再改动后,再加重涂黑。需要在最后留有充足的时间进行加重涂黑。

2001～2007 年度
《房地产估价相关知识》试卷命题点分值

命题点		题型	2001	2002	2003	2004	2005	2006	2007
规划知识	规划概述	单项选择题							
		多项选择题							
		判断题							
		综合分析题							
	城市规划概述	单项选择题		1	0.5				0.5
		多项选择题			2				
		判断题							
		综合分析题							
	城市总体规划	单项选择题	0.5				1		
		多项选择题							
		判断题	0.5	0.5		1	0.5		0.5
		综合分析题					2		
	城市详细规划	单项选择题		0.5		0.5	0.5	0.5	
		多项选择题	2	2				2	
		判断题			0.5	0.5	0.5	0.5	
		综合分析题		2		2	2		2
	城市居住区规划	单项选择题	0.5						0.5
		多项选择题							
		判断题	1						
		综合分析题							
环境知识	环境概述	单项选择题							
		多项选择题							
		判断题							
		综合分析题							
	大气污染	单项选择题							
		多项选择题							
		判断题							
		综合分析题							

续上表

命题点		题型	2001	2002	2003	2004	2005	2006	2007
环境知识	环境噪声污染	单项选择题							
		多项选择题							
		判断题							
		综合分析题							
	水污染	单项选择题							
		多项选择题							
		判断题							
		综合分析题							
	固体废物污染和辐射污染	单项选择题							
		多项选择题							
		判断题							
		综合分析题							
	室内环境污染	单项选择题							
		多项选择题							
		判断题							
		综合分析题							
建筑工程知识	建筑识图与建筑设计	单项选择题				0.5	0.5		0.5
		多项选择题	2						
		判断题	0.5	0.5		0.5	0.5		0.5
		综合分析题							
	建筑构造	单项选择题					0.5	0.5	0.5
		多项选择题							
		判断题		0.5	0.5			0.5	0.5
		综合分析题						2	
	建筑设备	单项选择题							
		多项选择题							
		判断题							
		综合分析题							
	建筑材料	单项选择题							
		多项选择题				2			
		判断题			0.5				
		综合分析题							

续上表

命题点		题型	2001	2002	2003	2004	2005	2006	2007
工程造价知识	工程造价及其构成	单项选择题		0.5	0.5	1		0.5	0.5
		多项选择题						2	
		判断题	0.5	0.5		1	0.5	0.5	
		综合分析题		2					
	工程量计量	单项选择题							
		多项选择题				2			
		判断题							
		综合分析题							
	工程建设定额	单项选择题							
		多项选择题							
		判断题					0.5		
		综合分析题							
	工程造价的计价与控制	单项选择题			0.5		0.5		
		多项选择题					2		
		判断题							0.5
		综合分析题							
房地产测绘知识	房地产测绘概述	单项选择题					0.5		
		多项选择题							
		判断题		0.5	0.5				
		综合分析题							
	房地产图	单项选择题			0.5			0.5	0.5
		多项选择题			2	2	2		
		判断题					0.5		0.5
		综合分析题		2					
	房地产面积测算	单项选择题							0.5
		多项选择题							
		判断题							
		综合分析题							
经济学知识	供求与价格	单项选择题	0.5		1		0.5		
		多项选择题			2			2	
		判断题	0.5	0.5		0.5		0.5	
		综合分析题				2			

续上表

命题点		题型	2001	2002	2003	2004	2005	2006	2007
经济学知识	消费者行为理论	单项选择题				0.5			0.5
		多项选择题	2						
		判断题	0.5	0.5					
		综合分析题							
	供给理论	单项选择题		0.5	0.5			0.5	
		多项选择题							2
		判断题			0.5				
		综合分析题			2		2		2
	市场理论	单项选择题							
		多项选择题							
		判断题			0.5				0.5
		综合分析题							
	分配理论	单项选择题					0.5		
		多项选择题							
		判断题							
		综合分析题							
	市场失灵与微观经济政策	单项选择题							
		多项选择题					2		
		判断题							
		综合分析题							
	宏观经济学概述	单项选择题				0.5		0.5	
		多项选择题							
		判断题					0.5		
		综合分析题							2
金融知识	金融概述	单项选择题	0.5	1	1	1		0.5	
		多项选择题	2						
		判断题	1.5	0.5	0.5	0.5			0.5
		综合分析题	4		2	2	2		
	金融体系	单项选择题							
		多项选择题							
		判断题							
		综合分析题							

续上表

	命题点	题型	2001	2002	2003	2004	2005	2006	2007
金融知识	货币体系与货币政策	单项选择题							
		多项选择题							
		判断题						0.5	
		综合分析题							
	金融业务	单项选择题		0.5			0.5		0.5
		多项选择题							
		判断题							
		综合分析题						4	
	金融市场	单项选择题							
		多项选择题							
		判断题		0.5	0.5		0.5		
		综合分析题							
	房地产金融	单项选择题							
		多项选择题							2
		判断题							
		综合分析题							
证券知识	证　券	单项选择题						0.5	0.5
		多项选择题							
		判断题			0.5			0.5	0.5
		综合分析题							
	股　票	单项选择题				1			
		多项选择题	2	2		2			2
		判断题		1.5				0.5	
		综合分析题	2						
	债　券	单项选择题		0.5	0.5			0.5	
		多项选择题		2					
		判断题	0.5			0.5			0.5
		综合分析题							
	投资基金证券	单项选择题	0.5	0.5			0.5	0.5	
		多项选择题							
		判断题			1		0.5	0.5	
		综合分析题							

续上表

	命题点	题型	2001	2002	2003	2004	2005	2006	2007
保险知识	保险概述	单项选择题	0.5	1	1	1	1	1	0.5
		多项选择题	2	2	2	2	2	2	2
		判断题	0.5	1	1	0.5	0.5	1	0.5
		综合分析题			2		2	2	
	保险公司	单项选择题							
		多项选择题							
		判断题							
		综合分析题							
	房地产保险	单项选择题							
		多项选择题							
		判断题	0.5						
		综合分析题	2						
统计知识	统计概述	单项选择题	0.5				0.5		
		多项选择题	2	2	2			2	
		判断题	0.5	0.5		1		0.5	0.5
		综合分析题		2		2			
	综合指标	单项选择题		0.5	0.5	0.5		0.5	0.5
		多项选择题							2
		判断题					0.5		
		综合分析题			2				2
	时间序列	单项选择题		0.5					
		多项选择题							
		判断题					0.5		
		综合分析题							
	动态序列的分解与测定	单项选择题							
		多项选择题							
		判断题			0.5				
		综合分析题							
会计知识	会计概述	单项选择题							
		多项选择题							
		判断题		0.5					
		综合分析题		2					

续上表

	命题点	题型	2001	2002	2003	2004	2005	2006	2007
会计知识	会计假设	单项选择题							
		多项选择题							
		判断题			0.5		0.5		
		综合分析题							
	会计核算的一般原则	单项选择题					0.5		
		多项选择题		2					
		判断题						0.5	
		综合分析题	4						
	会计要素与会计恒等式	单项选择题	0.5	0.5	0.5			0.5	
		多项选择题	2						
		判断题	1		0.5	0.5		0.5	0.5
		综合分析题		2	2	2			
	会计基本核算方法	单项选择题							
		多项选择题							
		判断题					0.5		
		综合分析题							
	会计报表的意义和编制要求	单项选择题		0.5	1	0.5			0.5
		多项选择题			2		2		
		判断题							0.5
		综合分析题			2				2
法律知识	法的概说	单项选择题							0.5
		多项选择题							
		判断题							
		综合分析题							
	民　法	单项选择题					0.5	0.5	
		多项选择题							
		判断题							
		综合分析题				2		2	2
	合同法	单项选择题							
		多项选择题							
		判断题				0.5	0.5	0.5	
		综合分析题					2	2	
	物权与债权	单项选择题				0.5			0.5
		多项选择题					2	2	2
		判断题							0.5
		综合分析题							

续上表

命题点		题型	2001	2002	2003	2004	2005	2006	2007
拍卖知识	拍卖概述	单项选择题							0.5
		多项选择题							
		判断题				1	0.5		
		综合分析题							
	拍卖规则	单项选择题							
		多项选择题							
		判断题							
		综合分析题							
	拍卖实务	单项选择题						0.5	
		多项选择题				2			
		判断题						0.5	
		综合分析题							
	强制拍卖	单项选择题				0.5			
		多项选择题							
		判断题							0.5
		综合分析题							
	房地产拍卖	单项选择题							
		多项选择题							
		判断题						0.5	0.5
		综合分析题							
合　计		单项选择题	4	8	8	8	8	8	8
		多项选择题	16	12	12	12	12	12	12
		判断题	8	8	8	8	8	8	8
		综合分析题	12	12	12	12	12	12	12

第一章　规划知识

命题规律解读

本章的命题规律主要体现在：

1. 规划的类型属于命题者喜欢出的内容，应注意掌握。

2. 城市规划的含义是很重要的命题点，一定要牢固掌握。

3. 城市规划行政体系和运作体系是较重要的命题点，容易出现选择题和判断题。

4. 城市总体规划的主要任务和主要内容应好好熟悉，注意出现判断题。

5. 城市用地分类是必考的内容，应牢固掌握。

6. 城市用地评价是很重要的命题点，是一定会考核的内容，一定要牢固掌握。

7. 控制性详细规划的内容和控制体系是本章的重点，属必考内容。

8. 控制性详细规划有关计算规则特别适合出判断题。

9. 城市居住区及规划布局、居住区规划的任务和内容也可作为命题点。

10. 城市居住区的用地构成和规模也是命题者喜欢出题的内容。

11. 城市居住区道路、绿地、公共建筑及其他用地的规划布置非常适合出选择题，应多加注意。

12. 城市居住区规划的技术经济分析很容易出现在要求计算的题型中，应注意掌握。

命题点解读

命题点 1　规划的含义

规划通常兼有两层含义：一是描绘未来，根据现在的认识对未来目标和发展状态提出构想；二是行为决策，即为实现未来目标或达到未来发展状态作出行动步骤的决策。

命题点 2　国民经济和社会发展规划

国民经济和社会发展规划可分为全国性、省级和城市级规划，分别用以确定全国、省、城市发展的战略目标。

国民经济和社会发展规划除了战略目标、国民经济发展重大方针政策以及区域间或城市中大的空间部署外，一般都要对经济社会发展的规划指标进行分析和预测。

命题点 3　国土规划

国土规划是对国土资源的开发、利用、治理和保护进行全面规划。

它的内容包括土地、水、矿产、生物等自然资源的开发利用；工业、农业、交通运输业的布局和地区组合与发展；环境保护以及影响地区经济发展的要害问题的解决等。

命题点 4　土地利用总体规划

土地利用总体规划是各级人民政府，根据国家社会经济可持续发展的要求和当地自然、经济、社会条件，依法组织对辖区内全部土地的开发、利用、整治、保护在空间和时间上所作的综合部署和统筹安排。

根据我国行政区划，土地利用总体规划分为全国、省(自治区、直辖市)、市、县和乡五级。上下级规划必须紧密衔接，上一级规划是下级规划的依据，并指导下一级规划，下级规划是上级规划的基础和落实。

下级土地利用总体规划应当依据上一级土地利用总体规划编制。编制的原则是：(1)严格保护基本农田，控制非农业建设占用农用地；(2)提高土地利用率；(3)统筹安排各类各区域用地；(4)保护和改善生态环境，保障土地的可持续利用；(5)占用耕地与开发复垦耕地相平衡。

命题点5　区域规划

区域规划是为实现一定区域范围的开发和建设目标而进行的总体部署。

广义的区域规划指对区域社会经济发展和建设进行总体部署；包括区际规划和区内规划，前者主要解决区域之间的发展不平衡或区际分工协作问题，后者系对一定区域内的社会经济发展和建设布局进行全面规划。

狭义的区域规划则主要指一定区域内与国土开发整治有关的建设布局总体规划。

区域规划的主要任务是：因地制宜地发展区域经济，有效地利用资源，合理配置生产力和城镇居民点，使各项建设在地域分布上综合协调，提高社会经济效益，保持良好的生态环境，顺利进行区域开发和建设。

区域规划是以跨行政区的经济区为对象编制的规划，是国家总体规划或省级总体规划在特定经济区的细化和落实。

区域规划具有战略性、空间性和有约束力的特点，是在多种方案比较和选择中确定适合规划区域未来发展目标和经济建设的总体蓝图。其作用是划定主要功能区的“红线”，主要内容是把经济中心、城镇体系、产业聚集区、基础设施以及限制开发地区等落实到具体地域空间。

编制区域规划，通常着眼于打破地区行政分割，发挥各自优势，统筹重大基础设施、生产力布局和生态环境建设，发挥区域的整体优势，提高区域的整体竞争能力，达到人和自然的和谐共生，促使区域社会经济快速、稳定、协调和可持续发展。

命题点6　城乡规划

城乡规划包括城镇体系规划、城市规划、镇规划、乡规划和村庄规划；

城市规划、镇规划分为总体规划和详细规划；

详细规划分为控制性详细规划和修建性详细规划。

命题点7　城市环境保护规划和城市生态规划

城市环境保护规划是城市总体规划的重要组成部分，属城市专项规划范畴。

城市生态规划不仅关注城市的自然生态，也关注城市的社会生态；此外，它不仅重视城市现今的，还关注城市未来的生态关系和生态质量，关注城市生态系统的可持续发展。

命题点8　城市规划与其他相关规划的关系

城市规划与其他规划的关系主要体现在城市总体规划与其他相关规划的关系上。

1. 城市总体规划与国民经济和社会发展规划的相互关系

国民经济和社会发展规划是城市总体规划的依据，是编制和调整城市总体规划的指导性文件；

在国民经济和社会发展规划中，与城市总体规划关系密切的是有关生产力布局、人口、城乡建设以及环境保护等部分。

2. 城市总体规划与土地利用总体规划的相互关系

《中华人民共和国城乡规划法》规定:城市总体规划、镇总体规划以及乡规划和村庄规划的编制,应当依据国民经济和社会发展规划,并与土地利用总体规划相衔接。

这些规划中建设用地规模不得超过土地利用总体规划确定的城市和村庄集镇建设用地规模。

3. 城市总体规划与区域规划的相互关系

区域规划是城市总体规划的重要依据;区域规划的建设布局方案和计划时序,通过城市总体规划和专业部门规划得以贯彻落实;城市总体规划具体落实过程中也有可能对区域规划的原方案作某些必要的修订和补充。

命题点 9　城市规划的含义

城市规划是为了实现一定时期内城市的经济和社会发展目标,而进行的确定城市性质、规模和发展布局,合理利用城市土地,协调城市空间布局和进行各项建设的综合部署和全面安排。

城市规划是建设城市和管理城市的基本依据,是保证城市空间资源有效配置和土地合理利用的前提和基础,是实现城市经济和社会发展目标的重要手段之一。

命题点 10　城市规划的作用

(1)城市规划是国家对城市建设进行宏观调控的手段;

(2)城市规划是政策形成和实施的工具;

(3)城市规划形成了城市未来的空间架构。

命题点 11　城市规划的任务

(1)确定城市的规模和发展方向,实现城市的经济和社会发展目标;

(2)从城市的整体和长远利益出发,合理和有序地配置城市空间资源;

(3)通过空间资源配置,提高城市的运作效率,促进经济和社会发展;

(4)确保城市经济和社会发展与生态环境相协调,增强城市发展的可持续性;

(5)建立各种引导机制和控制规则,确保各项建设活动与城市发展目标相一致。

命题点 12　城市规划法律体系

1. 主干法及配套法规和规章

为了适应社会经济发展的需要,我国颁布了《中华人民共和国城乡规划法》,该法是我国在新时期城市规划法律体系的核心,也称主干法,由全国人民代表大会常务委员会制定,其主要内容是有关城乡规划分类、规划行政、规划编制以及布局安排和建设控制等的法律条款。

为保证主干法的实施,需要有相应的从属法规来阐明有关条款的实施细则,配套法规或规章由主干法授权相应的政府主管部门制订并报国家立法机构备案。

2. 专项法

专项法是针对规划中某些特定议题的立法,由于主干法要求具有普遍适用性和相对稳定性的特点,而有些议题不宜由主干法提供法定依据,因而需要制定某些专项法。

3. 相关法律法规

如《中华人民共和国土地管理法》、《中华人民共和国环境保护法》、《中华人民共和国城市房地产管理法》、《中华人民共和国文物保护法》、《中华人民共和国公路法》、《中华人民共和国建筑法》、《中华人民共和国标准化法》、《中华人民共和国消防法》等。

命题点 13　城市规划行政体系

1. 城市规划的编制

城市人民政府组织编制城市总体规划；县人民政府组织编制县人民政府所在地镇的总体规划，其他镇的总体规划由镇人民政府组织编制。

编制城市规划一般分为总体规划和详细规划两个阶段。

根据实际需要，大、中城市在总体规划的基础上可以编制分区规划。

2. 城市规划的审批

直辖市的城市总体规划由直辖市人民政府报国务院审批。

省、自治区人民政府所在地的城市以及国务院确定的城市的总体规划，由省、自治区人民政府审查同意后，报国务院审批。

其他城市的总体规划，由城市人民政府报省、自治区人民政府审批。

县人民政府组织编制县人民政府所在地镇的总体规划，报上一级人民政府审批。

其他镇的总体规划由镇人民政府组织编制，报上一级人民政府审批。

分区规划和详细规划一般由市人民政府城市规划行政主管部门审批。

编制分区规划的城市详细规划，除重要的详细规划由市人民政府审批外，由市人民政府规划行政主管部门审批。

命题点 14　城市规划运作体系

1. 城市规划具体编制

城市规划具体编制分为战略性发展规划的编制和实施控制性规划的编制。

城市总体规划属于战略性发展规划，其任务是制订城市的中长期战略目标，并以此确定土地利用、交通管理、环境保护和基础设施等方面的发展准则和空间策略，为城市各分区和各系统的实施控制性规划提供指导性框架，但尚不足以成为建设实施控制的直接依据。

城市详细规划属于实施控制性规划，是对一定时期内城市局部地区的土地利用、空间环境和各项建设用地所作的具体安排，是城市建设实施控制的直接依据。

根据编制的深度和内容，城市详细规划又可以进一步分为控制性详细规划和修建性详细规划。

控制性详细规划是以城市总体规划或分区规划为依据，确定建设地区的土地使用性质和使用强度的控制指标、道路和工程管线控制性位置以及空间环境控制的规划要求。

修建性详细规划是以城市总体规划、分区规划或控制性详细规划为依据，用以指导各项建筑和工程设施的设计和施工的规划设计。

2. 城市规划实施控制

城市规划实施控制是为了落实城市规划的具体实施而采取的城市规划建设管理的运作方式。

《中华人民共和国城乡规划法》规定：任何开发建设项目都必须专门申请规划许可，并按规定办理建设用地规划许可证；涉及国有土地使用权出让的，城市、县人民政府城乡规划主管部门须依据控制性详细规划，提出出让地块的位置、使用性质、开发强度等规划条件，作为国有土地使用权出让合同的组成部分；未确定规划条件的地块，不得出让国有土地使用权。

以出让方式取得国有土地使用权的建设项目，在签订国有土地使用权出让合同后，建设单位可持建设项目的批准、核准、备案文件和国有土地使用权出让合同，向城市、县人民政府城乡规划主管部门领取建设用地规划许可证。

城市、县人民政府城乡规划主管部门不得在建设用地规划许可证中，擅自改变作为国有土地使用权出让合同组成部分的规划条件。

规划条件未纳入国有土地使用权出让合同的，该国有土地使用权出让合同无效；对未取得建设用地规划许可证的建设单位批准用地的，由县级以上人民政府撤销有关批准文件；占用土地的，应当及时退回；给当事人造成损失的，应当依法给予赔偿。

命题点 15　城市规划管理系统

城市规划管理是组织编制和审批城市规划，并依法对城市土地的使用和建设的安排实施控制、引导和监督的行政管理活动。

城市规划管理的任务是：保障城市规划建设法律、法规的施行和政令的畅通；保障城市综合功能的发挥，促进经济、社会和环境的协调发展；保障城市各项建设纳入城市规划控制的轨道，促进城市规划的实施；保障社会公共利益，维护相关方面的合法权益。

城市规划管理系统是城市规划管理的具体体现，由以下相互联系的四个子系统组成：

(1)城市规划决策系统。即城市规划的组织编制和审批管理系统，主要负责制订城市规划。城市规划编制和审批是个连续的过程；城市规划组织编制管理是制订城市规划的前期管理工作，城市规划的审批管理是制订城市规划的后期管理工作。

(2)城市规划执行系统。即城市规划实施管理系统，是围绕从建设工程的计划、用地到建设而开展的，管理工作贯穿于建设的全过程。

(3)城市规划反馈系统。即城市规划实施的监督检查管理系统，主要负责建设工程规划批后管理和查处违法用地、违法建设两项管理工作。

(4)城市规划保障系统。城市规划法律规范的制订，构成了城市规划管理系统中保障系统的主要内容。

命题点 16　城市总体规划的主要任务和内容

1. 城市总体规划的主要任务

城市总体规划是综合研究和确定城市性质、规模和空间发展形态，统筹安排城市各项建设用地，合理配置城市各项基础设施，处理好远期发展与近期建设的关系，指导城市合理发展的战略部署和纲领性文件。

2. 城市总体规划的主要内容

《中华人民共和国城乡规划法》规定：城市总体规划、镇总体规划的主要内容包括城市的发展布局，功能分区，用地布局，综合交通体系，禁止、限制和适宜建设的地域范围，各类专项规划等。而规划区范围、规划区内建设用地规模、基础设施和公共服务设施用地、水源地和水系、基本农田和绿化用地、环境保护、自然与历史文化遗产保护以及防灾减灾等内容，应当作为城市总体规划、镇总体规划的强制性内容。

城市总体规划、镇总体规划的期限一般为 20 年，城市总体规划还应当对城市更长远的发展作出预测性安排；近期建设规划的规划期限为 5 年。

命题点 17　城市发展战略的含义

城市发展战略是指在较长时期内，人们从城市的各种因素、条件和可能变化的趋势预测出发，作出关系到城市经济、社会、环境发展全局的根本谋划和对策。

具体地说，城市发展战略是城市经济、社会、建设三位一体的统一的发展战略。

制订城市规划发展战略与目标是整个城市政府的任务与职能。

命题点18　城市发展战略的主要内容

(1)经济发展目标。包括国内生产总值(GDP)等经济总量指标、人均国民收入等经济效益指标以及第一、二、三产业之间的比例等经济结构指标。

(2)社会发展目标。包括总人口规模等人口总量指标、年龄结构等人口构成指标，人均寿命等反映居民生活水平的指标以及居民受教育程度等人口素质指标。

(3)建设水平目标。包括建设规模、土地利用结构、人际环境质量、基础设施水平等方面的指标。

命题点19　城市性质

城市性质是指城市在一定地区、国家以至更大范围内的政治、经济、与社会发展中所处的地位和所担负的主要职能。

1. 确定城市性质的意义

(1)城市性质决定着城市规划的特征，对城市规模的大小、城市用地组织的特点以及各种市政公用设施的水平起着重要的作用。

(2)城市性质是城市建设的总纲，是体现城市的最基本特征和城市总的发展方向，科学地确定城市性质是充分发挥城市作用的重要前提。它有利于合理选定城市建设项目，有利于突出规划结构的特点，有利于为规划方案提供可靠的技术经济依据。

2. 确定城市性质的依据

(1)国家的方针、政策及国家经济发展计划对该城市建设的要求；

(2)该城市在所处区域的地位与所担负的任务；

(3)该城市自身所具备的条件，包括资源条件、自然地理条件、建设条件和历史及现状基础条件。

3. 确定城市性质的方法

确定城市性质一般采用“定性分析”和“定量分析”相结合的方法。

4. 按城市性质划分城市类型

(1)工业城市；(2)交通港口城市；(3)中心城市；(4)县城；(5)特殊职能的城市。

命题点20　城市规模

城市规模反映人口、经济、科学技术等在城市的聚集程度。

广义的城市规模包括城市的人口规模、用地规模、生产力规模等；狭义的城市规模指城市人口规模，即城市人口总数，通常以市区的常住非农业人口作为衡量城市人口规模的依据。

1. 确定城市规模的意义

确定城市规模是城市总体规划的首要工作之一，对城市发展具有重要意义。

2. 确定城市规模的常用方法

(1)综合平衡法；(2)区域分配法；(3)环境容量法；(4)线性回归分析法。

3. 按城市人口规模划分城市类型

(1)特大城市。指市区和近郊区非农业人口100万以上的城市。

(2)大城市。指市区和近郊区非农业人口50万以上、不足100万的城市。

(3)中等城市。指市区和近郊区非农业人口20万以上、不足50万的城市。

(4)小城市。指市区和近郊区非农业人口不满20万的城市。

命题点21　城市分区规划

在编制城市分区规划时，应以城市总体规划为编制依据。

城市分区规划的主要任务是：在城市总体规划的基础上，对城市土地利用、人口分布和公共设施、城市基础设施的配置作出进一步的安排，以便与城市详细规划更好地衔接。

城市分区规划包括下列内容：(1)原则确定分区内土地使用性质、居住人口分布、建筑及用地的容量控制指标；(2)确定市、区、居住区级公共设施的分布及其用地范围；(3)确定城市主、次干道的红线位置、断面、控制点坐标和标高，确定支路的走向、宽度以及主要交叉口、广场、停车场位置和控制范围；(4)确定绿地系统、河湖水面、供电高压线走廊、对外交通设施、风景名胜的用地界线和文物古迹、传统街区的保护范围，提出空间形态的保护要求；(5)确定工程干管的位置、走向、管径、服务范围以及主要工程设施的位置和用地范围、分区规划的规划期限一般与城市总体规划一致。

命题点 22　城市用地分类

城市用地按大类、中类和小类三级进行划分，以满足不同层次规划的要求。

一般而言，城市总体规划阶段以达到中类为主，在城市详细规划阶段应达到小类深度。

城市建设用地应包括分类中的居住用地、公共设施用地、工业用地、仓储用地、对外交通用地、道路广场用地、市政公用设施用地、绿地和特殊用地九大类用地，不应包括水域和其他用地。

在计算城市现状和规划的用地时，应统一以城市总体规划用地的范围为界进行汇总统计；城市用地应按平面投影面积计算。

命题点 23　城市用地的自然条件评价

城市建设用地的自然条件评价主要从工程地质、水文、气候、地形和用地适用性等几个方面进行。

1. 工程地质条件

(1)建筑土质与地基承载力。

(2)地形条件。

(3)冲沟。冲沟是由间断流水在地层表面冲刷形成的沟槽。

冲沟切割用地，使之支离破碎，对土地的使用十分不利。

(4)滑坡与崩塌。不稳定的滑坡体本身，以及处于滑坡体下滑方向的地段，均不宜作为城市建设用地；如果无法回避，必须采取相应工程措施加以防治。

(5)岩溶。地下可溶性岩石(如石灰岩、盐岩等)在含有二氧化碳、硫酸盐、氯化物等化学成分的地下水的溶解与侵蚀之下，岩石内部形成空洞(地下溶洞)的现象称为岩溶，也叫喀斯特现象。

(6)地震。在强震区一般不宜设置城市；在震区设置城市时，除制定各项建设工程的设防标准外，还须考虑震后疏散救灾等问题，如建筑不宜连绵成片，尽量避开断裂破碎地段。地震断裂带上一般可设置绿化带，不得进行城市建筑的建设，同时也不能作为城市的主要交通干道。

2. 水文及水文地质条件

(1)水文条件。江河湖泊等地面水体，不但可作为城市水源，同时它还在水路运输、改善气候、稀释污水以及美化环境等方面发挥作用；但某些水文条件也可能给城市带来不利影响，例如洪水侵患，年水量的不均匀性，水流对沿岸的冲刷，以及河床泥沙淤积等等。

(2)水文地质条件。水文地质条件一般是指地下水的存在形式，含水层的厚度、矿化度、硬度、水温及水的流动状态等条件。

地下水常常作为城市用水的水源，倘若过量开采，就会使地下水位大幅度下降，形成"漏斗"。这样漏斗外围的污染物质极易流向漏斗中心，使水质变坏；严重的还会造成水源枯竭和引起地面沉陷，形成一个碟形洼地，对城市的防汛与排水均不利，而且对地面建筑及各项管网工程造成破坏。

3. 气候条件

(1)太阳辐射。分析研究城市所在地区的太阳运行规律和辐射强度，这对于建筑的日照标准、建筑朝向、建筑间距的确定，以及建筑的遮阳设施以及各项工程的采暖设施的设置，提供了规划设计的依据；其中建筑日照间距的考虑将进一步影响到城市建筑密度、城市用地指标与用地规模。

(2)风象。城市环境保护与风象的关系更为密切。

(3)气温。气温对于城市规划与建设有影响；气温的影响还表现在垂直方向上产生的逆温，使城市上空大气比较稳定，有害的工业烟气滞留或扩散缓慢，加剧对城市大气的污染。此外，城市由于建筑密集，生产与生活活动过程散发大量热量，往往出现市区气温比郊外高的现象，即所谓"热岛效应"，尤其在大城市中更为突出。

(4)降水与湿度。降水是指降雨、降雪、降雹、降霜等气候现象的总称。降水量的大小和降水强度对城市的排水设施有较为突出的影响。湿度的高低与降水的多少有着密切的联系。湿度的大小对城市某些工业生产工艺有所影响，同时又与居住环境是否舒适有所联系。

4. 地形条件

不同建设用地的地形条件，对建设规划布局、道路的走向和线型、各项基础设施的建设、均会产生一定程度影响。

5. 城市用地适用性评价

城市用地适用性评价就是以城市建设用地为基础，综合各项用地的自然条件以及整个用地的工程措施的可能性与经济性，对用地质量进行的评价。

城市用地适用性的评定要因地制宜，特别是抓住对用地影响最突出的主导环境要素，进行重点的分析与评价。

根据城市用地适用性评价结论，一般可将建设用地分为三类。

一类用地：即适于修建的用地。这类用地一般具有地形平坦、规整、坡度适宜，地质条件良好，没有被洪水淹没危险，自然环境条件较为优越等特点，是能适应城市各项设施的建设要求的用地。

二类用地：即基本上可以修建的用地。这类用地由于受某种或某几种不利条件的影响，需要采取一定的工程措施改善其条件后，才适于修建的用地。

三类用地：即不适于修建的用地。这类用地一般说来用地条件极差。

命题点 24　城市用地的建设条件评价

城市用地的建设条件是指组成城市各项物质要素的现有状况与它们在近期内建设或改进的可能以及它们的服务水平与质量。

与建设用地的自然条件评价相比，城市用地的建设条件评价更强调人为因素的影响。

1. 城市用地布局结构评价

(1)城市用地布局结构是否合理，主要体现在城市各功能部分的组合与构成的关系，以及所反映的城市总体运营的效率与和谐性。

(2)城市用地布局结构能否适应发展，城市布局结构形态是封闭的，还是开放的，将对城市整体的增长、调整或改变的可能性产生影响。

(3)城市用地分布对生态环境的影响，主要体现在城市工业排放物所造成的环境污染与城市布局的矛盾。

(4)城市内外交通系统结构的协调性、矛盾与潜力,城市对外铁路、公路、水道、港口及空港等站场、线路的分布,将对城市用地结构形态产生深刻的影响。

(5)城市用地结构是否体现出城市性质的要求,或是反映出城市特定自然地理环境和历史文化积淀的特色等等。

2. 城市市政设施和公共服务设施评价

城市市政设施和公共服务设施的建设现状,包括城市市政设施和公共服务设施的质量、数量、容量与改造利用的潜力等,都将影响到土地的利用及旧区再开发的可能性与经济性。

在公共服务设施方面,包括商业服务、文化教育、邮电、医疗卫生等设施,它们的分布、配套及质量等;

在市政设施方面,包括现有的道路、桥梁、给水、排水、供电、煤气等管网、厂站的分布及其容量等方面。

3. 社会、经济构成评价

影响土地利用的社会构成状况主要表现在人口结构及其分布的密度,以及城市各项物质设施的分布及其容量,同居民需求之间的适应性。

城市经济的发展水平、城市的产业结构和相应的就业结构都将影响城市用地的功能组织和各种用地的数量结构。

(1)工程准备条件。用地的工程准备视用地的自然状态的不同而异,常有的如地形改造、防洪、改良土壤、降低地下水位、制止侵蚀和冲沟的形成、防止滑坡等。

(2)外部环境条件。除以上这些用地自身的建设条件外,还需要考虑建设地区的外部环境的技术经济条件,主要有经济地理条件、交通运输条件、供电条件、供水条件等。

命题点 25 城市用地经济评价

城市用地经济评价是指根据城市土地的经济和自然两方面的属性及其在城市社会经济活动中所产生的作用,综合评定土地质量优劣差异,为土地使用与安排提供依据。

1. 城市土地的基本特征

(1)土地承载性。土地承载性是城市土地最基本的自然属性。

城市土地为城市各项建设和经济社会活动提供场所,是人们进行生产和生活不可缺少的物质要素,也是各类建筑物的载体,城市土地的这一特性称为承载性。

(2)区位。城市土地区位的涵义,除包括以地理坐标表示的几何位置外,更重要的是经济地理位置,即某一地段与周围经济环境的相互关系,如与就业中心、交通线路等社会经济要素的相对位置。它既包括有形的区位,如土地所在位置距就业中心、往返路线远近、基础设施条件等;也包括无形的因素,如经济发展水平、社会文化环境等。

2. 区位评价

(1)根据区位条件对土地的作用方式,建立城市土地评价的基本思路。

根据我国土地使用制度实施的实际情况,以决定土地质量优劣的区位因素为主要依据,采用土地分等定级即级差收益测算的方法进行城市土地评价,是较为切实可行的途径。

(2)从分析区位条件入手,取得土地评价的因素/因子体系。

城市土地评价因素的选择是根据城市实际情况而非假设。

命题点 26 城市详细规划含义和对象

城市详细规划是以城市总体规划或分区规划为依据,详细规定建设用地的各项控制指标和其他规划管理要求，或者直接对建设用地作出的具体安排和规划设计。

城市详细规划的对象是城市中功能比较明确和地域空间相对完整的区域。

按功能可以分为居住区、工业区、商贸区详细规划等；根据城市建设的阶段和工作需要，城市详细规划分为控制性详细规划和修建性详细规划。

命题点 27　城市控制性详细规划的作用

(1)控制性详细规划起着承上启下的作用；

(2)控制性详细规划是城市规划管理的依据和城市建设的引导；

(3)控制性详细规划是城市政策的载体。

命题点 28　城市控制性详细规划的内容

控制性详细规划的主要任务是：以城市总体规划或分区规划为依据，确定建设地区的土地使用性质和使用强度的控制性指标、道路和工程管线控制性位置以及空间环境控制的规划要求，强化城市规划的控制功能，并指导修建性详细规划的编制。

控制性详细规划的内容有：(1)确定规划范围内各类不同使用性质的用地面积与用地界线；(2)规定各地块土地使用、建筑容量、建筑形态、交通、配套设施及其他控制要求；(3)确定各级支路的红线位置，控制点坐标和标高；(4)根据规划容量，确定工程管线的走向、管径和工程设施的用地界线；(5)制订相应的土地使用及建筑管理规定。

命题点 29　城市控制性详细规划的控制体系

1. 控制性详细规划的控制体系指标

(1)用地控制指标。包括用地性质、用地面积、土地与建筑使用相容性。

(2)环境容量控制指标。包括容积率、建筑密度、绿地率、人口容量。

(3)建筑形态控制指标。包括建筑高度、建筑间距、建筑后退红线距离、沿路建筑高度、相邻地段的建筑规定。

(4)交通控制指标。包括交通出入口方位、停车位。

(5)城市设计引导及控制指标。包括对城市重要地段的地块，需对地块内建筑的形式、色彩、体量、风格提出设计要求。

(6)配套设施体系。包括生活服务设施布置，市政公用设施、交通设施和管理要求。

以上前五项属地块控制指标，可分为规定性指标和指导性指标两类。规定性指标是一旦确定下来，就必须严格遵照的指标；指导性指标则是参照执行的指标。

2. 控制性详细规划的规定性指标

(1)用地性质。指规划用地的使用功能或土地用途，可根据用地分类标准进行标注。

(2)用地面积。规划地块划定的面积。

(3)建筑密度。即规划地块内各类建筑基底占地面积与地块面积之比，通常以上限控制。

(4)建筑控制高度。即由室外明沟面或散水坡面量至建筑物主体最高点的垂直距离。

(5)建筑红线后退距离。即建筑相对于规划内道路红线后退的距离。通常以下限控制。

(6)容积率。即规划地块内各类总建筑面积与地块面积之比，即：

容积率＝总建筑面积/土地面积

容积率可根据需要制订上限和下限。容积率的下限保证地块开发的效益，防止无效益或低效益开发造成的土地浪费；容积率上限防止过度开发带来的城市基础设施超负荷运行。容积率还可以根据建筑的用途不同分为全部建筑容积率、住宅建筑容积率、公共建筑容积率等。

(7)绿地率。规划地块内各类绿地面积的总和占规划地块面积的比率，即：

绿地率＝绿地面积/土地面积

绿地率通常以下限控制。这里的绿地包括公共绿地、宅旁绿地、公共服务设施所属绿地(道路红线内的绿地)，不包括屋顶、晒台的人工绿地。公共绿地内占地面积不大于百分之一的雕塑、水池、亭榭等绿化小品建筑可视为绿地。

(8)交通出入口方位。规划地块内允许设置出入口的方向和位置。具体可分为：①机动车出入口方位；②禁止机动车开口地段；③主要人流出入口方位。

(9)停车泊位及其他需要配置的公共设施。停车泊位指地块内应配置的停车车位数，通常按下限控制。

3. 指导性指标

(1)人口容量。即规划地块内部每公顷用地的居住人口数，通常以上限控制。

(2)建筑形式、体量、色彩、风格要求。

(3)其他环境要求。

命题点 30　城市控制性详细规划有关计算规则

1. 建筑占地面积

建筑占地面积为建筑物的垂直投影面积，但不包括雨篷、外挑阳台、檐口、连接两座建筑物的架空通道、玻璃拱顶下的天井、室外楼梯或坡道和街坊内连接建筑物之间的过街楼，以及仅一面有围护结构、面积不大于基地空地面积(即基地面积减建筑占地面积)10%的基地附属建筑面积。

2. 总建筑面积

总建筑面积的计算办法照《建筑面积计算规则》(发改委(82)经基设字 58 号)规定计算，但不包括雨篷、外挑阳台、檐口、连接两座建筑物的架空通道、玻璃拱顶下的天井、室外楼梯或坡道，以及仅一面有围护结构、面积不大于基地空地面积(即基地面积减建筑占地面积)10%的基地附属建筑面积。

也不包括：(1)地下室和楼板面不高于明沟 1.5 m 的半地下室；(2)开放供公共使用的地面敞空层，如该敞空层不作公共使用，则按一半面积计入总建筑面积，但该敞空层以后不准再行改造，改变使用性质；(3)面积小于标准层面积百分之十的机房、水箱、瞭望用房的屋顶附属建筑物；此外，底层为杂物间和停车间的居住建筑，其底层面积按一半计入总建筑面积。

3. 建筑高度

在核算建筑间距时，建筑高度按以下规定计算：(1)平屋面算至女儿墙顶，无女儿墙算至檐口，面积小于标准层面积 10%的屋顶附属建筑物高度不计；(2)坡屋面坡度不大于 35°时，高度算至檐口；大于 35°者，屋脊线平行于相关建筑的算至屋脊线，垂直于相关建筑的算至山墙斜坡高度的中点。

在核算建筑高度时，建筑高度按以下规定计算：(1)平屋面算至女儿墙顶，无女儿墙者算至檐口；(2)坡屋面当山墙平行于道路红线时，高度算至山墙斜坡的中点，当屋脊线平行于道路红线时，凡坡度不大于 35°者，高度算至封檐墙顶，无封檐墙顶者算至檐口；坡度大于 35°者高度算至屋脊。

命题点 31　城市修建性详细规划

1. 修建性详细规划的作用

修建性详细规划以上一个层次规划为依据，将城市建设的各项物质要素在当前拟建设开发的地区进行空间布置。

2. 修建性详细规划的内容

(1)建设条件分析和综合技术经济论证；(2)建筑、道路和绿地的空间布局、景观规划设计，布置总平面图；(3)道路系统规划设计；(4)绿地系统规划设计；(5)工程管线规划设计；(6)竖向规划设计；(7)估算工程量、拆迁量和总造价，分析投资效益。

命题点 32　城市居住区及规划布局

城市居住区，一般称居住区，泛指不同居住人口规模的居住生活聚居地。

居住区的规模，广义上讲，有用地规模、建筑规模、居住人口规模，但通常以居住人口规模作为主要标志；居住人口规模又有居住户数规模和居住人数规模，通常所讲的居住人口规模是指居住人数规模。

居住区按居住户数或人数规模，分为居住区、居住小区、居住组团三级；

居住区的规划布局形式，有居住区—居住小区—住宅组团、居住区—住宅组团、居住小区—住宅组团、独立式组团等多种类型。

命题点 33　城市居住区规划的任务和内容

1. 居住区规划的任务

我国城市居住地区一般分为居住区和居住小区两级。

居住区规划的任务是创造一个满足日常物质和文化生活需要的舒适、方便、卫生、安宁和优美的环境。

2. 居住区规划的内容

(1)选择、确定用地位置、范围(包括改建范围)；(2)确定规模，即人口数量和用地的大小(或根据必建地区的用地大小来决定人口的数量)；(3)拟订居住建筑类型、层数比例、数量、布置方式；(4)拟订公共服务设施的内容、规模、数量(包括建筑和用地)、分布和布置方式；(5)拟订各级道路的宽度、断面形式、布置方式；(6)拟订公共绿地的数量、分布和布置方式；(7)拟订有关的工程规划设计方案；(8)拟订各项技术经济指标和造价估算。

命题点 34　城市居住区的用地构成

居住区的用地根据不同的功能要求，一般可分为以下四类。

(1)住宅用地：指居住建筑基底占有的用地及其前后左右必须留出的一些空地，其中包括通向居住建筑入口的小路、宅旁绿地和杂务院等。

(2)公共服务设施用地：指居住区各类公共建筑和公用设施建筑物基底占有的用地及其周围的专用地，包括专用地中的通路、场地和绿地等。

(3)道路用地：指居住区范围内的不属于上两项内道路的路面以及小广场、停车场、回车场等。

(4)绿化用地：指居住区内满足规定的日照要求、安排有游憩活动设施的、供居民共享的游憩绿地，包括居住区公园、小游园和组团绿地及其他块状、带状绿地等。

命题点 35　城市居住区的规模

居住区的规模包括人口及用地两个方面，以人口数作为规模的标志。

合理规模的确定，主要受以下一些因素决定：

(1)设置居住区级商业服务设施的经济性和合理的服务半径；

(2)城市道路交通方面的影响；

(3)居民行政管理体制方面的影响。

此外，自然地形条件和城市的规模等因素对居住区的规模也有一定的影响。

命题点 36　住宅及其用地的规划布置

住宅及其用地的规划布置是居住区规划设计的主要内容。

在进行规划布置前，首先要合理地选择和确定住宅的类型。

1. 住宅的类型(以户为基本组成单位)及其特点(表 1—1)

表 1—1　住宅类型(以户为基本组成单位)及用地特点

编号	住宅类型	用 地 特 点
1	独院式	每户一般都有独用院落，层数 1～3 层
2	并联式	
3	梯间式	一般都用于多层和高层，是多层和高层住宅建设中最常见的形式，用地比较经济
4	内廊式	
5	外廊式	
6	内天井式	是第 3、4 类住宅的变化形式，由于增加了内天井，住宅进深加大，对节约用地有利，一般多见于较低的多层住宅
7	点　式	是第 3 类住宅独立式单元的变化形式，适用于多层和高层住宅，由于体形短而活泼，进深大，故具有布局灵活和丰富群体的空间组合特点，也有利于节约建设用地
8	跃廊式	是第 4、5 类住宅的变化形式，一般适用于高层住宅

2. 住宅建筑经济和用地经济的关系

住宅建筑经济直接影响用地的经济，而用地的经济往往又影响对住宅建筑经济的综合评价。住宅建筑经济和用地经济比较密切相关的几个主要因素：

(1)住宅层数；(2)进深；(3)长度；(4)层高；(5)平面系数(K)。

3. 合理选择住宅类型

(1)满足户室比的要求，也就是要满足不同人口组成的家庭对各种户型的住宅需要。

(2)住宅建筑层数的确定，要综合考虑用地的经济、建筑造价、施工条件、建筑材料的供应、市政工程设施、居民生活水平、居住方便的程度等因素。

(3)适应当地自然气候的特点和居民的生活习惯。

命题点 37　公共建筑及其用地的规划布置

1. 公共建筑的分类

按公共建筑的使用性质可分为八类系统：教育、医疗卫生、商业、服务业、文娱体育、金融邮电、行政管理及市政公用系统；

按居民对公共建筑的使用频繁程度可分为居民每日或经常使用的公共建筑(如菜市场、超级市场)和居民必要的非经常使用的公共建筑。

2. 公共建筑定额指标

公共建筑定额指标包括建筑面积和用地面积两项。公共建筑定额指标的计算方法一般有两种：(1)以每千居民为计算单位，故称千人指标。(2)民用建筑综合指标。民用建筑综合指标包括家属宿舍、单身宿舍和公共建筑三大内容。

3. 公共建筑的规划布置

公共建筑的规划布置应按照分级、规模、配套和集中与分散相结合的原则进行，一般与居住区的规划结构相适应。

规划布置的基本要求：(1)为便于居民使用，各级公共建筑应有合理的服务半径，一般为居住区级 800～1 000 m，居住小区级 400～500 m，居住组团级 150～200 m；(2)应设在交通比较方便、人流比较集中的地段，要考虑职工上下班的走向；(3)如为独立的工矿居住区或地处市郊的居住区，则应在考虑附近地区和农村使用方便的同时，要保持居住区内部的安宁；(4)各级公共服务中心宜与相应的公共绿地相邻布置，或靠近河湖水面等一些能较好体现城市建筑面貌的地段。

命题点 38　居住区道路的规划布置

1. 功能要求

(1)通行清除垃圾、粪便、递送邮件等市政公用车辆；(2)居住区内公共服务设施和工厂之间货运车辆通行；(3)满足铺设各种工程管线的需要；(4)道路的走向和线型是组织居住区内建筑群体景观的重要手段；(5)除了以上一些日常的功能要求外，还要考虑一些特殊情况，如供救护、消防和搬运家具等车辆的通行。

2. 道路分级

居住区道路是解决居住区的内外联系，车行道宽度不应小于 9 m，红线宽度一般 20～30 m；居住小区级道路是居住区的次要道路，用以解决居住区内部的联系，车行道宽度一般为 7 m，红线宽度根据规划要求确定；居住组团级道路是居住区内的支路，用以解决住宅组群的内外联系，车行道宽度一般为 4 m；通向各户或各单元门前的小路，一般宽度为 3 m。此外，在居住区内还可能有专供步行的林荫步道。

3. 居住区道路规划布置的基本要求

(1)居住区内部道路主要为本居住区服务，为了保证居住区内居民的安全和安宁，不应有过境交通穿越居住区，特别是居住小区；同时，不宜有过多的车道出口通向城市交通干道；

(2)道路走向要便于职工上下班；

(3)应充分利用和结合地形，如尽可能结合自然分水线和汇水线，以利雨水排除；

(4)在进行旧居住区改建时，应充分利用原有道路和工程设施；

(5)车行道一般应通至住宅每单元的入口处，建筑物外墙面与人行道边缘的距离应不小于 1.5 m；

(6)尽端式道路长度不宜超过 120 m，在端头处应能便于回车，回车场地不小于 12 m×12 m；

(7)如车道宽度为单车道时，则每隔 150 m 左右应设置车辆会让处；

(8)道路宽度应考虑工程管线的合理敷设；

(9)道路的线型、断面等应与整个居住区规划结构和建筑群体的布置有机结合。

居住区内主要道路的布置形式常见的有丁字形、十字形、山字形等。居住小区内部道路的布置形式有环通式、尽端式、半环式、混合式等。

命题点 39　居住区规划的技术经济分析

对居住区规划的技术经济分析，一般包括用地分析、技术经济指标及造价估算等方面。

1. 用地平衡表

用地平衡表的作用有：(1)与土地使用现状情况进行比较分析，作为调整用地和制订规划的依据之一；(2)进行方案比较，检验用地分配的经济性和合理性；(3)审批居住区规划设计方案的依据之一。

2. 居住区规划的技术经济指标（表 1—2）

表 1—2　居住区规划的技术经济指标

项目	居住户数	居住人数	总建筑面积	住宅建筑面积	住宅建筑套密度（毛）
单位	户	人	万 m^2	万 m^2	套/hm^2
项目	平均层数	改建拆建比	住宅建筑净密度	每公顷土地开发费	住宅建筑套密度（净）
单位	层		%	万元（测算）	套/hm^2
项目	人口净密度	人口毛密度	单方综合投资	住宅建筑面积毛密度	住宅建筑面积净密度
单位	人/hm^2	人/hm^2	元/m^2（测算）	m^2/hm^2	m^2/hm^2

其中：

平均层数：指各种住宅层数的平均值。

$$住宅平均层数=\frac{住宅总建筑面积}{住宅基底总面积}(层)$$

住宅建筑净密度：住宅建筑净密度与房屋的间距、建筑层数、层高、房屋排列方式等有关，在同样条件下，一般住宅层数愈高，住宅建筑净密度愈低。

$$住宅建筑净密度=\frac{住宅建筑基底总面积}{住宅用地面积}(\%)$$

其他指标：

$$住宅建筑面积净密度=\frac{住宅总建筑面积}{住宅用地面积}(m^2/hm^2)$$

$$住宅建筑面积毛密度=\frac{住宅总建筑面积}{居住用地面积}(m^2/hm^2)$$

$$人口净密度=\frac{规划总人口}{住宅用地面积}(人/hm^2)$$

$$人口毛密度=\frac{规划总人口}{居住用地面积}(人/hm^2)$$

历年考题诠解

一、单项选择题

1. 建设工程规划许可证是（　　）行政主管部门实施城市规划、按照城市规划要求管理各项建设活动的重要法律凭证。**[2003 年考题]**

A. 城市规划　　B. 城市建筑管理　　C. 土地管理　　D. 房地产管理

【答案】A　本题考核的是城市规划实施控制。以出让方式取得国有土地使用权的建设项目，在签订国有土地使用权出让合同后，建设单位应向城市、县人民政府城乡规划主管部门领取建设用地规划许可证。

2. 下列控制性规划指标中，不属于建筑形态控制指标的是（　　）。**[2004 年考题]**

A. 建筑高度　　B. 建筑间距

C. 建筑密度　　D. 建筑后退红线距离

【答案】C　本题考核的是控制性详细规划的控制体系指标。建筑形态控制指标包括建筑高度、建筑间距、建筑后退红线距离、沿路建筑高度、相邻地段的建筑规定。建筑密度属于环境容量控制指标。

3. 在某居住区规划中，住宅建筑基底面积为 400 m^2，住宅总建筑面积为 1 400 m^2，容积率为 1.4，则住宅建筑净密度为（　　）。**[2005 年考题]**

A. 28.60%　　B. 35.00%　　C. 40.00%　　D. 50.00%

【答案】C　本题考核的是控制性详细规划的规定性指标。容积率$=\frac{总建筑面积}{土地面积}$，

则：住宅用地面积$=\frac{住宅总建筑面积}{容积率}=\frac{1\ 400}{1.4}=1\ 000\ (m^2)$；

住宅建筑净密度$=\frac{住宅建筑基底面积}{住宅用地面积}=\frac{400\ m^2}{1\ 000\ m^2}=40.00\%$。

4. 确定各级支路的红线位置，控制点坐标和标高属于（　　）的内容。**[2005 年考题]**

A. 城市总体规划　　B. 控制性详细规划

C. 修建性详细规划　　D. 居住区规划

【答案】A　本题考核的是城市总体规划。城市分区规划的主要任务是在城市总体规划的基础上，对城市土地利用、人口分布和公共设施、城市基础设施的配置作出进一步的安排，以便与城市详细规划更好地衔接。城市分区规划包括确定城市主、次干道的红线位置、断面、控制点坐标和标高，确定支路的走向、宽度以及主要交叉口、广场、停车场位置和控制范围。

5. 城市由于建筑密集，生产与生活活动散发大量热量，往往出现市区气温比郊外高的现象，这被称为（　　）。**[2005 年考题]**

A. 温差效应　　B. 绿岛效应　　C. 温压效应　　D. 热岛效应

【答案】D　本题考核的是城市用地气候条件的评价。城市由于建筑密集，生产与生活活动过程散发大量热量，往往出现市区气温比郊外高的现象，即所谓"热岛效应"，尤其在大城市中更为突出。

6. 某城市居住生活聚居地的人口规模约为 12 000 户，配套建设有一套较完善的、能满足该区居民物资与文化生活所需的公共服务设施，则该区域最可能是城市规划意义上的（　　）。**[2007 年考题]**

A. 居住区　　B. 居住小区　　C. 居住组团　　D. 居住社区

【答案】A　本题考核的是城市居住区规划。居住区按住户数或人数规模，分为居住区、居住小区、居住组团三级。居住区是特指城市干道或自然分界线所围合，并与居住人口规模（30 000～50 000 人、10 000～16 000 户）相对应，配套建设有一整套较完整的、能满足该区居民物质与文化生活所需的公共服务设施的居住生活聚居地。

7. 下列与城市规划管理有关的工作中，属于城市规划保障系统主要内容的是（　　）。

A. 城市规划的制订　　B. 城市规划的实施和管理

C. 城市规划的监督检查　　D. 城市规划法律法规的制定

【答案】D　本题考核的是城市规划管理系统。城市规划法律规范的制定，构成了城市规划管理系统中保障系统的主要内容。城市规划管理决策系统主要负责制订城市规划。

二、多项选择题

1. 下列选项中，属于违法建设的工程有（　　）。**[2003 年考题]**

A. 未取得建设工程规划许可证的建设工程

B. 临时建设工程

C. 违反建设工程规划许可证规定的建设工程

D. 城市规划行政主管部门不按照法律规定批准建设的项目

E. 擅自变更批准的规划设计图纸的建设工程

【答案】ACDE

2. 下列指标中，属于控制性详细规划中规定性指标的有(　　)。[2006 年考题]

A. 建筑密度　　B. 建筑控制高度　　C. 建筑色彩

D. 建筑红线后退距离　　E. 容积率

【答案】ABDE　本题考核的是控制性详细规划的规定性指标。规定性指标一般包括：用地性质；用地面积；建筑密度；建筑控制高度；建筑红线后退距离；容积率；绿地率；交通出入口方位；停车泊位及其他需要配置的公共设施。建筑色彩属于指导性指标。

三、判 断 题

1. 在编制控制性详细规划过程中，容积率可根据需要制订上限和下限。容积率的下限保证地块开发的效益，防止无效益或低效益开发造成的土地浪费。(　　)[2003 年考题]

【答案】√　本题考核的是控制性详细规划的规定性指标。在编制控制性详细规划过程中，容积率可根据需要制订上限和下限。容积率的下限保证地块开发的效益，防止无效益或低效益开发造成的土地浪费。容积率上限防止过度开发带来的城市基础设施超负荷运行。

2. 城市用地大类中的绿地是指居住小区及居住小区以上级的公共绿地和生产防护绿地。(　　)[2004 年考题]

【答案】×　本题考核的是城市用地分类。城市用地大类中的绿地是指市级、区级和居住区级的公共绿地及生产防护绿地。不包括专用绿地、园地和林地。

3. 容积率是一种既可采用上限控制又可采用下限控制的规划指标。(　　)[2004 年考题]

【答案】√　本题考核的是控制性详细规划的控制体系指标。

4. 根据城市用地适用性评价结果，三类土地一般是不适于修建的用地。(　　)[2004 年考题]

【答案】√　本题考核的是城市用地适用性评价。根据城市用地适用性评价结论，一类土地是适用于修建的用地；二类土地是基本上可以修建的用地；三类土地是不适用于修建的土地。

5. 城市用地分类中的公共设施用地不包括居住用地中的公共服务设施用地。(　　)[2005 年考题]

【答案】√　本题考核的是城市用地分类。公共设施用地包括居住区级及居住区级以上的行政、经济、文化、教育、卫生、体育及科研设计等机构和设施的用地，不包括居住用地中的公共服务设施用地。

6. 制订容积率下限的目的是防止过度开发带来的城市基础设施超负荷运行。(　　)[2005 年考题]

【答案】×　本题考核的是控制性详细规划的指标容积率。

7. 建筑高度、容积率、建筑间距都属于建筑形态控制指标。(　　)[2006 年考题]

【答案】×　本题考核的是控制性详细规划的控制体系指标。建筑形态控制指标包括建筑高度、建筑间距、建筑后退红线距离、沿路建筑高度、相邻地段的建筑规定。容积率属于环境容量控制指标。

8. 公共设施用地包括行政办公用地、商业金融用地、文化娱乐用地、居住小区中的公共服

务设施用地以及其他公共设施用地等。(　　)[2007 年考题]

【答案】× 本题考核的是城市用地分类。公共设施用地包括居住区级及居民区级以上的行政、经济、文化、教育、卫生、体育及科研设计等机构和设施用地,不包括居住用地中的公共服务设施用地。

四、综合分析题

某房地产开发公司以 1 200 万元取得了 1 hm^2 综合用地 50 年的土地使用权。该地块地上容积率为 6,建筑覆盖率为 50%,可建一幢 16 层商住综合楼和一幢 5 层办公楼。商住综合楼第 1~4 层为建筑面积相同的商业用房,第 5~16 层为建筑面积相同的住宅。办公楼建筑面积 5 000 m^2,各层为建筑面积相同。该地块土质较差,地下水位较浅,需采取一定措施改善条件方适用于建造,假定该综合楼单位建筑面积造价为 1 800 元/m^2,土地开发和房屋建设的正常成本利润率均为 30%。某咨询公司依法购买了该开发公司办公用地使用权进行自建,成交价格为 300 万元。在建办公楼时,该咨询公司经抵押方式向当地某商业银行贷款 200 万元,另从私人手中借得部分资金。银行为防范贷款风险,要求该公司对所抵押的在建工程办理保险,为此该公司委托某房地产估价机构对该抵押物的保险价值进行了评估,并据此与某财产保险公司签订了保险合同。[2005 年考题]

1. 对该宗土地进行城市用地适用性评价,该宗土地属于(　　)类建设用地。

A. 一　　B. 二　　C. 三　　D. 四

2. 该综合楼商业部分每层的建筑面积为(　　)。

A. 3 250.00 m^2　　B. 3 437.50 m^2　　C. 4 000.00 m^2　　D. 5 000.00 m^2

3. 该咨询公司筹集建房资金利用的信用形式有(　　)。

A. 银行信用　　B. 商业信用　　C. 民间信用　　D. 国家信用

4. 在下列合同中,属于从合同的有(　　)。

A. 购房合同　　B. 抵押合同　　C. 保险合同　　D. 借款合同

5. 该房地产开发公司实现综合楼开发的正常利润时,该楼盘平均销售价格为(　　)。

A. 1 963.64 元/m^2　　B. 2 000 元/m^2　　C. 2 552.73 元/m^2　　D. 2 600 元/m^2

6. 上述保险合同的当事人有(　　)。

A. 该商业银行　　B. 该财产保险公司

C. 该房地产开发公司　　D. 该咨询公司

【答案】1. B 本题考核的是城市用地适用性评价。根据城市用地适用性评价结论,二类土地是基本上可以修建的用地,这类用地由于受某种或某几种不利条件的影响,需要采取一定的措施改善其条件后,才适用于修建的用地。该宗土地即属于二类用地。

2. B 本题考核的是控制性详细规划的规定性指标计算。容积率$=\frac{总建筑面积}{土地面积}$,则:总建筑面积=容积率×土地面积=6×10 000 m^2=60 000 m^2,商住综合楼建筑面积=总建筑面积-办公楼建筑面积=60 000 m^2-5 000 m^2=55 000 m^2,该综合楼商业部分每层的建筑面积=$\frac{55\ 000\ m^2}{16}=3\ 437.5\ m^2$。

3. AC 本题考核的是信用形式。银业信用是指银行以货币形式向企业或个人提供的信用。民间信用是指个人之间相互以货币或实物提供的信用。

4. B　本题考核的是合同类别。从合同是指不能独立存在而以其他合同的存在为存在前提的合同。抵押合同属于从合同。购房合同、保险合同、借款合同均为主合同。

5. C

6. BD　本题考核的是保险合同的当事人。保险合同的当事人包括保险人和投保人。财产保险公司为保险人，该咨询公司为投保人。

热点试题全解

一、单项选择题

1. 保证城市空间资源有效配置和土地合理利用的前提和基础是(　　)。

A. 国土规划　　B. 土地利用总体规划

C. 城市规划　　D. 区域规划

2. 以城市总体规划或分区规划为依据，确定建设地区的土地使用性质和使用强度的控制指标，道路和工程管线控制性位置以及空间环境控制的规划要求的是(　　)规划。

A. 控制性详细　　B. 修建性　　C. 战略性发展　　D. 区域发展

3. 城市规划管理系统中主要负责城市规划制订的是(　　)。

A. 城市规划编制系统　　B. 城市规划决策系统

C. 城市规划执行系统　　D. 城市规划反馈系统

4. 城市发展战略及其具体目标不包括(　　)。

A. 经济发展目标　　B. 社会发展目标　　C. 建设水平目标　　D. 环境发展目标

5. 在确定城市规模的常用方法中，以城市基础设施的支持能力和自然资源的供给能力来计算城市极限人口的是(　　)。

A. 综合平衡法　　B. 区域分配法

C. 环境容量法　　D. 线性回归分析法

6. 根据城市用地适用性评价结论，基本上可以修建的用地是(　　)。

A. 一类用地　　B. 二类用地　　C. 三类用地　　D. 四类用地

7. 城市用地评价的内容不包括(　　)。

A. 自然条件评价　　B. 周围环境条件评价

C. 建设条件评价　　D. 经济评价

8. 控制性详细规划的地域范围一般应在(　　)以上。

A. 300 hm^2　　B. 200 hm^2　　C. 100 hm^2　　D. 50 hm^2

9. 在城市用地分类中，市政公用设施齐全，布局完整，环境较好，以多、中、高层住宅为主的用地被称为(　　)。

A. 一类居住用地　　B. 二类居住用地　　C. 三类居住用地　　D. 四类居住用地

10. 住宅建筑总面积与住宅用地面积之比指的是(　　)。

A. 住宅建筑净密度　　B. 住宅建筑面积毛密度

C. 住宅建筑面积净密度　　D. 容积率

11. 下列选项不属于对外交通用地的是(　　)。

A. 管道运输用地　　B. 港口用地　　C. 停车场用地　　D. 机场用地

12. 不属于控制性详细规划的控制体系指标的是(　　)。

A. 建筑形态控制　B. 交通控制　C. 建筑控制高度　D. 用地控制

13. 下列选项不属于市政公用设施用地的是(　　)。

A. 公共交通用地　B. 煤气调压站　C. 广场用地　D. 火葬场

14. 下列控制性规划指标中,不属于建筑形态控制指标的是(　　)。

A. 建筑高度　B. 建筑密度　C. 建筑间距　D. 沿路建筑高度

15. 某城市居住生活聚居地的人口规模约为 12 000 户,配套建设有一套能满足该区居民基本的物质与文化生活所需的公共服务设施,则该区域最有可能是城市规划意义上的(　　)。

A. 居住区　B. 居住小区　C. 居住组团　D. 居住社区

16. 居住区作为城市的一个有机组成部分,其合理的人口规模一般以(　　)人为宜。

A. 3 万～5 万　B. 2 万～4 万　C. 2 万～5 万　D. 3 万～6 万

17. 在某居住区规划中,住宅总建筑面积为 3 600 m^2,容积率为 3,住宅建筑净密度为 35.00%,则住宅建筑基底面积为(　　)。

A. 1 260 m^2　B. 1 200 m^2　C. 1 050 m^2　D. 420 m^2

18. 下列关于城市居住区道路规划布置的基本要求,不正确的是(　　)。

A. 道路走向要便于职工上下班

B. 建筑物外墙面与人行道边缘的距离应不小于 1.5 m,与车行道边缘的距离不小于 4 m

C. 当车道宽度为单车道时,则每隔 150 m 左右应设置车辆会让处

D. 道路宽度应考虑工程管线的合理敷设

二、多项选择题

1. 一个国家的城市规划体系一般包括(　　)。

A. 规划法律体系　B. 规划行政体系　C. 规划编制体系

D. 规划审批体系　E. 规划运作体系

2. 根据编制的深度和内容,城市详细规划可分为(　　)。

A. 指导性详细规划　B. 控制性详细规划　C. 实施性详细规划

D. 修建性详细规划　E. 建设性详细规划

3. 城市规划管理系统是城市规划管理的具体体现,由(　　)组成。

A. 城市规划编制系统　B. 城市规划决策系统　C. 城市规划反馈系统

D. 城市规划保障系统　E. 城市规划执行系统

4. 下列选项中属于市政公用设施用地的是(　　)。

A. 供应设施用地　B. 交通设施用地　C. 邮电设施用地

D. 环境卫生设施用地　E. 文化娱乐用地

5. 下列选项中属于城市建设用地的是(　　)。

A. 公共设施用地　B. 水域用地　C. 仓储用地

D. 对外交通用地　E. 市政公用设施用地

6. 公共设施用地不包括(　　)。

A. 医院用地　B. 公路用地　C. 高校用地

D. 邮电设施用地　E. 社会福利院用地

7. 下列关于建筑物高度计算规则说法正确的是(　　)。

A. 平屋面算至女儿墙顶

B. 坡屋面坡度不大于 35°时，高度算至檐口

C. 坡屋面坡度大于 35°者，屋脊线平行于相关建筑的算至屋脊线

D. 坡屋面垂直于相关建筑的算至山墙斜坡高度的中点

E. 面积小于标准层面积 5%的屋顶附属建筑物高度不计

8. 用地平衡表是用地分析的技术指标，用地平衡的作用是(　　)。

A. 审批居住区规划设计方案的依据之一

B. 进行方案比较，检验用地分配的经济性与合理性

C. 作为调整用地和制订规划的依据之一

D. 进行方案比较，为战略性详细设计准备

E. 作为调整用地和制订规划的唯一依据

9. 居住区按居住户数或人口规模可分为(　　)。

A. 居住区　　B. 居住小区　　C. 居住组团

D. 居住单元　　E. 居住楼群

10. 对于住宅建筑经济和用地经济密切相关的主要因素，下列叙述中正确的是(　　)。

A. 对于多层住宅，提高层数能降低住宅建筑的造价

B. 住宅进深加大，外墙相应加长，对于采暖地区外墙需要加厚的情况下经济效果更好

C. 住宅长度也直接影响建筑造价，因为住宅单元拼接越长，山墙也就越省

D. 住宅层高的合理确定不仅影响建筑造价，也直接和节约用地有关。据计算，层高每降低 200 mm，能降低造价 1%

E. 平面系数 K 值每提高 1%时，如果建筑面积单位造价不变，以居住面积平均计算，投资可减少 1.4%

11. 居住区的用地根据不同的功能要求，可分为(　　)。

A. 住宅用地　　B. 公共服务设施用地　　C. 道路用地

D. 市政公共设施用地　　E. 绿化用地

三、判 断 题

1. 城市规划的主要对象是城市的空间系统，尤其是城市社会、经济、政治关系形态化的和作为这种表象载体的城市土地利用系统。　(　　)

2. 城市规划运作体系包括城市规划具体编制和城市规划实施控制两个方面。　(　　)

3. 城市规划反馈系统的主要内容是适时的制定或修订相应的城市规划法律规范。　(　　)

4. 城市近期建设规划的规划期限为 3 年。　(　　)

5. 大城市是指市区和近郊区非农业人口 50 万以上，不足 100 万的城市。　(　　)

6. 在编制城市总体规划时，首先要确定城市的规模。　(　　)

7. 城市近期规划内拟建设的地区应编制修建性详细规划，地域范围一般不超过 3 hm^2。　(　　)

8. 三类居住用地是指市政公用设施比较齐全、布局完整，环境一般或住宅与工业等用地有混合的用地。　(　　)

9. 城市建设用地不应包括水域和其他用地。　(　　)

10. 为便于居民使用，各级公共建筑应有合理的服务半径，一般为居住区级 800～1 000 m，居住小区级 400～500 m，居住组团级 150～200 m。　(　　)

11. 城市用地的自然条件评价侧重于自然因素，建设条件评价更强调客观因素影响。（　　）

12. 居住区绿化的标准可按每居民平均占有多少平方米绿地面积和整个居住区用地的绿化覆盖率两种指标来衡量。（　　）

13. 城市规划不可以在市场失灵的情况下规范土地市场和房地产市场。（　　）

14. 据计算层高每降低 10 cm，造价能降低 4%，节约用地 4%。（　　）

15. 住宅进深每增加 10 m，每公顷可增加建筑面积 1 000 m^2。（　　）

16. 建筑控制高度，即由室外明沟面或散水坡面量至建筑物主体最中点的垂直距离。（　　）

17. 制订容积率上限的目的是防止过度开发带来的城市基础设施超负荷运行。（　　）

18. 建筑密度即规划地块内各类建筑基底占地面积与地块面积之比，通常以下限控制。（　　）

19. 城市用地分类中的公共设施用地只包括居住区级的行政、经济、文化、教育、卫生、体育及科研设计等机构和设施的用地，不包括居住用地中的公共服务设施用地。（　　）

20. 建筑红线后退距离、沿路建筑高度都属于建筑形态控制指标。（　　）

21. 我国城市居住地区一般分为居住区和居住小区两级。（　　）

22. 建筑密度是指住宅建筑总面积与住宅用地面积之比。（　　）

23. 人口容量是指规划地块内部每公顷用地的居住人口数，通常以上限控制。（　　）

24. 在计算城市现状和规划的用地时，数字统计精确度应根据图纸比例尺确定：1∶10 000图纸应取正整数，1∶5 000图纸应取小数点后两位数。（　　）

热点试题答案

一、单项选择题

1. C	2. A	3. B	4. D	5. C
6. B	7. B	8. C	9. B	10. C
11. C	12. C	13. C	14. B	15. B
16. A	17. D	18. B		

二、多项选择题

1. ABE	2. BD	3. BCDE	4. ABCD	5. ACDE
6. BD	7. ABCD	8. ABC	9. ABC	10. ACE
11. ABCE				

三、判 断 题

1. √	2. √	3. ×	4. ×	5. √
6. ×	7. ×	8. ×	9. √	10. √
11. ×	12. √	13. ×	14. ×	15. ×
16. ×	17. √	18. ×	19. ×	20. √
21. √	22. ×	23. √	24. ×	

第二章　环境知识

命题规律解读

本章的命题规律主要体现在：

1. 环境的概念和分类，应注意好好熟悉，很容易在此出题。
2. 环境污染的概念、类型及环境污染源是重要的命题点。
3. 大气污染的概念很容易在此出判断题，注意把握。
4. 大气污染物及其危害是个较重要的命题点，容易出现选择题。
5. 大气污染源的考核较容易以判断题题型出现。
6. 环境噪声污染的概念及特征是很重要的命题点，注意掌握。
7. 环境噪声污染的类型和危害也可以作为命题点。
8. 水污染物及其危害适合以判断题题型出现。
9. 辐射污染是个很好的命题点，容易在此作文章。
10. 室内环境污染的概念和来源是本章的重点，一定要牢固掌握。
11. 建筑材料的室内环境污染也可以作为命题点。

命题点解读

命题点 1　环境的概念

环境是指围绕着某一事物（通常将其称为主体）并对该事物会产生某些影响的所有外界事物（通常将其称为客体），即环境是指某个主体周围的情况和条件。

我们所讲的环境，是以房地产估价对象为主体的环境，是指人处于某一房地产中时，其周围直接或间接影响人的生活和发展的各种自然因素和社会因素的总体。

命题点 2　环境的分类

根据房地产估价需要，通常可以按照环境的属性，将房地产的环境分为自然环境、人工环境和社会环境。

自然环境按照环境要素，又可以分为大气环境、水环境、土壤环境、地质环境和生态环境，即指地球的五大圈——大气圈、水圈、土圈、岩石圈和生物圈。

人工环境，通俗地说，是指在自然环境的基础上经过人的加工改造所形成的环境，或人为创造的环境；从学术上讲，是指人类利用自然、改造自然所创造的物质环境，如乡村、城市、居住区、房屋、道路、绿地、建筑小品等。人工环境与自然环境的区别，主要在于人工环境对自然物质的形态做了较大的改变，使其失去了原有的面貌。

社会环境是指由人与人之间的各种社会关系所形成的环境，包括政治制度、经济体制、文化传统、社会治安、邻里关系等。

命题点 3　景观的概念

景观的含义与“风景”、“景致”、“景色”相近，是描述自然、人文以及它们共同构成的整体景象的一个总称，包括自然和人为作用的任何地表形态及其印象。

具体地说，景观是指由某一特定之点透视时，出现在视野的地表的一部分和相应的天空的一部分，以及给予人的全体印象，即放眼所能获得的景色及印象。

景观可以分为自然景观和人文景观。自然景观是指未经人类活动所改变的水域、地表起伏与自然植物所构成的自然地表景象及其给予人的感受；人文景观是指被人类活动改变过的自然景观，即自然景观加上人工改造所形成的景观及印象。

命题点 4　生态的概念

生态与环境的含义有所不同。环境是指独立存在于某一主体之外，对该主体会产生某些影响的所有客体，而生态是指生物与其生存环境之间或生物与生物之间的相对状态或相互关系。

命题点 5　生态系统的概念

生态系统是指在一定的时间和空间内，生物和非生物成分之间，通过物质循环、能量流动和信息传递，而相互作用、相互依存所构成的统一体。

生态系统也就是生命系统与环境系统在特定空间的组合。

生态系统有 4 个基本组成部分：(1)非生物环境要素；(2)植物——生产者有机体；(3)动物——消费者有机体；(4)微生物——分解者有机体，又称还原者。

命题点 6　生态环境的概念

生态环境是指在生态系统中除了人类种群以外、相对于生物系统的全部外界条件的总和，包含了特定空间中可以直接或间接影响生物生存和发展的各种要素，强调在生态系统边界内影响生物状态的所有环境条件的综合体。

命题点 7　环境质量概述

环境质量是指环境优劣的程度，即一个具体的环境中，环境总体或某些要素对人群健康、生存和繁衍以及社会经济发展适宜程度。

环境质量可以通过环境质量评价来判定，环境质量评价是确定环境质量的手段、方法。

命题点 8　环境污染概述

1. 环境污染的概念

环境污染是指有害物质或因子进入环境，并在环境中扩散、迁移、转化，使环境系统结构与功能发生变化，对人类及其他生物的生存和发展产生不良影响的现象。

2. 环境污染的类型

按照环境要素，环境污染分为大气污染、水污染、土壤污染等；

按照污染物的性质，环境污染分为物理污染(如声、光、热、辐射等)、化学污染(如无机物、有机物)、生物污染(如霉菌、细菌、病毒等)；

按照污染物的形态，环境污染分为废气污染、废水污染、噪声污染、固体废物污染、辐射污染等；

按照污染产生的原因，环境污染分为工业污染、交通污染、农业污染、生活污染等；

按照污染的空间，环境污染分为室内环境污染和室外环境污染；

按照污染物分布的范围，环境污染分为全球性污染、区域性污染、局部性污染等。

3. 环境污染源

环境污染源简称污染源，是指造成环境污染的发生源或环境污染的来源，即向环境排放有害物质或对环境产生有害影响的场所、设备和装置等。

环境污染源按照污染物发生的类型，可分为工业污染源、交通污染源、农业污染源和生活污染源等；按照污染源存在的形式，可分为固定污染源和移动污染源；按照污染物排放的形式，可分为点源、线源和面源；按照污染物排放的空间，可分为高架源和地面源；按照污染物排放的时间，可分为连续源、间断源和瞬时源；按照污染源存在的时间，可分为暂时性污染源和永久性污染源。

命题点 9　大气污染的概念

大气污染就是空气污染，是指人类向空气中排放各种物质，包括许多有毒有害物质，使空气成分长期改变而不能恢复，以致对人体健康产生不良影响的现象。

命题点 10　颗粒污染物及其危害

1. 颗粒污染物的概念和种类

颗粒污染物又称总悬浮颗粒物，是指能悬浮在空气中，空气动力学当量直径（简称直径）$\leqslant 100\ \mu m$的颗粒物。颗粒污染物主要有尘粒、粉尘、烟尘和雾尘。

2. 颗粒污染物的危害

颗粒污染物对人体的危害程度与其直径大小和化学成分有关。对人体危害最大的是飘尘，它可被人吸入，其中直径在 $0.5\sim5\ \mu m$ 的飘尘可以直接到达肺细胞而沉积。

命题点 11　气态污染物及其危害

气态污染物是指以气体形态进入大气的污染物。

1. 硫氧化物及其危害

污染大气的硫氧化物主要是二氧化硫、三氧化硫。

其中以二氧化硫的数量最多，危害也最大；二氧化硫是无色、有刺激性臭味、有毒、有腐蚀性的气体，它对人体的危害，在浓度低时主要是刺激上呼吸道；在浓度高时刺激呼吸道深部，对骨髓、脾等造血器官也有刺激和损伤作用。

2. 氮氧化物及其危害

污染大气的氮氧化物主要是一氧化氮和二氧化氮。

一氧化氮本身对人体无害，但进入空气转变为二氧化氮后就变成有害。二氧化氮对呼吸器官有刺激作用，慢性二氧化氮中毒可引起慢性支气管炎和慢性肺水肿。

3. 一氧化碳及其危害

一氧化碳在城市大气污染物中含量最多，约占大气污染物总量的 1/3，它大部分来自汽车尾气。一氧化碳是无色、无味、有害的气体，不利用检测仪器很难识别，因此其危害性比刺激性气体还要大。

4. 碳氢化合物及其危害

碳氢化合物是空气中的一类重要的污染物，包括甲烷、乙烷、乙烯等。

碳氢化合物与空气中的氮氧化物在阳光作用下形成浅蓝色烟雾，被称为光化学烟雾，危害非常大。

命题点 12　几种主要大气污染源

1. 工业污染源

产生大气污染的工业污染源主要有钢铁、有色金属、火力发电、水泥、石油炼冶以及造纸、农药、医药等企业。它们在生产过程中排出各种有毒有害物质。

2. 交通污染源

交通污染源一般都是移动污染源，主要是各种机动车辆、飞机、轮船等排放有毒有害物质进入大气。

3. 生活污染源

人们由于做饭、取暖、沐浴等生活需要，造成大气污染的污染源称为生活污染源。

这类污染源具有分布广、排放污染物量大、排放高度低等特点。

生活污染源主要有：(1)生活燃料的污染；(2)居住环境的污染；(3)其他生活污染：城市垃圾、厕所、污水沟等也是一个重要的生活污染源。

命题点 13　环境噪声污染的概念和特征

环境噪声污染是指所产生的环境噪声超过国家规定的环境噪声标准，并干扰他人正常生活、工作和学习的现象。

环境噪声污染有下列 3 个特征：

(1)环境噪声污染是能量污染。发声源停止发声，污染即自行消除。

(2)环境噪声污染是感觉公害。对环境噪声污染的评价，不仅要考虑噪声源的性质、强度，还要考虑受害者的生理与心理状态。

(3)环境噪声污染具有局限性和分散性。所谓局限性和分散性，是指环境噪声影响范围的局限性和噪声源分布的分散性，随着离噪声源距离的增加和受建筑物及绿化林带的阻挡，声能量衰减，受影响的主要是噪声源附近地区。

命题点 14　环境噪声的类型

按照噪声产生的机理，噪声分为机械噪声、空气动力噪声和电磁性噪声。

按照噪声随时间的变化情况，噪声分为稳态噪声和非稳态噪声两类；非稳态噪声的强度随时间变化，又可分为瞬时的、周期性起伏的、脉冲的和无规则的噪声。

命题点 15　环境噪声污染的危害

环境噪声污染的危害主要表现在下列几个方面：

(1)环境噪声污染对听力的损伤；

(2)环境噪声污染对睡眠的干扰；

(3)环境噪声污染对人体的生理影响；

(4)环境噪声污染对人体心理的影响；

(5)环境噪声污染对儿童的影响。

此外，高强度的噪声还能影响物质结构，从而破坏机械设备和建筑物。

命题点 16　环境噪声污染源

(1)工业噪声主要是工厂开工时发出的噪声；

(2)交通噪声是由交通运输工具(包括汽车、火车、飞机、船舶等)发出的噪声，其特点是声源面广而不固定；

(3)社会生活噪声主要是指社会人群活动产生的噪声；

(4)建筑施工噪声是建筑工地的各种施工机械产生的噪声。

命题点 17　水污染的概念

水污染是指因某些物质的介入，而导致水体化学、物理、生物或者放射性等方面特性的改变，从而影响水的有效利用，危害人体健康或者破坏生态环境，造成水质恶化的现象。

水污染可分为地表水污染、地下水污染和海洋污染。

命题点 18　与居住生活有关的水污染物及其危害

(1)植物营养物及其危害。植物营养物主要是指氮、磷、钾、硫及其化合物；天然水体中过量的营养物质主要来自农田施肥、农业废弃物、城市生活污水及某些工业废水。

(2)酚类化合物及其危害。水中酚的来源主要是冶金、煤气、炼焦、石油化工、塑料等工业排放的含酚废水;另外,城市生活污水也是酚类污染物的来源。

(3)氰化物及其危害。水中氰化物主要来自化学、电镀、煤气、炼焦等工业排放的含氰废水,如电镀废水、焦炉和高炉的煤气洗涤冷却水、化工厂的含氰废水,以及选矿废水等。

(4)酸碱及其危害。酸性废水主要来自矿山排水和各种酸洗废水、酸性造纸废水等。雨水淋洗含二氧化硫的空气后,汇入地表水也能造成酸污染;碱性废水主要来自碱法造纸、人工纤维、制碱、制革等工业废水。

(5)放射性物质及其危害。水体所含有的放射性物质构成一种特殊的污染,总称为放射性辐射污染;污染水的最危险的放射性物质是锶、铯等。

放射性物质的主要来源有:1)原子能核电站排放废水;2)核武器试验带来的,主要是大气中放射性尘埃的降落和地面径流;3)放射性同位素在化学、冶金、医学、农业等部门的广泛应用,随污水排入水中,造成对生物和人体的污染。

(6)病原微生物及其危害。病原微生物有病菌、病毒和寄生虫三类,对人类的健康带来威胁;水中病原微生物主要来自生活污水和医院废水,制革、屠宰、洗毛等工业废水,以及牲畜污水。

命题点 19 水污染源

1. 工业污染源

工业废水的数量大、种类多、成分复杂,是城市水污染的主要来源。

2. 生活污染源

生活污染源是指由人类消费活动所产生的污水;生活污染源主要是由城市化造成的。

3. 农业污染源

农业污染源是指由于农业生产而产生的水污染源;

农业污染源的特点是面广、分散、难于治理。

命题点 20 固体废物的概念和种类

固体废物是指在生产和消费过程中被丢弃的固体或泥状物质,包括从废水、废气中分离出来的固体颗粒。

按照废物的形状,可分为颗粒状废物、粉状废物、块状废物和泥状废物(污泥);按照废物的化学性质,可分为有机废物和无机废物;按照废物的危害状况,可分为有害废物和一般废物;按照废物的来源,可分为城市垃圾、工业固体废物、农业废弃物和放射性固体废物。

命题点 21 固体废物的危害

1. 城市垃圾及其危害

城市垃圾主要包括城市居民的生活垃圾、商业垃圾、建筑垃圾、市政维护和管理中产生的垃圾,但不包括工厂排出的工业固体废物。

城市垃圾堆放或填埋地如果未经合理选址和安全处理,经雨水浸淋,会污染河流、湖泊和地下水;许多城市垃圾本身或者在焚化时,会散发毒气和臭气,影响危害人体健康。

2. 工业固体废物及其危害

工业固体废物包括由工业生产过程中排入环境的各种废渣、粉尘及其他废物。

(1)煤渣和粉煤灰。大量煤渣弃置堆积可放出含硫气体污染大气;燃煤电厂从烟道气体中收集的粉煤灰,如果不处理或处理不够,则会造成大气尘污染,排入河湖等中还会造成水污染。

(2)有色金属渣。有的有色金属渣含有铅、砷、镉、汞等有害物质;有色金属渣如堆置在露天,不仅占用大量土地,受风吹雨淋,还会对土壤、水、大气造成污染。

(3)铬渣。铬渣中含有剧毒的六价铬等,如果露天堆放,受雨雪淋浸,渗入地下或进入河流中,则严重污染环境,危害人体健康。

(4)化工废渣。化工废渣中有毒物质最多,对环境污染最严重。

命题点 22　电磁辐射污染

在电磁波中,波长最短的是 X 射线,其次是紫外线,再次是可见光,此后是红外线,波长最长的是无线电波。

1. 光污染

光污染是指人类活动造成的过量光辐射对人类生活和生产环境形成不良影响的现象。

光污染可分为可见光污染和不可见光污染。

不可见光污染又可分为红外光污染和紫外光污染。

可见光污染有:灯光污染;眩光污染;视觉污染;其他可见光污染。

2. 其他电磁辐射污染

通常所讲的电磁辐射污染,主要是指人为发射的和电子设备工作时产生的电磁波对人体健康产生的危害。

根据电磁波的波长,电磁波分为微波、超短波、短波、中波、长波;

对人体的危害程度分别是:微波＞超短波＞短波＞中波＞长波。

命题点 23　放射性辐射污染

1. 放射性辐射污染的概念及来源

放射性辐射污染是指排放出的放射性污染物造成的环境污染和人体危害。

放射性辐射污染的主要来源有:宇宙线;地球上的天然放射性源;人类活动增加的辐射;核燃料的"三废"排放;医疗照射引起的放射性。

2. 放射性辐射污染的危害

放射性辐射通过人体时,能够与细胞发生作用,通过某个途径影响细胞的分裂,使细胞受到严重的损伤以至出现生殖、死亡、细胞减少、功能丧失,或者放射性污染造成致癌和致突变作用。

命题点 24　室内环境污染的来源

室外来源的污染物原存在于室外环境中,但一旦遇到机会,可通过门窗、孔隙或其他管道缝隙等进入室内。

室内来源的污染物主要来自建筑材料,尤其是装修装饰材料。

命题点 25　建筑材料的室内环境污染

(1)无机材料和再生材料。无机建筑材料以及再生的建筑材料影响人体健康比较突出的是辐射问题,有的建筑材料中含有超过国家标准的辐射。

(2)合成隔热板材。这类材料存在一些在合成过程中未被聚合的游离单体或某些成分,它们在使用过程中会逐渐逸散到空气中。

另外,随着使用时间的延长或遇到高温,这些材料会发生分解,释放出许多气态的有机化合物质,造成室内环境污染。主要有甲醛、氯乙烯、苯、甲苯、醚类、甲苯二异氰酸脂等。

(3)吸声及隔声材料。吸声及隔声材料可向室内释放多种有害物质,如石棉、甲醛、酚类、氯乙烯等,可造成使人不舒服的气味,出现眼结膜刺激、接触性皮炎、过敏等症状,甚至更严重的后果。

(4)壁纸。壁纸装饰对室内环境的影响主要是壁纸本身的有毒物质造成的。天然纺织壁纸尤其是纯羊毛壁纸中的织物碎片是一种致敏源,可导致人体过敏;一些化纤纺织物型壁纸可释放出甲醛等有害气体,污染室内空气;塑料壁纸在使用过程中可向室内释放各种挥发性有机污染物,如甲醛、氯乙烯、苯、甲苯、二甲苯、乙苯等。

(5)涂料。成膜材料的主要成分有酚醛树脂、酸性酚醛树脂、脲醛树脂、乙酸纤维剂、过氧乙烯树脂、丁苯橡胶、氯化橡胶等;这些物质在使用过程中可释放甲醛、氯乙烯、苯、甲苯二异氰酸脂、酚类等有害物质。

涂料所使用的溶剂基本上都是挥发性很强的有机物质其作用是将涂料的成膜物质溶解分散为液体,使之易于涂抹,形成固体的涂膜,其本身不构成涂料,当它的使命完成以后就要挥发在空气中;因此,涂料的溶剂是室内重要的污染源。

(6)人造板材及人造板家具。人造板材在生产过程中需要加入胶粘剂进行黏结,家具的表面还要涂刷各种油漆,这些胶粘剂和油漆中都含有大量的挥发性有机物,在使用这些人造板材和家具时,这些有机物就会不断释放到室内空气中;含有聚氨酯泡沫塑料的家具在使用时还会释放出甲苯二异氰酸脂,造成室内环境污染;另外,人造板家具中有的还加有防腐、防蛀剂如五氯苯酚,在使用过程中这些物质也可释放到室内空气中,造成室内环境污染。

热点试题全解

一、单项选择题

1. 按照污染物的形态分类,环境污染不包括(　　)。

A. 废气污染　　B. 噪声污染　　C. 辐射污染　　D. 生物污染

2. 吸附着(　　)的悬浮颗粒物最容易侵入肺部,沉积率很高,可导致呼吸道和肺部病变,出现气管炎、肺气肿和肺癌等疾病。

A. 二氧化氮　　B. 一氧化碳　　C. 碳氢化合物　　D. 硫化物

3. 大气污染源不包括(　　)。

A. 工业污染源　　B. 农业污染源　　C. 交通污染源　　D. 生活污染源

4. 环境噪声污染的特征不包括(　　)。

A. 环境噪声污染是能量污染　　B. 环境噪声污染是感觉公害

C. 环境噪声污染具有集中性　　D. 环境噪声污染具有局限性

5. 根据城市区域环境噪声标准的规定,夜间突发的噪声,其最大值不准超过标准值(　　)。

A. 5 dB　　B. 15 dB　　C. 30 dB　　D. 40 dB

6. 房地产周边的社会安定状况属于房地产使用人面临的(　　)。

A. 生活环境　　B. 生态环境　　C. 自然环境　　D. 社会环境

7. 生物与其生存环境之间或生物与生物之间的相对状态或相互关系指的是(　　)。

A. 生态　　B. 环境　　C. 生态系统　　D. 生态环境

8. 环境污染源按照污染物发生的类型,可分为(　　)。

A. 固体污染源、液体污染源和气体污染源

B. 点源、线源和面源

C. 工业污染源、交通污染源、农业污染源和生活污染源

D. 连续源、间断源和瞬时源

9. 在颗粒污染物中，(　　)直径最大，可以因重力沉降到地面。

A. 粉尘　　B. 烟尘　　C. 雾尘　　D. 尘粒

10. 在空气中能同水蒸气和其他化合物结合形成硫酸雾随雨雪降落，形成“酸雨”的是(　　)。

A. 一氧化氮　　B. 一氧化硫　　C. 二氧化硫　　D. 一氧化碳

11. 城市水污染的主要来源是(　　)。

A. 工业废水　　B. 农业水污染　　C. 地表水污染　　D. 生活污水

12. 有色金属冶炼企业的污染以(　　)污染为主。

A. 硫氧化物　　B. 碳氢化合物　　C. 氮氧化物　　D. 悬浮颗粒物

13. 煤和油的不充分燃烧是产生(　　)的源泉。

A. 一氧化碳　　B. 碳氢化合物　　C. 硫氧化物　　D. 氮氧化物

14. 在电磁波中，波长最长的是(　　)。

A. 紫外线　　B. 红外线　　C. α 射线　　D. 无线电波

二、多项选择题

1. 自然环境按照环境要素可分为(　　)。

A. 大气环境　　B. 水环境　　C. 地质环境

D. 植物环境　　E. 生态环境

2. 生态系统的基本组成部分包括(　　)。

A. 有机物　　B. 非生物环境要素　　C. 植物

D. 动物　　E. 微生物

3. 按照污染产生的原因，环境污染分为(　　)等。

A. 工业污染　　B. 交通污染　　C. 农业污染

D. 辐射污染　　E. 生活污染

4. 噪声按照其产生的机理，可分为(　　)。

A. 机械噪声　　B. 压力噪声　　C. 空气动力噪声

D. 电磁性噪声　　E. 稳态噪声

5. 水污染可分为(　　)。

A. 地表水污染　　B. 地下水污染　　C. 湖泊污染

D. 海洋污染　　E. 生活水污染

6. 以下属于人工环境的有(　　)。

A. 建筑小品　　B. 居住区　　C. 地质环境

D. 绿地　　E. 热带雨林

7. 下列选项中属于可见光污染的是(　　)。

A. 灯光污染　　B. 眩光污染　　C. 视觉污染

D. 建筑外墙玻璃反光　　E. 红外光污染

8. 关于环境噪声污染的特征，下列叙述中正确的是(　　)。

A. 环境噪声污染是能量污染　　B. 环境噪声污染是感觉公害

C. 环境噪声污染具有局限性　　D. 环境噪声污染具有持续性

E. 环境噪声污染具有集中性

三、判断题

1. 环境的主体可以是人也可以是物，离开了主体谈环境是没有意义的。（　）

2. 人文景观是指被人类活动改变过的自然景观，即自然景观加上人工改造所形成的景观及印象。（　）

3. 人类的社会属性表现为：人类是群居的社会性的人，参与自然界的物质循环和能量转换，通过影响生态环境间接影响人类的生存与发展。（　）

4. 环境质量评价是确定环境质量的手段、方法。（　）

5. 二氧化硫具有很强的腐蚀性，钢板在二氧化硫浓度为 0.12 ppm 的空气中暴露一年，就能被腐蚀掉 1/6。（　）

6.《城市区域环境噪声标准》的 1 类标准适用于居住、商业、工业混杂区。（　）

7. 许多固体废物所含的有毒物质和病原体，除了通过生物传播，还以水为媒介传播和扩散，危害人体健康。（　）

8. 电磁辐射对人体的危害程度随着电磁波波长的增加而增加。（　）

9. 钢铁企业的大气污染物以氮氧化物和粉尘为主。（　）

10. 火力发电主要产生粉尘污染和硫氧化物污染。（　）

11.《城市区域环境噪声标准》规定了城市 5 类区域的环境噪声最高限值。（　）

12. 波长最短的电磁波是紫外线。（　）

热点试题答案

一、单项选择题

1. D　2. A　3. B　4. C　5. B
6. D　7. A　8. C　9. D　10. C
11. A　12. A　13. C　14. D

二、多项选择题

1. ABCE　2. BCDE　3. ABCE　4. ACD　5. ABD
6. AB　7. ABCD　8. ABC

三、判断题

1. √　2. √　3. ×　4. √　5. √
6. ×　7. ×　8. ×　9. ×　10. √
11. √　12. ×

第三章　建筑工程知识

命题规律解读

本章的命题规律主要体现在：

1. 建筑的分类，这是个很好的命题点，能出现在各种题型中，注意熟悉掌握。
2. 建筑制图的基本规定，是个出判断题的好题材。
3. 建筑施工图和结构施工图是个较重要的命题点，适合出选择题。
4. 建筑等级也是个很好的命题点，是命题者喜欢出题的内容，好好掌握。
5. 地基、基础与地下室是建筑构造中很重要的命题点，特别是基础一定要牢固掌握。
6. 建筑构造的其他组成当然也能作为命题点，熟悉即可。
7. 建筑材料的性质应注意性质的分类，不要混淆，在此很容易出现选择题。
8. 各种不同建筑材料的性质和特点也可作为命题点，不可忽略。

命题点解读

命题点 1　建筑按使用性质分类

按使用性质不同，建筑物通常分为生产性建筑（包括工业建筑和农业建筑）和非生产性建筑（即民用建筑）。

1. 工业建筑分类

(1)按照建筑层数，可以将工业建筑分为单层厂房、多层厂房和层次混合厂房；

(2)按照用途，可以将工业建筑细分为生产厂房、生产辅助厂房、动力用厂房、仓储建筑、运输用建筑和其他建筑；

(3)按照建筑跨度，可以将工业建筑分为单跨厂房、多跨厂房和纵横跨厂房；

(4)按照跨度尺寸，可以将工业建筑分为小跨度厂房和大跨度厂房；

(5)按照生产状况，可以将工业建筑分为冷加工车间、热加工车间、恒温恒湿车间、洁净车间和其他特种状况的车间。

2. 民用建筑分类

民用建筑根据建筑物的使用功能，可分为居住建筑和公共建筑两大类。

(1)居住建筑。居住建筑是供人们生活起居用的建筑物，它们有普通住宅、公寓、别墅、宿舍等。

(2)公共建筑。公共建筑是供人们进行各项社会活动的建筑物。

公共建筑按使用功能的特点，可分为以下一些建筑类型：

1)生活服务性建筑。如食堂、菜场、浴室、理发店等。

2)文教建筑。如学校、图书馆、学生实验室等。

3)托幼建筑。如托儿所、幼儿园等。

4)科研建筑。如研究所、科学实验楼等。

5)医疗建筑。如医院、门诊所、疗养院、急救中心等。

6)商业建筑。如商店、商场、贸易市场、酒店、餐厅等及其相关设施。

7)体育建筑。如体育馆(场)、游泳馆(池)等服务于体育运动的建筑。

8)文娱建筑。如剧院、会堂、城市图书馆、博物馆、文化馆、展览馆等。

9)交通、邮电建筑。如火车站、汽车站、航空港、水上客运站、邮政大楼、电报电话局等用于交通、邮政、电信的建筑。

10)其他建筑。即除了上述九类建筑类型以外的非居住性建筑。例如,园林建筑、纪念性建筑,加油站、煤气站、消防站等设施。

命题点2　按建筑物的结构类型和材料分类

1. 砖木结构建筑

砖木结构建筑主要是用砖石和木材建造并由砖石和木骨架共同承重的建筑物。

2. 砖混结构建筑

这种结构的建筑造价较低,是我国目前建造量较大的建筑;但是,这种建筑的抗震性能较差,开间和进深的尺寸都受一定的限制,其层高也受到限制。

3. 钢筋混凝土结构建筑

钢筋混凝土结构建筑的特点是结构的适应性强、抗震性能好和耐用年限较长;是目前我国建筑工程中采用最多的一种建筑结构类型。

钢筋混凝土结构建筑的结构形式主要有:框架结构、剪力墙结构、筒体结构、框架剪力墙结构、框架筒体结构和筒中筒结构等多种形式。

4. 钢结构建筑

钢结构建筑建造成本较高,多用于超高层建筑和有大跨度要求的建筑物。

命题点3　按建筑物的层数分类

(1)低层建筑。指1～3层的建筑。多为住宅、别墅、幼儿园、中小学校、小型的办公楼以及轻工业厂房等。

(2)多层建筑。指4～6层的建筑,多为居民住宅楼、普通办公楼等。

(3)中高层建筑。指7～9层的建筑。

(4)高层建筑。10层以上(含10层)为高层建筑。公共建筑及综合性建筑通常是按照建筑总高度来划分的,总高度超过24 m的为高层(但不包括总高度24 m的单层建筑)。建筑总高度超过100 m的,不论是住宅,还是公共建筑、综合性建筑,均为超高层建筑。

目前国际上通行的做法是将高层建筑划分为四类,各类的主要特征为:第一类,层数8～16层,建筑的高度在25～50 m之间,其结构形式一般为钢筋混凝土框架结构;第二类,层数在17～25层,最高达75 m;第三类,层数26～40层,最高达100 m;第四类,层数在40层以上,高度超过100 m,称为超高层建筑。

命题点4　按建筑物承重受力方式分类

1. 墙承重结构形式的建筑物

2. 构架式承重结构的建筑物

3. 筒体结构或框架筒体结构的建筑物(大多为高层建筑和超高层建筑)

4. 大空间结构的建筑物

命题点 5　建筑制图的基本规定

1. 图纸幅面规定

幅面内应有标题栏和会签栏。幅面规格分别为 0、1、2、3、4 号，共 5 种。

2. 图标和会签栏

会签栏是各种工人负责签字的表格

3. 比例尺的选用

建筑和设备工种图纸注明比例尺。一个图形一般只采用一种比例尺。

结构施工图一般不注比例尺，允许一个图形使用两种比例尺；结构施工图在施工中以所注尺寸为准。

4. 轴线

施工图中的轴线是施工中定位、放线的重要依据。

轴线用点画线表示，端部画圆圈，圆圈内注明编号。

水平方向用阿拉伯数字由左至右编号，垂直方向用英文字母由下而上编号。

5. 尺寸及单位

尺寸由数字及单位组成。根据“国标”规定，总图以 m 为单位，其余均以 mm 为单位，为了图纸简明，按此规定画图，尺寸的数字后面可不写单位。

6. 标高

标高的单位用米记，按“国标”规定，标高数字准确到毫米，即注到小数点后面第三位。

标高分绝对标高和相对标高两种。我国青岛附近的黄海平均海平面定为绝对标高的零点，其他各地以它为基准所定标高即绝对标高。

7. 索引号

索引号的表示方法是把图中所需要另画详图的部位编上索引号。

索引号中的内容有两个，一是详图编号，二是详图所在的图纸的编号。

命题点 6　建筑施工图

建筑施工图是根据正投影原理绘制出来的，用立面图及屋顶平面图表示建筑物的外部，用总平面图表示建筑物的位置，用平面图及剖面图表示其内部，用大样图表示其细部做法的一套图纸。

1. 总平面图

总平面图是用来说明建筑物所在具体位置和其周围环境关系的水平投影图。

总平面图包含的主要内容有：

(1)拟建建筑和原有建筑的外形、层数和它们的相对位置关系；

(2)建筑物周围的地形、道路(包括拟建的道路)、水源、桥梁和绿化等；

(3)室内地坪、室外整平和道路的绝对标高；

(4)指北针和风玫瑰图等。

2. 建筑平面图

建筑平面图是建筑工程施工图纸中具有引导作用的图纸，它不仅反映了建筑的使用空间、装修等情况，而且是其他各工种图纸设计的基础，是室内外装修设计的重要依据。

建筑平面图包含的内容有：

(1)由外围看可以了解建筑的外形、总长、总宽以及面积，首层平面图上还有散水、台阶、外门、窗的位置，外墙的厚度，轴线标法，有的还可能有变形缝，外用铁爬梯等图示；

(2)往内看可以看到图上绘有内墙位置、房间名称,楼梯间、卫生间等布置;

(3)从平面图上还可以了解到开间尺寸,内门窗位置,室内地面标高,门窗型号尺寸以及表明所用详图等符号。

3. 建筑立面图

建筑立面图是建筑物的各个侧面向竖直平面作正投影所形成的投影图。根据立面图的位置不同,立面图分为正立面、背立面和侧立面;有时按朝向分为南立面、北立面、东立面、西立面等。

立面图的内容包括:

(1)反映了建筑物的外貌,如外墙上的檐口、门窗套、出檐、阳台、腰线、门窗外形、雨篷、花台、落水管、附墙柱、勒脚、台阶等构造形状。

(2)标明各层建筑标高、层数,建筑的总高度或突出部分最高点的标高尺寸。有的立面图也在侧边采用竖向尺寸,标注出窗口的高度、层高尺寸等。

(3)标明外墙装修所用的材料、色彩及分格,出入口处的做法及其装修等。

(4)标注立面详图索引号。

4. 建筑剖面图

建筑剖面图主要用以简要表示建筑物的内部结构形式、空间关系。

建筑剖面图的内容包括:

(1)各层楼面的标高,窗台、窗上口、顶棚的高度,以及室内净空尺寸。

(2)建筑从屋面至地面的内部构造特征。

(3)注明一些装修做法,楼、地面做法,对其所用材料等加以说明。

(4)有时也可以标明屋面做法及构造,屋面坡度以及屋顶上女儿墙、烟囱等构造物的情形等。

5. 建筑详图

建筑详图是各建筑部位具体构造的施工依据,所有平、立、剖面图上的具体做法和尺寸均以详图为准,因此详图是建筑图纸中不可缺少的一部分。

建筑详图一般包括:建筑的屋檐及外墙身构造大样,楼梯间,厨房、厕所、阳台、门窗、建筑装饰、雨篷、台阶等等的具体尺寸、构造和材料做法。

建筑施工图中的详图有:外墙大样图,楼梯间大样图,门头、台阶大样图,厨房、浴室、厕所、卫生间大样图等。

命题点 7　结构施工图

结构施工图用来表示各种承重构件(基础、承重墙、柱、梁、板、屋架等)的布置、形状、大小、材料、构造及其相互关系的一套图。

结构施工图主要表明建筑结构专业的设计内容,同时也反映建筑、给水排水、暖通、电气等专业对结构的要求,是指导结构施工、编制预算、施工组织设计和施工进度计划的依据。

1. 基础施工图

基础施工图是反映标高在±0.000 以下建筑基础构造的图纸,它是进行施工放线、开挖基坑、砌筑基础及编制施工图预算的依据。基础施工图一般包括基础平面图和基础详图。

2. 主体结构施工图

主体结构施工图一般是指标高在±0.000 以上的主体结构构造的图纸,也称为结构施工图。

(1)砖混结构施工图

砖混结构施工图包括结构平面图和结构详图。

(2)钢筋混凝土框架结构施工图

钢筋混凝土框架结构施工图也分为结构平面施工图和结构构件的施工详图。

(3)工业厂房结构施工图

命题点8　给水排水施工图

给水和排水系统均通过平面图和透视图来表明。

给水排水的透视图是把管道变成线条，绘成竖向立体形式的图纸。

给水排水施工图一般分为室内给水排水和室外给水排水两部分。

给水排水总平面图亦称给水排水外线图，是指在建筑物（一群或单个）以外的给水排水线路的平面布置图。

命题点9　采暖施工图

采暖施工图一般也分为室内和室外两部分。

室内部分表示一栋建筑物的采暖工程，其施工图的组成主要包括采暖平面图、立管图（或叫透视图）和节点详图；

室外部分则表示一个区域的采暖管网，其施工图的组成包括总平面图、管道横剖面图、管道纵剖面图和节点详图等。

命题点10　通风施工图

通风主要指送风、排风、除尘、排毒方面的工程。

通风方式可以分为：局部排风、局部送风、全面通风。

通风施工图纸分为：平面图、剖面图、系统图、详图。

命题点11　电气施工图

电气施工图主要有系统图和接线原理图。

根据不同的系统又可以分为电气动力系统图、照明系统图、空调供电与控制系统图、消防供电及控制信号系统图、电话系统图、广播系统图、电气自备电源系统图、防雷系统图、闭路电视及共享天线系统图、建筑物监测信号系统图等。

命题点12　建筑设计的基本要求

1. 满足建筑功能的要求
2. 采用合理的技术措施
3. 具有良好的经济效果
4. 对建筑物美观的要求
5. 符合总体规划要求

命题点13　建筑设计的主要内容

1. 建筑平面设计

用以满足建筑的使用功能的平面要求，包括建筑物的内部使用空间和交通联系空间的设计是建筑平面设计的一个重要内容。

建筑平面设计的另一个重要内容是通过建筑功能分析形成建筑物的平面组合。

常见的组合方式有：(1)走廊式组合；(2)套间式组合；(3)大厅式组合。

2. 建筑剖面设计

建筑剖面设计主要分析建筑物各部分应有的高度、建筑物层数，建筑空间的组合和利用，以及建筑结构、构造关系等。

3. 建筑体形和立面设计

建筑体形和立面设计是建筑师充分发挥其想像力和创造力的地方，也是开发商表示所开发的项目品质、思想的重要方面。

命题点 14　建筑设计须考虑的因素

1. 建筑的受力因素

2. 自然界的影响

3. 各种人为因素的影响

命题点 15　建筑物耐久等级（表 3—1）

表 3—1　建筑物的耐久等级

建筑物的等级	建筑物的性质	耐久年限
1	具有历史性、纪念性、代表性的重要建筑物（如纪念馆、博物馆、国家会堂等）	100 年以上
2	重要的公共建筑（如一级行政机关办公楼、大城市火车站、国际宾馆、大体育馆、大剧院等）	50～100 年
3	比较重要的公共建筑和居住建筑（如医院、高等院校以及主要工业厂房等）	40～50 年
4	普通的建筑物（如文教、交通、居住建筑以及工业厂房等）	15～40 年
5	简易建筑和使用年限在 5 年以下的临时建筑	15 年以下

命题点 16　建筑物的耐火等级（表 3—2）

表 3—2　建筑物的耐火等级

构件名称	燃烧性能和耐火极限(h)			
	耐火等级			
	一级	二级	三级	四级
承重墙和楼梯间的墙	非燃烧体 3.00	非燃烧体 2.50	非燃烧体 2.50	难燃烧体 0.50
支承多层的柱	非燃烧体 3.00	非燃烧体 2.50	非燃烧体 2.50	难燃烧体 0.50
支承单层的柱	非燃烧体 2.25	难燃烧体 2.00	难燃烧体 2.00	燃烧体
梁	非燃烧体 2.00	非燃烧体 1.50	非燃烧体 1.00	难燃烧体 0.50
楼　板	非燃烧体 1.50	非燃烧体 1.00	非燃烧体 0.50	难燃烧体 0.25
吊顶（包括吊搁栅）	非燃烧体 0.25	非燃烧体 0.25	非燃烧体 0.15	燃烧体

续上表

构件名称	燃烧性能和耐火极限(h)			
	耐火等级			
	一级	二级	三级	四级
屋顶的承重构件	非燃烧体 1.50	非燃烧体 0.50	燃烧体	燃烧体
疏散楼梯	非燃烧体 1.50	非燃烧体 1.00	非燃烧体 1.00	燃烧体
框架填充墙	非燃烧体 1.00	非燃烧体 0.50	非燃烧体 0.50	难燃烧体 0.25
隔　墙	非燃烧体 1.00	非燃烧体 0.50	难燃烧体 0.50	难燃烧体 0.25
防火墙	非燃烧体 4.00	非燃烧体 4.00	非燃烧体 4.00	非燃烧体 4.00

注:以木柱承重且以非燃烧材料作为墙体的建筑物,其耐火等级应按四级考虑。

民用建筑还必须限制其最大允许长度,它是根据消防车水龙带最大长度时的供水能力,及室外消火栓的保护半径等因素决定的(表 3—3)。

表 3—3　民用建筑的耐火等级、层数、长度和面积

耐火等级	最多允许层数	防火墙间		备　注
		最大允许长度(m)	最大允许占地面积(m^2)	
一级、二级	不限	150	2 500	剧院、体育馆等的长度和面积,可适当放宽。托儿所、幼儿园的儿童用房不应设在四层及四层以上
三级	5	100	1 200	托儿所、幼儿园的儿童用房不应设在三层及三层以上。电影院、剧院、礼堂、食堂不应超过二层。医院、疗养院不应超过三层
四级	2	60	600	学校、食堂、菜市场不应超过一层

命题点 17　建筑物的重要性等级(表 3—4)

表 3—4　建筑物的重要性等级

等级	适用范围	建筑类别举例
特等	具有重大纪念性、历史性、国际性和国家级的各类建筑	国家级建筑:如国宾馆、国家大剧院、大会堂、国家美术馆、博物馆、图书馆、国家级科研中心、体育、医疗建筑等。 国际性建筑:如重点国际教科文建筑、重点国际性旅游贸易建筑、重点国际福利卫生建筑、大型国际航空港等

续上表

等级	适用范围	建筑类别举例
甲等	高级居住建筑和公共建筑	高等住宅：高级科研人员单身宿舍；高级旅馆；部、委、省、军级办公楼；国家重点科教建筑、省、市、自治区级重点文娱集会建筑、博览建筑、体育建筑、外事托幼建筑、医疗建筑、交通邮电类建筑、商业类建筑等
乙等	中级居住建筑和公共建筑	中级住宅：中级单身宿舍；高等院校与科研单位和科教建筑；省、市、自治区级旅馆；地、市办公楼；省、市、自治区级一般文娱集会建筑、博览建筑、体育建筑、福利卫生类建筑、交通邮电类建筑、商业类建筑及其他公共类建筑等
丙等	一般居住建筑和公共建筑	一般住宅：单身宿舍、学生宿舍、一般旅馆、行政企业事业单位办公楼、中小学教学建筑、文娱集会建筑、一般博览、体育建筑、县级福利卫生建筑、交通邮电建筑、一般商业及其他公共建筑等
丁等	低标准的居住建筑和公共建筑	防火等级为四级的各类建筑，包括：住宅建筑、宿舍建筑、旅馆建筑、办公楼建筑、科教建筑、福利卫生建筑、商业建筑及其他公共类建筑等

命题点 18　建筑的组成

1. 单层工业厂房的组成

单层工业厂房的结构组成有两种类型，即墙体承重结构和骨架承重结构。

墙体承重结构为外墙采用砖、砖柱的承重结构类型；骨架承重结构是采用钢筋混凝土构件或钢构件组成骨架的承重结构类型，这种类型的墙体仅起围护的作用。

单层厂房骨架的组成构件有：

(1)屋盖结构；(2)吊车梁；(3)柱子；(4)外墙围护系统；(5)支撑系统；(6)基础。

2. 民用建筑的结构组成

民用建筑物一般由基础、墙和柱、楼地面、楼梯、屋顶和门窗六大部分组成。

命题点 19　地　　基

位于基础下面并承受由基础传来全部荷载的土层叫地基。

地基与基础是密切相关的，整个建筑物的全部荷载都通过基础最终传给地基来承受。

地基单位面积所能承受的最大压力，叫地基容许承载力。

命题点 20　基　　础

基础是位于建筑物最下部的承重构件，承受建筑物的全部荷载，并传递给建筑物下部的地基。常用的基础材料有砖、石、混凝土、钢筋混凝土、灰土等。

基础按其构造特点可分为：

1. 条形基础

条形基础的形状为长条形，适用于砖混结构建筑。根据其受力特点，条形基础可分为柔性基础和刚性基础。

刚性基础一般由浆砌片石、砖或素混凝土建造而成，通常用作建筑层数不多，地基土质较均匀且承载力较高的情况下的墙下条形基础；柔性基础一般指钢筋混凝土条形基础，用于刚性基础不适宜时的墙下条形基础或钢筋混凝土柱下条形基础。

2. 独立基础

独立基础是呈独立柱墩形式的基础，基础底面形状为方形或矩形，适用于多层框架结构或厂房排架柱下基础。

3. 整体式筏式基础

整体式筏式基础是由整片钢筋混凝土基板和反梁组成的基础。这种基础面积较大，可承载能力较强，多用于大型公共建筑下面。

4. 箱形基础

箱形基础也是整块的大型基础。它是由底板、顶板、侧板和一定数量内隔墙构成的整体刚度较好的钢筋混凝土箱形结构。

5. 桩基础

当建筑场地的上部土层较弱、承载力较低，不适宜采用在天然地基上作浅基础时宜采用桩基础。

命题点 21　地　下　室

1. 地下室分类

按使用功能不同，地下室可以分为普通地下室和人防地下室；

按地下室顶板标高不同，地下室可以分为全地下室和半地下室；

按结构材料不同，地下室可以分为砖墙结构地下室和钢筋混凝土结构地下室。

2. 地下室的构成

一般情况下，地下室由墙、底板、顶板、门窗和楼梯等部分组成。

地下室墙采用砖墙时，其厚度一般不小于 490 mm；当采用混凝土或钢筋混凝土墙时，其厚度应按计算确定。

地下室的顶板，采用现浇或预制钢筋混凝土板；人防地下室的顶板，一般应为现浇板。

当地下水位高于地下室地面时，地下室的底板不仅承受作用在它上面的垂直荷载，还必须承受地下水的浮力，此时常采用具有足够的强度、刚度和抗渗能力的钢筋混凝土底板。

地下室可通过两侧外墙窗设采光井采光和通风；采光井由侧墙和底板构成，侧墙一般用砖砌筑，井底板则用混凝土浇筑。

3. 地下室的防潮与防水

根据水位高低与地下室地坪的关系，地下室的防潮、防水的构造做法有以下 4 种。

(1)防潮

常年静止水位和丰水期最高水位都低于地下室地坪时，可只做防潮处理。

(2)防潮与排水相结合

常年静止水位低于地下室地坪，丰水期最高水位高于地下室地坪，但不超过 500 mm 时，可采用防潮与排水相结合的做法。

(3)卷材防水

常年静止水位和丰水期最高水位都高于地下室地坪时，地下水不仅可以浸入地下室，还对墙板、底板有较大的压力。地下室必须采取防水构造做法，常用的防水做法是卷材防水。

(4)钢筋混凝土防水

这是承重结构与防水层合一的做法。也就是采用钢筋混凝土箱形结构

另一种做法可在混凝土加入适量防水剂，做成防水混凝土，并在墙板外侧抹水泥砂浆找平层，再涂两道热沥青即成。

命题点22　墙体的类型

按所处位置不同，墙可分为外墙和内墙。外墙指建筑四周与室外接触的墙；内墙是位于建筑内部的墙。

按其方向不同，墙可分为纵墙与横墙。纵墙指与建筑长轴方向一致的墙；横墙是与建筑短轴方向一致的墙。

按其受力情况墙可分为承重墙和非承重墙。承重墙指除了承受自身重量外，还承受上部传来荷载的墙；非承重墙是只承受自身重量的墙，不承受上部传来荷载的墙。非承重墙包括自承重墙和框架墙。

按构成墙的材料和制品不同，墙又可分为砖墙、石墙、砌块墙、板材墙等。

命题点23　墙体的构造

1. 砖砌墙体

(1)砖砌墙体材料

砖砌墙体是由砌墙砖与砂浆砌合而成，分为普通砖和空心砖两大类。空心砖是指孔洞率不小于15%的砖。

砌墙用的砂浆是由胶凝材料(水泥、石灰、黏土等)和填充材料(砂、矿渣等)混合加水搅拌而成。常用的有水泥砂浆、水泥石灰砂浆、石灰砂浆和黏土砂浆；水泥砂浆主要用于砌筑基础，砌墙一般用水泥石灰砂浆；石灰砂浆和黏土砂浆因强度较低，多用于砌筑非承重墙或荷载不大的承重墙。

(2)砖砌墙体的基本尺寸和砌筑方式

砖墙的基本尺寸包括砖墙的厚度、墙段长度和墙高。

砖的排列方式应按内外搭接，上下错缝的原则砌筑，错缝距离一般不小于60 mm。

2. 隔墙

隔墙的类型很多，按构造方式可以分为：块材式隔墙、立筋式隔墙、板材式隔墙。

3. 玻璃幕墙

玻璃幕墙(简称幕墙)是一种新型墙体，主要用于高层办公塔楼及高级宾馆。

玻璃幕墙的构造形式一般为框格式，主要承重骨架为垂直向的主龙骨和水平向的次龙骨，中间嵌入玻璃。

玻璃幕墙所有接缝部位，除橡胶垫外，均要压入密封胶，以确保密封效果。

玻璃幕墙所用的玻璃是按不同用途生产出的不同性质的玻璃。

幕墙在双层采光窗部分，为使冷凝水能排出，有留孔及管道装置。为使保温单层窗部分通风、排气，将下面橡胶垫于1/4处切断留孔，并在次龙骨上也要留有通气孔。

命题点24　柱、梁、板

柱子是独立支承结构的竖向受力构件。它在建筑中承受梁和板这两种构件传来的荷载；梁是跨过空间的横向受力构件。它在建筑中承担其上的板传来的荷载，再传到支承它的柱上；板是直接承担其上面的竖向平面荷载的水平平面构件。它支承在梁上或直接支承在柱上，把所受的荷载传给梁或柱子。

柱、梁和板，可以是预制的，也可以在工地现制。装配式的工业厂房，一般都采用预制好的构件进行安装成骨架；而民用建筑中砖混结构的建筑，其楼板往往用预制的多孔板；框架结构或板柱结构则往往是柱、梁、板现场浇制而成。

命题点25　楼、地面的构造

楼、地面的构造层次一般有：

(1)基层。地面的基层是基土；楼面的基层是结构楼板，包括现浇板和多孔预制板。

(2)垫层。在基层之上的构造层。地面的垫层可以是灰土或素混凝土，或两者的叠加；在楼面可以是细石混凝土。

(3)填充层。在有隔声、保温等要求的楼面则设置轻质材料的填充层，如水泥蛭石、水泥炉渣、水泥珍珠岩等。

(4)找平层。当面层为陶瓷地砖、水磨石及其他，要求面层很平整时，则先要做好找平层。

(5)面层和结合层。面层是地面的表层，是人们直接接触的一层。

命题点 26 楼梯、电梯的构造

1. 楼梯

(1)楼梯的分类

按楼梯的使用性质区分，室内设置主要楼梯和辅助楼梯，室外设有安全楼梯和消防楼梯。

按楼梯的结构形式区分，可以分为板承式楼梯、梁承式楼梯和悬挑楼梯。

按施工方法区分，可以分为现浇钢筋混凝土楼梯和预制装配式钢筋混凝土楼梯。

按使用材料区分，可以分为钢筋混凝土楼梯、木楼梯、钢梯和砖石楼梯等。

(2)楼梯的组成

楼梯段；楼梯平台；栏杆或栏板；扶手。

(3)楼梯的基本尺寸

楼梯踏步尺寸包括踏步高度和宽度。

一般住宅的踏步高为 156～175 mm，宽为 250～300 mm；办公楼的踏步高为 140～160 mm，宽为 280～300 mm；而幼儿园的踏步则高为 120～150 mm，宽为 250～280 mm。

楼梯的坡度一般在 20°～45°之间。楼梯段上的垂直高度，最低处不应小于 2 m；楼梯休息平台的宽度不应小于楼梯段的宽度。

楼梯的栏杆和扶手的高度除幼儿园可低些，其他都应高出梯步 900 mm 以上。

2. 电梯与自动扶梯

一般来说，住宅建筑层数在 7 层及 7 层以上的，或最高住户入口层楼面距底层室内地面的高度在 16 m 以上的，均应设置电梯；对于一些层数不多，但建筑等级较高或有特殊需要的公共建筑，如宾馆、医院，也应设置电梯；多层仓库和商店还需设置运货用电梯；除此之外，高层建筑还应设消防电梯。

自动扶梯可以正逆运行，既可提升又可下降；在机械停止运转时，可作为普通楼梯使用。自动扶梯的坡度，通常为 30°。

命题点 27 屋顶的构造

1. 屋顶的类型

屋顶是建筑上面的构造部分。

由于不同的屋面材料和不同的承重结构形式，形成了多种类型的屋顶，包括：

(1)平屋顶。平屋顶是目前民用建筑中采用最普遍的屋面形式，主要以钢筋混凝土屋顶为主。平屋顶的坡度很小，一般采用 3%以下，上人屋顶坡度在 2%左右。

(2)坡屋顶。坡度较陡，一般在 10%以上。

(3)曲面屋顶。由各种薄壳结构或悬索结构作为屋顶的承重结构，一般用于大跨度的大型建筑。

(4)多波式折板屋顶。屋顶是由钢筋混凝土薄板形成的一种多波式屋顶。

2. 屋顶的组成

(1)屋面；(2)承重结构；(3)保温隔热层；(4)顶棚。

坡屋顶顶棚上的空间叫闷顶，如利用这个空间作为使用房间时，叫做阁楼。

命题点 28 变形缝的构造

变形缝是为了避免建筑由于温度变化、建筑物各部分所受荷载的不同以及建筑物相邻部分结构的差异和地震的影响而使建筑物出现变形、开裂、建筑结构破坏而设置的将建筑物垂直分开的缝隙。变形缝包括：

1. 伸缩缝

伸缩缝，也叫温度缝，是防止由温度影响产生变形而设置的变形缝。

2. 沉降缝

沉降缝是防止因荷载、结构形式、地基能力的差异等原因而产生不均匀沉降的影响所设的变形缝。应设置沉降缝的情况有：

(1)建筑平面的转折部位；(2)高度差异(或荷载差异)处；(3)长高比过大的砌体承重结构或钢筋混凝土框架结构的适当部位；(4)地基土的压缩性有显著差异处；(5)建筑结构(或基础)类型不同处；(6)分期建造建筑的交界处。

表 3—5 沉降缝的宽度

建筑层数	沉降缝密度(mm)
2～3	50～80
4～5	80～120
5 层以上	不小于 120

3. 防震缝

防震缝是防止由地震的影响而设置的变形缝；防震缝的宽度在任何情况下不得小于 50 mm；防震缝的两侧应采用双墙、双柱。防震缝应沿建筑的全高设置。

命题点 29 建筑给水设备

1. 给水系统及其分类

给水系统的任务是供应不同类型建筑物用户的用水，满足其对水量、水质、水压和水温的要求。按供水用途，给水系统基本上可以分为生活、生产、消防等三种。

给水的供水方式根据建筑物的性质、高度、用水设备情况、配水管网的水压以及消防要求等因素来决定。基本供水方式可分为：(1)直接供水方式；(2)设置水箱的供水方式；(3)水泵水箱的供水方式；(4)分区分压供水方式。

2. 给水管道的布置和材料

给水管道的布置总的要求是管线力求简短、经济、便于安装维修。

铝塑管的优点是安装方便，为目前家庭装修普遍采用的室内给水管道材料。

3. 给水系统的升压设备

(1)水泵与水箱；(2)气压给水装置；(3)变频调速供水设备。

4. 消防给水系统

(1)消火栓系统。是最基本的消防给水系统，在多层或高层建筑物中已广泛使用。

(2)自动喷洒系统。在火灾危险性较大、燃烧较快、无人看管或防火要求较高的建筑物中，需装设自动喷洒消防给水系统。

5. 热水供应系统

6. 分质供水系统

命题点 30　建筑排水设备

1. 排水系统的分类

建筑排水系统按其排放的性质可分为生活污水、生产废水、雨水三类排水系统，也可以根据污水的性质和城市排水制度的状况，将性质相近的生活与生产废水合流。当性质相差较大时，不能采用合流制。

2. 污水的处理

在有污水处理厂的城市中，生活或有害的工业污废水需先经过局部处理才能排放，污水的局部处理方式有：(1)化粪池；(2)中水道。

命题点 31　建筑采暖设备

1. 常用的采暖方式有：(1)集中采暖；(2)局部采暖；(3)区域供热。

2. 采暖系统的类型有：

(1)热水采暖系统。常用的低温热水采暖系统中的供水温度为 95 ℃，回水温度一般为 70 ℃。

(2)蒸汽采暖系统。对于间歇性的采暖建筑(如影剧院、俱乐部)，蒸汽采暖有较高的实用价值。

命题点 32　建筑材料的物理性质

建筑材料的物理性质是指材料分子结构不发生变化的情况下所具有的性质。

1. 与质量有关的性质

(1)密度；(2)表观密度；(3)密实度；(4)孔隙率。

2. 与水有关的性质

(1)吸水性；(2)吸湿性；(3)耐水性；(4)抗渗性；(5)抗冻性。

3. 与温度有关的性质

(1)导热性；(2)热容量。

命题点 33　建筑材料的力学性质

建筑材料的力学性质是指建筑材料在各种外力作用下抵抗破坏或变形的性质。包括：(1)强度；(2)弹性与塑性；(3)脆性与韧性；(4)硬度和耐磨性。

命题点 34　建筑材料的耐久性

材料的耐久性是指材料在使用过程中经受各种常规破坏因素的作用而能保持其原有性能的能力。其中破坏因素的作用又可以归结为机械作用、物理作用、化学作用和生物作用。

命题点 35　钢　　材

1. 钢材的分类

(1)按照钢的化学成分可以分为碳素钢和合金钢。

(2)按照用途不同，可以将钢分为结构钢、工具钢和特殊用途钢。

(3)按照脱氧程度不同，将脱氧充分者分为镇静钢(代号为 Z)和特殊镇静钢(代号为 TZ)。脱氧不充分者分为沸腾钢(代号为 F)，介于二者之间的分为半镇静钢(代号为 B)。

2. 钢材的化学成分对其性能的影响

(1)碳。土木建筑工程中所使用的钢材大多为普通碳素钢和属普通碳素钢一类的低合金钢，含碳量不大于 0.8%。

(2)硅。当硅在钢中的含量小于 1%时，随着其含量的增加可以提高钢材的强度，而对塑性和韧性影响不明显。

(3)锰。我国低合金钢中锰是主加合金元素，一般含量在 1%～2%范围内，其作用主要是使钢的强度提高，同时还能消减硫、氧引起的热脆性，改善钢的热加工性能。

(4)硫和磷。硫和磷都属于有害元素。硫呈非金属硫化物夹杂于钢中,具有强烈的偏析作用,降低各种机械性能;磷在钢中的偏析作用也很强烈,增大钢材的冷脆性,并显著降低钢材的可焊性。

3. 建筑工程中常用钢材

(1)碳素结构钢;(2)低合金结构钢;(3)型钢;(4)钢板;(5)钢筋。

命题点 36　木　　材

1. 木材的分类

按照材型将木材分为原木、板材和枋材;其中板材和枋材统称锯材。锯材分为特种锯材和普通锯材两个级别;普通锯材又根据其缺陷分为一等、二等和三等三个等级。

2. 木材的物理性质

(1)木材的含水率。

在木材内部含有的水分根据其存在形式分为三种,即自由水、吸附水和化合水。

(2)湿胀干缩。

3. 木材的力学性质

木材的强度,包括抗拉强度、抗压强度、抗弯强度和抗剪强度,都具有明显的方向性。

命题点 37　水泥的种类

1. 硅酸盐水泥

硅酸盐水泥可以分成两大类,即不掺合材料的Ⅰ型硅酸盐水泥,和在硅酸盐水泥熟料掺入超过 5%的石灰石或粒化高炉矿渣混合材料的Ⅱ型硅酸盐水泥。

2. 普通硅酸盐水泥

硅酸盐水泥与普通硅酸盐水泥性质十分相似,在工程应用范围内也是一致的。主要体现在:水泥强度高,主要用于重要结构的高强度混凝土、钢筋混凝土和预应力混凝土工程;胶凝硬化较快、抗冻性能好,适用于早期强度要求高、凝结快,冬季施工及严寒地区遭受反复冻融的工程;水泥石中含有较多的氢氧化钙,抗软水侵蚀和抗化学腐蚀性差,不宜用于经常与流动软水接触及有水压作用的工程以及受海水和矿物水作用的工程。

3. 掺混合材料的水泥

按照混合材料的性质分为活性混合材料和非活性混合材料两类。

4. 矿渣硅酸盐水泥

适用于高温车间和有耐热、耐火要求的混凝土结构、大体积混凝土结构、蒸汽养护的混凝土结构、一般地上、地下和水中混凝土结构以及有抗硫酸盐侵蚀要求的一般工程;不适用于早期强度要求较高的工程和严寒地区并处在水位升降范围之内的混凝土工程。

5. 火山灰质硅酸盐水泥

适用于大体积混凝土工程、有抗渗要求的工程、蒸汽养护的混凝土构件、有抗硫酸盐侵蚀要求的一般工程以及一般混凝土结构;不适用于处在干燥环境的混凝土工程、耐磨性要求高的工程、早期强度要求较高的工程和严寒地区并处在水位升降范围之内的混凝土工程。

6. 粉煤灰硅酸盐水泥

适用于大体积混凝土工程、地上、地下和水中混凝土工程、蒸汽养护的混凝土构件、有抗硫酸盐侵蚀要求的一般工程以及一般混凝土结构;不适用于处在干燥环境的混凝土工程、耐磨性要求高的工程、早期强度要求较高的工程、严寒地区并处在水位升降范围之内的混凝土工程以及有抗碳化要求的工程。

命题点 38　硅酸盐水泥和普通硅酸盐水泥的技术性质

1. 细度。细度表示水泥颗粒的粗细程度。颗粒越细,与水反应的表面积越大,水化速度越快，早期强度高，但硬化收缩较快，且粉磨时能耗大，成本高。颗粒过粗，不利于水泥活性的发挥，且强度低。

2. 强度。水泥强度是评定水泥强度等级的依据，是指胶凝的强度而不是净浆的强度。

3. 体积安定性。体积安定性是指水泥在硬化过程中体积变化是否均匀的性能。

水泥安定性不良会导致构件制品产生膨胀性裂纹或翘曲变形，造成质量事故。引起水泥安定性不良的主要原因是熟料中游离氧化钙或游离氧化镁过剩或石膏掺量过多。安定性不合格的水泥不得用于工程，应废弃。

4. 胶凝时间。胶凝时间可分为初凝时间和终凝时间。初凝时间是指从水泥加水拌和起到水泥浆开始失去塑性所需的时间；终凝时间则是指从水泥加水拌和起到水泥浆完全失去塑性并开始产生强度所需的时间。硅酸盐水泥初凝时间不得早于 45 min，终凝时间不得迟于 6.5 h；普通硅酸盐水泥初凝时间不得早于 45 min，终凝时间不得迟于 10 h。

5. 水化热。水泥的水化热是指水泥在水化过程中释放出的热量。水化热对大体积混凝土工程是不利的。

命题点 39　石灰与石膏

石灰在建筑工程中的应用主要为：(1)配置水泥石灰混合砂浆、石灰砂浆；(2)拌制灰土或三合土；(3)生产硅酸盐制品；(4)利用石灰膏稀释成石灰乳，用作内墙和顶棚的粉刷涂料。

石膏是以硫酸钙为主要成分的气硬性胶凝材料。

建筑石膏在建筑工程中的主要用途有：石膏抹灰材料、各种装饰石膏板、石膏浮雕花饰、雕塑饰品等。

命题点 40　砖

1. 烧结砖

烧结砖包括烧结普通砖、烧结多孔砖和烧结空心砖。

烧结普通砖包括黏土砖、页岩砖、煤矸石砖、粉煤灰砖等多种。

2. 蒸养(压)砖

蒸养(压)砖属于硅酸盐制品，是以石灰和含硅原料，如砂、粉煤灰、炉渣、煤矸石，加水拌和，经成型、蒸养(压)而制成。目前使用的主要是灰砂砖、粉煤灰砖和炉渣砖。

3. 砌块

砌块建筑可以减轻建筑墙体自重，改善建筑功能，降低造价。目前使用的主要有粉煤灰砌块、中型空心砌块、混凝土小型空心砌块、蒸压加气混凝土砌块等。

命题点 41　常用岩石的特性与用途(表 3—6)

表 3—6　常用岩石的特性与用途

岩石种类	常用石种	特性			用途
		表观密度 (kg/m³)	抗压强度 (MPa)	其他特性	
岩浆岩(火成岩)	花岗岩	2 500～2 800	120～250	孔隙率小，吸水率低，耐磨、耐酸、耐久，但不耐火，耐光性好	基础、地面、路面、室内外装饰、混凝土集料
	玄武岩	2 900～3 300	250～500	硬度大、细密、耐冻性好，抗风化性强	高强混凝土集料、道路路面

续上表

岩石种类	常用石种	特性			用途
		表观密度（kg/m^3）	抗压强度（MPa）	其他特性	
沉积岩（水成岩）	石灰岩	2 600～2 800	80～160	耐久性及耐酸性均较差，力学性质随组成不同变化范围很大	基础、墙体、桥墩、路面、混凝土集料
	砂岩	1 800～2 500	约 200	硅质砂岩（以氧化硅胶结），坚硬、耐久，耐酸性与花岗岩相似	基础、墙体、衬面、踏步、纪念碑石
变质岩	大理石	2 600～2 700	100～300	质地细密、硬度不高，易加工，耐磨性好，易风化，不耐酸	室内墙面、地面、柱面、栏杆等装修
	石英岩	2 650～2 750	250～400	硬度大，加工困难，耐酸、耐久性好	基础、栏杆、踏步、饰面材料、耐酸材料

命题点 42 混凝土材料组成

1. 水泥。水泥的强度约为混凝土强度的 1.5～2.0 倍为好。

2. 细集料。粒径为 5 mm 以下的集料称为细集料，一般采用天然砂。

3. 粗集料。粗集料的最大粒径，不得大于结构截面最小尺寸的 1/4，并不得大于钢筋最小净距的 3/4；对混凝土实心板，最大粒径不得大于板厚的 1/2，并不得超过 50 mm。

4. 水。凡能饮用的自来水及清洁的天然水都能用来养护和拌制混凝土；污水、酸性水、含硫酸盐超过 1%的水均不得使用；海水一般不用来拌制混凝土。

命题点 43 普通混凝土的性质

1. 和易性

和易性是指混凝土是否易于施工操作和均匀密实的性能，它是混凝土的主要性质。主要表现为：是否易于搅拌和卸出；运输过程中是否分层、泌水；浇灌时是否离析；振捣时是否易于填满模型。

影响和易性的因素主要有：

(1)用水量。用水量是决定混凝土拌和物流动性的主要因素。

(2)水灰比。水灰比决定着水泥浆的稀稠。水灰比一般在 0.5～0.8。

(3)砂率。合理砂率就是保持混凝土拌和物有良好黏聚性和保水性的最小砂率。

(4)其他影响因素有：水泥品种、集料条件、时间和温度、外加剂等。

2. 普通混凝土结构的力学性质

(1)混凝土的抗压强度和强度等级。混凝土强度包括抗压强度、抗拉强度，其中以抗压强度为最高，所以混凝土主要用来抗压。

(2)普通混凝土受压破坏特点。

(3)影响混凝土强度的因素。

1)水泥强度和水灰比。

水泥强度愈高，水泥石强度愈高，黏结力愈强，混凝土强度愈高。在水泥强度相同的情况下，混凝土强度则随水灰比的增大有规律地降低；但水灰比也不是愈小愈好，当水灰比过小时，水泥浆过于干稠，混凝土不易被振密实，反而导致混凝土强度降低。

2)龄期。

3)养护温度和湿度。

一般规定，在自然养护时，对硅酸盐水泥、普通水泥、矿渣水泥配制的混凝土，浇水保湿养护日期不少于 7 d；火山灰水泥、粉煤灰水泥、掺有缓凝型外加剂或有抗渗性要求的混凝土，则不得少于 14 d。

4)施工质量。

(4)提高混凝土强度的措施有：采用高强度等级水泥、采用干硬性混凝土拌和物、采用湿热处理(蒸汽养护和蒸压养护)、改进施工工艺、加强搅拌和振捣(采用混凝土拌和用水磁化、混凝土裹石搅拌法等新技术)、加入外加剂(如加入减水剂和早强剂等)。

3. 普通混凝土的变形性质

混凝土在硬化后和使用过程中，受各种因素影响而产生变形，主要有：

(1)化学收缩；(2)干湿变形；(3)温度变形；(4)荷载作用下的混凝土变形。

4. 普通混凝土的耐久性

抗渗性、抗冻性、抗侵蚀性、抗碳化性，以及防止碱—集料反应等，统称为混凝土的耐久性。提高耐久性的主要措施：选用适当品种的水泥；严格控制水灰比并保证足够的水泥用量；选用质量好的砂、石，严格控制集料中的泥及有害杂质的含量，采用级配好的集料；适当掺用减水剂和引气剂；在混凝土施工中，应搅拌均匀，振捣密实，加强养护等，以增强混凝土的密实性。

命题点 44　混凝土外加剂

在混凝土拌和物中，掺入能改善混凝土性质的材料，称为外加剂。

外加剂的掺入量一般不大于水泥质量的 5%。

混凝土外加剂按其功能可分为：改善混凝土拌和物和易性的外加剂；调节混凝土凝结时间和硬化性能的外加剂；改善混凝土耐久性的外加剂；提高混凝土特殊性能的外加剂。

命题点 45　防水材料

1. 防水卷材

防水卷材的特点有：

(1)拉伸强度高、抵抗基层和结构物变形能力强、防水层不易开裂；

(2)防水层厚度可按防水工程质量要求控制；

(3)防水层较厚，使用年限长；

(4)便于大面积施工。

防水卷材根据形式的不同，可以分为无胎体卷材和以纸或织物等为胎体的卷材。

常用的防水卷材有沥青防水卷材、聚合物改性沥青防水卷材、合成高分子防水卷材。

2. 防水涂料

防水涂料广泛适用于工业与民用建筑工程的屋面防水、地下室防水和地面防潮等。

按照成膜物质的主要成分，防水涂料可分为沥青基防水涂料、聚合物改性沥青防水涂料和合成高分子防水涂料等三类。

3. 建筑密封材料

建筑密封材料是具高气密性水密性而嵌入建筑接缝中的定形和不定形的材料。

目前，常用的不定形密封材料有：沥青嵌缝油膏、聚氯乙烯接缝膏和塑料油膏、丙烯酸类密封膏、聚氨酯密封膏、聚硫密封膏和硅酮密封膏等。

命题点 46　建筑装饰材料的分类

1. 按化学成分分类

(1)金属材料。包括黑色金属材料(如不锈钢)和有色金属材料(如铝、铜、银等)。

(2)非金属材料。包括无机非金属材料(如大理石、玻璃、建筑陶瓷等)和有机非金属材料(如木材、建筑塑料等)。

(3)复合材料。所谓复合材料，是指由两种或两种以上的材料组合成为一种具有新的性能的材料。

2. 按建筑装饰的部位分类

建筑材料按其在建筑物不同的装饰部位，可以分为以下几类。

(1)外墙装饰材料；(2)内墙装饰材料；(3)地面装饰材料；(4)吊顶装饰材料；(5)室内装饰用品及配套设备；(6)其他。街心、庭院小品及雕塑等。

命题点 47　建筑装饰材料使用效果评价

1. 装饰效果

(1)建筑物外部色彩。主要看建筑物的色彩是否与建筑物的规模、环境及功能相适应。此外，还要看其是否与周围的道路、园林、小品以及其他建筑物风格和色彩相和谐。

(2)建筑物内部色彩。建筑物内部色彩对人的生理和心理均产生重要的影响。因此应观察色彩的选择是否与季节、建筑功能及人们从事不同活动时的需要相适应。

2. 耐久性

通常建筑物外部装饰材料要经受日晒、雨淋、霜雪、冰冻、风化、介质的侵袭，而内部装饰材料要经受摩擦、潮湿、洗刷等的作用。

(1)力学性能。包括强度(抗压强度、抗拉强度、抗弯强度、冲击韧性等)、受力变形、黏结性、耐磨性以及可加工性等。

(2)物理性能。包括密度、表观密度、吸水性、耐水性、抗渗性、抗冻性、耐热性、绝热性、吸声性、隔声性、光泽度、光吸收性及光发射性等。

(3)化学性能。包括耐腐蚀性、耐大气侵蚀性、耐污染性、抗风化性及阻燃性等。

3. 经济性

考虑建筑材料的经济性，要有一个总体的观念，既要考虑到装饰工程一次性投资的多少，也要考虑到日后的维护维修费用和材料的使用寿命。

4. 环保性

目前，由于装饰材料的大量使用，使得室内环境质量受到严重影响。

命题点 48　建筑装饰材料的主要种类和用途(表 3—7)

表 3—7　建筑装饰材料主要种类及其用途

材料类型	材料具体内容	主要用途
石　材	大理石、花岗石、人造大理石、人造花岗石、人造玛瑙、人造玉石	大型高档建筑内外饰面
建筑石膏	装饰石膏板、纸面石膏板、嵌装式装饰石膏板、艺术装饰石膏制品	建筑物室内装饰

续上表

材料类型	材料具体内容	主要用途
建筑陶瓷	釉面砖、墙地砖、陶瓷锦砖(马赛克)、玻璃制品	建筑物内外贴面
水　泥	硅酸盐水泥、白色硅酸盐水泥、彩色硅酸盐水泥	配置混凝土、水泥浆等
混凝土	重混凝土、普通混凝土、轻混凝土、装饰混凝土	承重、防辐射、装饰等
砂　浆	砌筑砂浆、抹面砂浆、装饰砂浆(水刷石、干粘石、水磨石等)、特种砂浆	砌筑、饰面等
金属材料	建筑钢材、钢材	
建筑玻璃	平板玻璃、装饰玻璃(钢化/夹丝/夹层/压花/磨花/彩色/金属/水晶/镭射/热反射/吸热等玻璃)、中空玻璃/玻璃幕墙等	光控、温控、节能、降低噪声、装饰等
木　材	针叶树(松、杉、柏、等)、阔叶树(水曲柳、榆木、柞木等)	制作门窗、内部装饰等
建筑涂料	外墙、内墙、地面涂料(清油/清漆/厚漆/调合漆/磁漆/乳胶漆/透明漆/等)	建筑表面防护、装饰
建筑织物	地毯(纯毛/化纤/混纺等)、墙面装饰织物等	室内装饰

历年考题诠解

一、单项选择题

1. 如果房地产估价师希望通过施工图了解房屋的楼、地面做法,可以查找(　　)。**[2004年考题]**

A. 建筑平面图　　B. 建筑立面图　　C. 建筑剖面图　　D. 结构施工图

【答案】C　本题考核的是建筑施工图的应用。建筑剖面图主要用以简要表示建筑物的内部结构形式、空间关系。建筑剖面图的内容包括注明一些装修做法,楼、地面做法,对其所用材料等加以说明。

2. 用以简要表示建筑物的内部结构形式、空间关系的建筑设计图是(　　)。**[2005年考题]**

A. 建筑剖面图　　B. 建筑构造详图　　C. 建筑平面图　　D. 总平面图

【答案】A　本题考核的是建筑剖面图。总平面图是用来说明建筑物所在具体位置和其周围环境关系的水平投影图。建筑平面图是建筑工程施工图纸中具有引导作用的图纸,它不仅反映了建筑的使用空间、装修等情况,而且是其他各工种图纸设计的基础,是室内外装修设计的重要依据。建筑详图是各建筑部位具体构造的施工依据,所有平、立、剖面图上的具体做法和尺寸均以详图为准。

3. 当建筑场地的上部土层较弱,承载力较低,不适宜采用在天然地基上作浅基础时宜采用(　　)。**[2005年考题]**

A. 条形基础　　B. 独立基础　　C. 箱形基础　　D. 桩基础

【答案】D　本题考核的是建筑基础。当建筑场地的上部土层较弱,承载力较低,不适宜采用在天然地基上作浅基础时宜采用桩基础。

4. 地基面积较大，多用于大型公共建筑，由基板、反梁组成。且在梁的交点上竖立柱子，以支承建筑骨架的基础被称为（　　）。[2006 年考题]

A. 条形基础　　B. 独立基础　　C. 整体式筏式基础　　D. 箱形基础

【答案】C　本题考核的是建筑基础。整体式筏式基础是由整片钢筋混凝土基板和反梁组成的基础。通过在梁的交点上竖立柱子，以支承建筑的骨架。这种基础面积较大，可承载能力较强，多用于大型公共建筑下面。

5. 下列关于建筑制图有关要求的表述中，错误的是（　　）。[2007 年考题]

A. 图纸幅面内应有标题栏和会签栏

B. 结构施工图一般不注比例，允许一个图形使用两种比例

C. 凡承重墙、柱子、大梁或屋架的位置必须画上轴线并编上轴线号

D. 标高的单位用 mm 计

【答案】D　本题考核的是建筑制图的基本规定。标高的单位用米记，按"国标"规定，标高数字准确到毫米，即注到小数点后面第三位。

6. 某建筑物一段墙体的一面与该建筑物以外的空间接触，且与该建筑物长轴方向一致，则该墙体（　　）。[2007 年考题]

A. 既是外墙也是纵墙　　B. 既是外墙也是横墙

C. 既是山墙也是纵墙　　D. 既是山墙也是横墙

【答案】A　本题考核的是建筑中墙体的类型。墙按所处位置不同，可分为外墙和内墙。外墙指建筑四周与室外接触的墙；内墙是位于建筑内部的墙。按其方向不同，墙可分为纵墙与横墙。纵墙指与建筑长轴方向一致的墙；横墙是与建筑短轴方向一致的墙。则该墙体既是外墙也是纵墙。

二、多项选择题

建筑与水有关的物理性质有（　　）等。[2004 年考题]

A. 孔隙率　　B. 抗渗性　　C. 抗冻性

D. 弹性和塑性　　E. 耐磨性

【答案】BC　本题考核的是建筑材料的物理性质。与水有关的物理性质包括吸水性、吸湿性、耐水性、抗渗性、抗冻性。孔隙率是与质量有关的物理性质。弹性和塑性、耐磨性是建筑材料的力学性质。

三、判 断 题

1. 对建筑装饰材料使用效果进行评价时，考虑建筑材料的经济性要有一个总体观念，既要考虑装饰工程一次性投资的多少，又要考虑售后服务的质量好坏。（　　）[2003 年考题]

【答案】×　本题考核的是建筑装饰材料使用效果评价。对建筑装饰材料使用效果进行评价时，考虑建筑材料的经济性，要有一个总体的观念，既要考虑到装饰工程一次性投资的多少，也要考虑到日后的维护维修费用和材料的使用寿命。

2. 工程图纸一般都采用相对标高，即把室内首层地面的绝对标高定为相对标高的零点，以"±0.000"表示。（　　）[2004 年考题]

【答案】√　本题考核的是建筑制图标高的规定。为简明起见，工程图纸一般都用相对标高。即把室内首层地面的绝对标高定为相对标高的零点，以"±0.000"表示，读作正负零。

3. 根据国家标准规定，一套建筑施工图中的总图以米为单位，其余均以厘米为单位。(　　)[2005年考题]

【答案】× 本题考核的是建筑制图的单位规定。根据“国标”规定，总图以米为单位，其余均以毫米为单位。

4. 整个建筑物的全部荷载最终是由基础来承受的。(　　)[2005年考题]

【答案】× 本题考核的是建筑基础。基础是位于建筑物最下部的承重构件，承受建筑物的全部荷载，并传递给建筑物下部的地基。

5. 反映建筑物的外貌，如外墙上的檐口、门窗套、阳台、门窗外形、雨篷、勒脚等构造形状的建筑施工图，最可能是建筑剖面图。(　　)[2007年考题]

【答案】× 本题考核的是建筑施工图。反映了建筑物的外貌，如外墙上的檐口、门窗套、出檐、阳台、腰线、门窗外形、雨篷、花台、落水管、附墙柱、勒脚、台阶等构造形状的建筑施工图是建筑立面图。建筑剖面图主要用以简要表示建筑物的内部结构形式、空间关系。

6. 楼面和地面都包含多个构造层次，其中结构楼板是楼面的基层。(　　)[2007年考题]

【答案】√ 本题考核的是楼和地面的建筑构造。楼和地面包含多个构造层次，一般有：基层、垫层、填充层、找平层、面层和结合层。地面的基层是基土；楼面的基层是结构楼板。

热点试题全解

一、单项选择题

1. 建筑造价较低，我国目前建造量较大，但是抗震性能较差，开间和进深的尺寸都受一定的限制的建筑是(　　)。

A. 砖木结构建筑　　B. 砖混结构建筑
C. 钢筋混凝土结构建筑　　D. 钢结构建筑

2. 目前我国建筑工程中采用最多的一种建筑结构类型是(　　)。

A. 砖木结构建筑　　B. 钢结构建筑
C. 钢筋混凝土结构建筑　　D. 砖混结构建筑

3. 某办公楼共有15层，建筑高度为46.8 m，其结构形式一般为(　　)。

A. 砖混结构　　B. 钢筋混凝土剪力墙结构
C. 钢筋混凝土框架结构　　D. 钢结构

4. 一般不注比例尺，允许一个图形使用两种比例尺的施工图是(　　)。

A. 建筑施工图　　B. 结构施工图　　C. 采暖施工图　　D. 电气施工图

5. 如果房地产估价师希望通过施工图了解到开间尺寸，内门窗位置，室内地面标高，门窗型号，可以查找(　　)。

A. 总平面图　　B. 建筑立面图　　C. 建筑剖面图　　D. 建筑平面图

6. 建筑施工图中，反映了建筑物外貌的是(　　)。

A. 总平面图　　B. 建筑立面图　　C. 建筑剖面图　　D. 建筑平面图

7. 单层工业厂房的屋盖结构的主要承重构件为(　　)或屋面梁。

A. 屋面板　　B. 屋架　　C. 天窗架　　D. 托架

8. 通风施工图纸不包括(　　)。

A. 平面图　　B. 立面图　　C. 剖面图　　D. 系统图

9. 主要分析建筑物各部分应有的高度、建筑物层数，建筑空间的组合和利用，以及建筑结构，构造关系的建筑设计是(　　)。

A. 建筑剖面设计　B. 建筑立面设计　C. 建筑平面设计　D. 建筑体形设计

10. 下列选项属于建筑物重要性等级中的乙等的是(　　)。

A. 一般居住建筑和公共建筑

B. 中级居住建筑和公共建筑

C. 高级居住建筑和公共建筑

D. 具有重大纪念性、历史性、国际性和国家级的各类建筑

11. 单层工业厂房的主要承重构件是(　　)。

A. 外墙围护系统　B. 支撑系统　C. 柱子　D. 吊车梁

12. 标注各层楼面的标高，窗台、窗上口、顶棚的高度，以及室内净空尺寸的建筑施工图为(　　)。

A. 建筑平面图　B. 建筑立面图　C. 建筑剖面图　D. 建筑详图

13. 适用于砖混结构建筑的基础是(　　)。

A. 条形基础　B. 独立基础　C. 整体式筏形基础　D. 桩基础

14. 玻璃幕墙为使保温单层窗部分通风、排气，将下面橡胶垫于1/4处切断留孔，并在(　　)上也要留有通气孔。

A. 主龙骨　B. 次龙骨　C. 主梁　D. 玻璃

15. 为了确保砌砖墙的牢固，砖的排列方式应按内外搭接，上下错缝的原则砌筑，错缝距离一般不小于(　　)。

A. 50 mm　B. 55 mm　C. 60 mm　D. 70 mm

16. 工厂化程度较高、施工速度快，可减少现场湿作业的隔墙类型为(　　)。

A. 块材式隔墙　B. 立筋式隔墙

C. 板材式隔墙　D. 分段式隔墙

17. 楼、地面的构造层次中，在基层之上的构造层被称为(　　)。

A. 结合层　B. 填充层　C. 垫层　D. 找平层

18. 楼梯段由踏步和斜梁组成，每一个楼梯段的踏步数量一般不应超过(　　)级。

A. 15　B. 16　C. 17　D. 18

19. 水泥炉渣、水泥珍珠岩通常用于楼、地面构造层次中的(　　)。

A. 基层　B. 垫层　C. 找平层　D. 填充层

20. 一般来说，住宅建筑的最高住户入口层楼面距底层室内地面的高度在(　　)以上的，应设置电梯。

A. 15 m　B. 16 m　C. 18 m　D. 20 m

21. 主要以钢筋混凝土屋顶为主，是目前民用建筑中采用最普遍的屋面形式的是(　　)。

A. 平屋顶　B. 坡屋顶　C. 曲面屋顶　D. 多波式折板屋顶

22. 为防止因荷载、结构形式、地基能力的差异等原因而产生不均匀沉降的影响所设的变形缝为(　　)。

A. 伸缩缝　B. 温度缝　C. 沉降缝　D. 防震缝

23. 在地震区建造建筑应考虑地震的影响，设置防震缝，防震缝的宽度在任何情况下不得小于(　　)。

A. 49 mm　　B. 50 mm　　C. 60 mm　　D. 80 mm

24. 目前家庭装修普遍采用的室内给水管道的材料是(　　)。

A. 焊接钢管　　B. 镀锌钢管　　C. 无缝钢管　　D. 铝塑管

25. 以下建筑材料的性质中，属于与质量有关的物理性质的是(　　)。

A. 抗冻性　　B. 硬度与耐磨性　　C. 表观密度　　D. 耐水性

26. 土木建筑工程中所使用的钢材大多为普通碳素钢和属普通碳素钢一类的低合金钢，含碳量不大于(　　)。

A. 0.5%　　B. 0.8%　　C. 5%　　D. 10%

27. 可以显著降低钢材的可焊性，增加钢材的冷脆性和时效敏感性，降低抗大气锈蚀性的钢材化学成分是(　)。

A. 碳　　B. 硅　　C. 锰　　D. 硫

28. 木材的纤维饱和点是指当木材细胞腔和细胞间隙中的自由水完全失去，而细胞壁吸附水达到饱和时的木材含水率，一般在(　)之间。

A. 15%～25%　　B. 20%～30%　　C. 25%～35%　　D. 30%～40%

29. 适用于高温车间和有耐热、耐火要求的混凝土结构的水泥是(　　)。

A. 矿渣硅酸盐水泥　　B. 火山灰质硅酸盐水泥

C. 普通硅酸盐水泥　　D. 粉煤灰硅酸盐水泥

30. 根据混凝土的强度，要求水泥强度等级与混凝土强度相适应。水泥的强度约为混凝土强度的(　)倍为好。

A. 1.0～2.0　　B. 1.0～1.5　　C. 1.5～2.0　　D. 1.5～2.5

31. 石灰加大量水熟化形成石灰浆，石灰浆体在空气中逐渐硬化，是由(　　)两个同时进行的过程来完成的。

A. 淋灰和结晶作用　　B. 淋灰和碳化作用

C. 结晶和碳化作用　　D. 沉淀和结晶作用

32. 具有硬度大、细密、耐冻性好，抗风化性强等特性的岩石是(　　)。

A. 玄武岩　　B. 大理石　　C. 花岗岩　　D. 石英岩

33. 主要用于室内墙面、地面等装修，且质地细密、硬度不高、易于加工的岩石是(　)。

A. 花岗岩　　B. 石灰岩　　C. 大理石　　D. 石英岩

34. 决定混凝土拌和物流动性的主要因素是(　　)。

A. 用水量　　B. 水灰比　　C. 砂率　　D. 水泥品种

35. 一般规定，在自然养护时，对火山灰水泥、粉煤灰水泥、掺有缓凝型外加剂的混凝土，浇水保湿养护日期不得少于(　　)。

A. 7 d　　B. 14 d　　C. 21 d　　D. 28 d

36. 在混凝土拌合物中，掺入能改善混凝土性质的材料称为外加剂。混凝土外加剂的掺入量一般不大于水泥质量的(　)。

A. 3%　　B. 5%　　C. 7%　　D. 10%

二、多项选择题

1. 根据建筑物的使用功能，民用建筑可分为(　　)。

A. 居住建筑　　B. 公共建筑　　C. 仓储建筑

D. 生活建筑　　E. 其他建筑

2. 按建筑物承重受力方式分类，建筑物可分为(　　)。

A. 墙承重结构形式的建筑物　　B. 构架式承重结构的建筑物

C. 钢筋混凝土承重结构的建筑物　　D. 框架筒体结构的建筑物

E. 大空间结构的建筑物

3. 建筑剖面图主要用以简要表示建筑物的内部结构形式、空间关系，其内容包括(　　)。

A. 建筑从屋面至地面的内部构造特征

B. 可以看到图上绘有内墙位置、房间名称，楼梯间、卫生间等布置

C. 各层楼面的标高，窗台、窗上口、顶棚的高度

D. 注明一些装修做法，楼、地面做法

E. 注明外墙装修所用的材料、色彩及分格，出入口处的做法及其装修

4. 下列关于建筑制图基本规定的表述中，正确的有(　　)。

A. 一套完整的施工图只能统一的使用一种比例尺

B. 施工图中的轴线是施工中定位、放线的重要依据

C. 总图尺寸以米为单位，其余均以毫米为单位

D. 标高的单位用米记，数字注到小数点后面第二位

E. 索引号中的内容有两个，一是详图编号；二是详图所在图纸编号

5. 下列选项中属于建筑施工总平面图包括的内容是(　　)。

A. 拟建建筑和原有建筑的外形、层数和它们的相对位置关系

B. 各层建筑标高、层数，建筑的总高度或突出部分最高点的标高尺寸

C. 建筑物周围的地形、道路(包括拟建的道路)、水源、桥梁和绿化等

D. 室内地坪、室外整平和道路的绝对标高

E. 指北针和风玫瑰图等

6. 通风是把空气作为介质，使之在室内的空气环境中流通，用来消除环境中的危害的一种措施。通风方式可以分为(　　)。

A. 局部排风　　B. 局部送风

C. 全面排风　　D. 全面送风

E. 全面通风

7. 建筑设计的基本要求包括(　　)。

A. 对建筑物环保节能的要求　　B. 采用合理的技术措施

C. 具有良好的经济效果　　D. 符合总体规划的要求

E. 对建筑物美观的要求

8. 常见的建筑平面设计组合方式不包括(　　)。

A. 走廊式组合　　B. 套间式组合　　C. 大厅式组合

D. 交错式组合　　E. 混合式组合

9. 条形基础根据其受力特点，可分为(　　)。

A. 单独基础　　B. 联合基础　　C. 柔性基础

D. 刚性基础　　E. 箱形基础

10. 隔墙按构造方式可分为(　　)。

A. 块材式隔墙　　B. 分段式隔墙　　C. 立筋式隔墙

D. 板材式隔墙　　E. 整体式隔墙

11. 根据水位高低与地下室地坪的关系，下列不属于地下室防潮、防水的构造做法的是(　　)。

A. 防潮与排水相结合　　B. 卷材防水　　C. 防水层防水

D. 钢筋混凝土防水　　E. 采光井防潮

12. 砖墙的基本尺寸不包括(　　)。

A. 砖墙的厚度　　B. 砖墙的强度　　C. 墙段长度

D. 墙高　　E. 墙段宽度

13. 按使用材料区分，楼梯可以分为(　　)。

A. 预制装配式钢筋混凝土楼梯　　B. 钢筋混凝土楼梯　　C. 木楼梯

D. 板承式楼梯　　E. 石楼梯

14. 建筑物的屋顶由(　　)组成。

A. 屋面　　B. 支承柱　　C. 屋顶承重结构

D. 顶棚　　E. 保温隔热层

15. 给水的供水方式根据建筑物的性质、高度、用水设备情况、配水管网的水压以及消防要求等因素来决定。基本供水方式可分为(　　)。

A. 直接供水方式　　B. 间接供水方式

C. 设置水箱的供水方式　　D. 水泵水箱的供水方式

E. 分区分压供水方式

16. 下列属于楼、地面构造层次中的块材面层的是(　　)。

A. 橡胶面层　　B. 磨光花岗石面层　　C. 菱苦土面层

D. 水泥花砖　　E. 条石面层

17. 下列建筑材料的物理性质，与质量无关的是(　　)。

A. 抗渗性　　B. 表观密度　　C. 密实度

D. 孔隙率　　E. 导热性

18. 建筑的通风系统按特征分类可分为(　　)。

A. 自然通风　　B. 机械通风　　C. 局部通风

D. 进气式通风　　E. 排气式通风

19. 钢材中的主要成分主要是指碳、硅、锰、磷、硫、氧和氮，以及其他合金元素等，它们对钢的性能具有不同的影响，下列叙述中正确的是(　　)。

A. 碳可以显著降低钢材的可焊性，增加钢材的冷脆性和时效敏感性

B. 当硅在钢中的含量小于1%时，随着其含量的增加可以提高钢材的强度

C. 我国低合金钢中锰是主加合金元素，一般含量在1%～2%范围内，其作用主要是使钢的强度提高，同时还能消减硫、氧引起的热脆性，改善钢的热加工性能

D. 磷化物造成的低熔点会使钢在焊接时容易产生热裂痕，显著降低可焊性

E. 硫可以提高钢材的耐磨性和耐腐蚀性，在低合金钢中可以配合其他元素作为合金元素使用

20. 不适用于早期强度要求较高的工程和严寒地区并处在水位升降范围之内的混凝土工程的水泥是(　　)。

A. 硅酸盐水泥　　B. 矿渣硅酸盐水泥

C. 粉煤灰硅酸盐水泥　　D. 普通硅酸盐水泥

E. 火山灰质硅酸盐水泥

21. 下列选项中，属于提高混凝土强度的措施有(　　)。

A. 采用干硬性混凝土拌合物　　B. 改进施工工艺　　C. 提高水灰比

D. 加强搅拌和振捣　　E. 加入外加剂

三、判 断 题

1. 工业建筑中，小跨度厂房是指跨度小于等于 10 m 单层工业厂房，以砌体为主。(　　)

2. 钢结构建筑建造成本较高，多用于超高层建筑和有大跨度要求的建筑物。(　　)

3. 砖混结构建筑的抗震性能较差，层高受到限制。(　　)

4. 公共建筑及综合性建筑通常是按照建筑总高度来划分的，总高度超过 24 m 的为高层(但不包括总高度 24 m 的单层建筑)。(　　)

5. 超高层建筑是指建筑总高度超过 100 m 的综合性建筑。(　　)

6. 按照用途可以将工业建筑细分为生产厂房、生产辅助厂房、动力用厂房、仓储建筑、运输用建筑和其他建筑。(　　)

7. 高层建筑中剪力墙式建筑物，墙所用材料为钢筋混凝土，而承重受力的是钢筋混凝土的墙体。(　　)

8. 建筑剖面图主要用以简要表示建筑物的内部结构形式、空间关系。(　　)

9. 钢筋混凝土结构是目前我国城市建筑工程中采用最多的一种建筑结构类型。(　　)

10. 结构施工图允许一个图形使用两种比例尺，但必须注明比例尺。(　　)

11. 根据国家标准规定，一套建筑施工图中的总图以米为单位，其余均以毫米为单位，尺寸数字后面必须注明单位。(　　)

12. 我国将黄海平均海平面定为绝对标高的零点。(　　)

13. 按照用途可以将工业建筑分为冷加工车间、热加工车间、恒温恒湿车间、洁净车间和其他特种状况的车间。(　　)

14. 大跨度厂房指跨度在 15 m 以上的单层工业厂房，其中跨度为 15～30 m 的厂房以钢结构为主。(　　)

15. 建筑立面图是建筑物的各个侧面向水平面作正投影所形成的投影图。(　　)

16. 工业厂房的结构剖面图，往往与建筑剖面图相一致的，所以可以互相套用。(　　)

17. 建筑设计的首要任务是为人们的生产和生活活动创造良好的环境。(　　)

18. 永久荷载是指建筑本身的自重，以及地基给建筑的土反力或土压力。(　　)

19. 首都体育馆的耐久等级为 1 级。(　　)

20. 吊车梁是厂房的主要承重构件，承受屋盖、墙体上的荷载以及山墙传来的风荷载，并将这些荷载传递给基础。(　　)

21. 地基是位于建筑物最下部的承重构件，承受建筑物的全部荷载。(　　)

22. 当建筑场地的上部土层较弱、承载力较低、不适宜采用在天然地基上作浅基础时宜采用桩基础。(　　)

23. 地下室墙采用砖墙时，其厚度一般不小于 300 mm。(　　)

24. 当地下水位高于地下室地面时，常采用具有足够的强度、刚度和抗渗能力的钢筋混凝土底板。（　）

25. 常年静止水位低于地下室地坪，丰水期最高水位高于地下室地坪，可只做防潮处理。（　）

26. 基础必须具有一定的强度，并能抵御地下各种有害因素的侵蚀；常用的基础材料有砖、石、混凝土（包括毛石混凝土）、钢筋混凝土、灰土等。（　）

27. 普通的建筑物（如文教、交通、居住建筑以及工业厂房等）的耐久年限为40～50年。（　）

28. 联合基础可分为柔性基础和刚性基础。（　）

29. 为了确保砌砖墙的牢固，砖的排列方式应按内外搭接，上下错缝的原则砌筑。（　）

30. 玻璃幕墙所有接缝部位，均要压入密封胶，以确保密封效果。（　）

31. 柱是独立支承结构的竖向受力构件，它在房屋中顶住梁和板这两种构件传来的荷载。（　）

32. 柱、梁、板只可预制，不可现制。（　）

33. 板是直接承担其上面的竖向平面荷载的水平平面构件，它支承在梁上或直接支承在柱上，把所受的荷载再传给梁或柱。（　）

34. 楼梯一般由楼梯段、休息平台、楼梯栏杆或栏板、台阶及扶手组成。（　）

35. 楼梯的坡度一般在30°～45°之间。（　）

36. 平屋顶的坡度很小，一般采用2%以下。（　）

37. 屋顶顶棚结构不可以单独设置在墙上、柱上，只能吊挂在屋顶承重结构上。（　）

38. 坡屋顶顶棚上的空间叫闷顶，如利用这个空间作为使用房间时，叫做阁楼。（　）

39. 门窗构件与墙体的结合是：木门窗用木砖和钉子把门窗框固定在墙体上，然后用五金件把门窗扇安装上去。（　）

40. 窗由窗框、窗梃、窗框上冒头、中贯档、下冒头及窗扇的窗扇梃、窗扇的上、下冒头和安装玻璃的窗棂构成。（　）

41. 建筑物的伸缩缝从屋顶到基础，全部构件部位均需设缝分开。（　）

42. 一般伸缩缝同时可起沉降缝的作用，而沉降缝不能代替伸缩缝。（　）

43. 当防震缝与沉降缝结合设置时，基础应设缝分开。（　）

44. 常用的低温热水采暖系统中的供水温度为90 ℃，回水温度一般为70 ℃。（　）

45. 建筑材料是建筑工程的物质基础，直接关系到建筑物的质量、耐久性、档次、艺术性和造价等。（　）

46. 材料的抗渗性是指材料的不透水性，或材料抵抗压力水渗透的性质。（　）

47. 建筑材料是建造和装饰建筑物所用的各种材料的统称。（　）

48. 根据建筑材料的使用功能不同，可将其分为无机材料、有机材料和复合材料。（　）

49. 建筑材料的性质有物理性质、力学性质、耐久性等。（　）

50. 凡是内部有孔隙的建筑材料，其密实度都小于1。（　）

51. 当硅在钢中的含量小于1%时，随着其含量的增加可以提高钢材的强度，而对塑性和韧性影响不明显。（　）

52. 磷可能提高钢材的耐磨性和耐腐蚀性，在低合金钢中可以配合其他元素作为合金元

素使用。（　）

53. 在周围空气相对湿度为100%时木材的平衡含水率就等于其纤维饱和点。（　）

54. 粉煤灰硅酸盐水泥是指由硅酸盐水泥和20%～50%的粉煤灰、适量的石膏磨细制成的水硬性胶凝材料，代号为P·F。（　）

55. 水泥石中含有较多的氢氧化钙，抗软水侵蚀和抗化学腐蚀性差，不宜用于经常与流动软水接触及有水压作用的工程以及受海水和矿物水作用的工程。（　）

56. 建筑石膏的初凝时间和终凝时间都很短，需要加入缓凝剂用以降低半水石膏的溶解度和溶解速度，便于成型。（　）

57. 花岗岩孔隙率小，吸水率低，耐冻性及耐火性好，主要用于基础、地面、路面、室内外装饰等。（　）

58. 自来水及海水都能用来养护和拌制混凝土。（　）

59. 合理砂率就是保持混凝土拌和物有良好黏聚性和保水性的最大砂率。（　）

60. 混凝土在正常情况下，强度随着龄期的增加而增长，最初的7～14 d内较快，以后增长逐渐缓慢。（　）

61. 防水卷材广泛适用于工业与民用建筑工程的屋面防水、地下室防水和地面防潮等。（　）

热点试题答案

一、单项选择题

1. B	2. C	3. C	4. B	5. D
6. B	7. B	8. B	9. A	10. B
11. C	12. C	13. A	14. B	15. C
16. C	17. C	18. D	19. D	20. B
21. A	22. C	23. B	24. D	25. C
26. B	27. A	28. C	29. A	30. C
31. C	32. A	33. C	34. A	35. B
36. B				

二、多项选择题

1. AB	2. ABDE	3. ACD	4. BCE	5. ACDE
6. ABE	7. BCDE	8. DE	9. CD	10. ACD
11. CE	12. BE	13. BCE	14. ACDE	15. ACDE
16. BDE	17. AE	18. DE	19. ABC	20. BCE
21. ABDE				

三、判 断 题

1. ×	2. √	3. √	4. √	5. ×
6. √	7. √	8. √	9. √	10. ×
11. ×	12. √	13. ×	14. ×	15. ×

16. √ 17. √ 18. √ 19. × 20. ×

21. × 22. √ 23. × 24. √ 25. ×

26. √ 27. × 28. × 29. √ 30. ×

31. √ 32. × 33. √ 34. × 35. ×

36. × 37. × 38. √ 39. √ 40. √

41. × 42. × 43. √ 44. × 45. √

46. √ 47. √ 48. × 49. √ 50. √

51. √ 52. √ 53. √ 54. × 55. √

56. √ 57. × 58. × 59. × 60. √

61. ×

第四章　工程造价知识

命题规律解读

本章的命题规律主要体现在：

1. 应明确工程项目的具体划分，要注意弄清划分顺序。

2. 工程造价的构成，无论是采用工程定额计价法还是工程量清单计价法，都应明确各费用中所包含的具体内容，注意区分。费用的归类问题是个很重要的命题点，一定要牢固掌握。

3. 工程量计算的依据也可以作为命题点，应注意选择题。

4. 工程建设定额的分类，应特别注意按定额反映的生产要素消耗内容划分、按定额编制的程序和用途划分和按工程的费用划分，多在此出题。

5. 工程建设定额的特点也可作为命题点，考生应注意掌握。

6. 工程造价计价的方法是个重要的命题点，应注意定额计价法和工程量清单计价法的不同之处，牢固掌握两种计价方法。

7. 工程造价控制的基本原理和方法也可作为命题点，应注意判断题。

8. 建设项目设计阶段工程造价的计价与控制应注意在此出现选择题。

9. 建设项目施工阶段工程造价的计价与控制是本章的重点考核内容，应注意牢固掌握。

命题点解读

命题点 1　工程造价的含义

它有两种含义，一是指建设一项工程的预期开支或实际开支的全部固定资产投资费用；二是指工程价格，即为建成一项工程，预期在土地市场、技术和设备市场、劳务市场以及工程承包市场等交易活动中所形成的建设安装工程价格或建设项目总价格，通常又称之为工程承发包价格。它们分别是从投资者和承包商的角度来定义的。

命题点 2　工程造价的特点

(1)大额性；(2)个别性和差异性；(3)动态性；(4)层次性；(5)复杂性。

命题点 3　工程造价的职能

工程造价的职能除了一般商品的价格职能以外，它还有一些自己特殊的职能：

(1)预测职能；(2)控制职能；(3)评价职能；(4)调控职能。

命题点 4　工程项目的划分

1. 建设项目。建设项目在经济上实行独立核算，具有独立的组织形式。

2. 工程项目。是建设项目的组成部分，是指具有独立的设计文件和相应的综合概(预)算书，竣工后能独立发挥生产能力或使用效益的工程。

3. 单位工程。是工程项目的组成部分，是指具有独立设计的施工图和相应的概(预)算书，能够单独施工，但竣工后不能独立形成生产能力或发挥使用效益的工程。

4. 分部工程。是单位工程的组成部分，是按照单位工程的不同部位、不同施工方法或不同材料和设备种类，从单位工程中划分出来的中间产品。

5. 分项工程。是分部工程的组成部分，是指通过简单施工过程就能生产出来并可利用某种计量单位计算的最基本的中间产品；是按照不同施工方法或材料规格，从分部工程中进一步细分出来的。

命题点 5　设备及工、器具购置费用的构成

1. 设备购置费

设备购置费是指为建设项目购置或自制的达到固定资产标准的各种国产或进口设备、工具、器具的购置费用，由设备原价和设备运杂费构成。

设备原价指国产或进口设备的原价；设备运杂费指设备原价之外的关于设备采购、运输、途中包装以及仓库保管等方面的支出费用的总和。

(1)国产设备原价的构成

国产设备原价一般是指设备制造厂的交货价或订货合同价，一般根据生产厂或供应商的询价、报价、合同价确定，或采用一定的方法计算确定。

国产设备原价分为国产标准设备原价和国产非标准设备原价。

(2)进口设备原价的构成

进口设备原价是指进口设备的到岸价格(CIF)，即进口设备抵达买方边境港口或边境车站，且缴纳完关税等税费之后的价格。

在国际贸易中，我国进口设备采用最多的一种价格是装运港船上交货价格，也叫离岸价格(FOB)。进口设备抵岸价格的构成包括：货价(FOB)、国际运费、运输保险费、银行财务费、外贸手续费、关税、增值税、消费税、海关监管手续费、车辆购置附加费。

2. 工具、器具及生产家具购置费

工具、器具及生产家具购置费，是指新建或扩建项目初步设计规定的，保证初期正常生产必须购置的没有达到固定资产标准的设备、仪器、工卡模具、器具、生产家具和备品备件等的购置费用(不包括备品备件的购置费，该费随同有关设备列在设备购置费用中)。

一般以设备购置费为计算基数，按照不同行业选取不同的费率计算。计算公式为：

工具、器具及生产家具购置费＝设备购置费×定额费率

命题点 6　我国建筑安装工程费用的构成

我国现行的建筑安装工程费用由直接费、间接费、利润和税金四个部分组成。

1. 根据传统的工程定额计价方法，建筑安装工程费用具体包括以下内容：

(1)直接工程费

建筑安装工程直接费由直接费、其他直接费、现场经费组成。

直接费是指在工程施工过程中直接耗费的构成工程实体或有助于工程形成的各种费用。它包括人工费、材料费和施工机械使用费。

其他直接费是指除了直接费之外的，在施工过程中直接发生的其他费用，包括冬、雨期施工增加费、夜间施工增加费、材料二次搬运费、仪器仪表使用费、生产工具用具使用费、检验试验费、特殊工程培训费、工程定位复测、工程点交、场地清理等费用、特殊地区增加费等。

现场经费是指为施工准备、组织生产和管理所需的费用，包括临时设施费和现场管理费。

(2)间接费

间接费是指虽不直接在施工过程中发生但却与工程实体形成有关的、施工企业为组织生

产和进行经营管理、生产服务所必须的各项费用。包括企业管理费、财务费用和其他费用。

企业管理费是指施工企业为组织施工生产经营活动所发生的管理费用,内容包括企业管理人员的基本工资、工资性补贴、职工福利费、企业办公费、差旅交通费、固定资产使用费、企业使用的工具用具使用费,工会经费、职工教育经费、劳动保险费、职工养老保险费及待业保险费、保险费、税金及技术转让费等其他费用。

财务费用是指企业为筹集资金而发生的各项费用,包括企业经营期间发生的短期贷款利息净支出、汇兑净损失、金融机构手续费,以及企业筹集资金发生的其他财务费用。

其他费用包括按规定支付工程造价管理部门的定额编制管理费和劳动定额管理部门的定额测定费,以及按有权部门规定支付的上级管理费。

间接费根据工程类别,按相应的计取基础乘以对应的间接费率确定。计算公式为:

1)土建工程:间接费=直接工程费×间接费率

2)安装工程:间接费=人工费×间接费率

(3)利润

建筑安装工程费用中的利润主要是指按规定应计入建筑安装工程造价的利润。计算公式为:

1)土建工程:利润=(直接工程费+间接费)×利润率

2)安装工程:利润=人工费×利润率

依据不同投资来源或工程类别,采用差别利润率。

(4)税金

指国家税法规定的应计入建筑安装工程费用的营业税、城市维护建设税及教育费附加。

2. 我国推行工程量清单计价法,根据工程量清单计价法,建筑安装工程费具体包括:

(1)直接费

建筑安装工程直接费由直接工程费和措施费组成,即:直接费=直接工程费+措施费。

直接工程费是指在施工过程中耗费的构成工程实体的各项费用,包括人工费、材料费、施工机械使用费。

措施费是指为完成工程项目施工,发生于该工程施工前和施工过程中非工程实体项目的费用,包括环境保护费、文明施工费、安全施工费、临时设施费、夜间施工费、二次搬运费、大型机械设备进出场及安拆费、混凝土、钢筋混凝土模板及支架费、脚手架费、已完工程及设备保护费、施工排水、降水费等。

(2)间接费

建筑工程安装工程间接费由规费、企业管理费组成,即:间接费=规费+企业管理费。

规费是指政府和有关权力部门规定必须缴纳的费用(简称规费),包括工程排污费、工程定额测定费、社会保障费(含养老保险费、失业保险费、医疗保险费)、住房公积金、危险作业意外伤害保险费。

企业管理费是指建筑安装企业组织施工生产和经营管理所需费用,包括管理人员工资、办公费、差旅交通费、固定资产使用费、工具用具使用费、劳动保险费、工会经费、职工教育经费、财产保险费、财务费、税金(房产税、车船使用税、土地使用税、印花税)、其他(技术转让费、技术开发费、业务招待费、绿化费、广告费、公证费、法律顾问费、审计费、咨询费等)。

(3)利润

利润是指施工企业完成所承包工程获得的盈利。

建筑安装工程发包及承包价按工料单价法计价时，利润可按直接费与间接费之和乘以相应利润率来确定；建筑安装发包与承包价按综合单价法计价时，利润可按分项直接费与间接费之和乘以相应利润率来确定。

(4)税金

税金是指国家税法规定的应计入建筑安装工程造价内的营业税、城市维护建设税及教育费附加等，由企业税前造价与利润之和乘以相应税率来确定。

命题点 7　工程建设其他费用的构成

工程建设其他费用是指从工程筹建开始到竣工验收交付使用为止的整个建设期内，除建筑安装工程费和设备及工器具购置费用以外的，为保证工程建设顺利完成交付使用后能正常发挥效用的各项费用；包括土地费用、与工程建设有关的其他费用、与未来企业生产经营有关的其他费用。

命题点 8　预备费、建设期贷款利息

1. 预备费

按我国现行规定，预备费包括基本预备费和涨价预备费两部分。

基本预备费是指在初步设计及概算内难以预料的工程费用。计算公式为：

基本预备费＝(工具、器具及生产家具购置费用＋建筑安装工程费用＋工程建设其他费用)×基本预备费率

涨价预备费是指建设项目在建设期间内由于价格等变化引起工程造价变化的预测预留费用。

涨价预备费的测算方法，一般是根据国家规定的投资综合价格指数，按估算平均价格水平的投资额为基数，采用复利方法计算。计算公式为：

$$\text{涨价预备费} = \sum_{t=1}^{n} I_t[(1+f)^t - 1]$$

式中　I_t——建设期第 t 年的计划投资额，包括工具、器具及生产家具购置费用、建筑安装工程费用、工程建设其他费用及基本预备费；

n——建设期；

f——年均价格上涨率。

2. 建设期贷款利息

指包括向国内银行和其他非银行金融机构贷款、出口信贷、外国政府贷款、国际商业银行贷款，以及在境内外发行债券等在建设期内所产生的应偿还贷款利息。

建设期内贷款利息按照复利计算。

命题点 9　工程量的概念

工程量是指以物理计量单位或自然计量单位所表示的建筑工程各个分项工程和结构构件的实物数量。

命题点 10　工程量计算的作用

工程量计算是施工图预算编制的主要内容和工程估价的重要依据。

命题点 11　工程量计算的依据

(1)施工图纸及设计说明书、相关图集、设计变更资料、图纸答疑、会审记录等；

(2)经审定的施工组织设计或施工方案；

(3)工程施工合同、招标文件的商务条款；

(4)工程量计算规则。

命题点 12　工程建设定额的概念

工程建设定额，是指在工程建设中单位产品上人工、材料、机械、资金消耗的规定额度。

反映的是在一定的社会生产力发展水平条件下，完成工程建设中的某项产品与各种生产消费之间特定的数量关系，体现在正常施工条件下人工、材料、机械等消耗的社会平均水平。

工程建设定额反映了工程建设和各种资源消耗之间的客观规律。

命题点 13　工程建设定额的分类

(1)按定额反映的生产要素消耗内容不同划分，可以把工程建设定额划分为劳动消耗定额、机械消耗定额和材料消耗定额三种。

(2)按定额编制程序和用途不同划分，可以把工程建设定额划分为施工定额、预算定额、概算定额、概算指标和投资估算指标五种。

(3)按照工程费用的不同划分，可以把工程建设定额划分为建筑工程定额、设备安装工程定额、建筑安装工程费用定额、工器具定额以及工程建设其他费用定额五种。

(4)按照专业性质不同划分，可以把工程建设定额划分为全国通用定额、行业通用定额和专业专用定额三种。

(5)按照主编单位和管理权限不同划分，可以把工程建设定额划分为全国统一定额、行业统一定额、地区统一定额、企业定额、补充定额五种。

命题点 14　工程建设定额的特点

(1)科学性；(2)系统性；(3)统一性；(4)权威性；(5)稳定性与时效性。

命题点 15　工程造价计价的基本原理

工程造价计价也叫工程估价，是对投资项目造价(或价格)的计算。

从工程造价角度，工程造价的计价过程就是将建设项目进行分解和逐步组合的过程。

从工程费用计算角度，工程计价的顺序一般为：分部分项工程单价──→单位工程总价──→工程项目总价──→建设项目总造价。影响工程造价的主要因素有两个：基本构造要素的单位价格和基本构造要素的实物工程数量，可用下列基本计算式表示：

$$\text{工程计价} = \sum_{i=1}^{n} \text{工程实物量}_i \times \text{单位价格}_i$$

命题点 16　工程造价计价的定额计价法

工程建设定额计价法是我国工程造价计价中比较传统的方法，它依据建设行政主管部门颁发的各种工程预算定额来计算工程造价。

其基本特征是“价格＝定额＋费用＋文件规定”，并作为法定性依据强制执行，不论是工程招标编制标底还是投标报价都以此作为唯一依据，承发包双方使用相同的定额和费用标准分别确定投标报价和标底价，一旦定额价与市场价脱节就会影响计价的准确性。

命题点 17　工程造价计价的工程量清单计价法

1. 工程量清单的概念

工程量清单是按照招标要求和施工设计图纸要求规定将拟建招标工程的全部项目和内容，依据统一的工程量计算规则、统一的工程量清单项目编制规则要求，计算拟建招标工程的分部分项工程数量的表格。工程量清单是指招标文件的组成部分。

2. 工程量清单的内容

工程量清单说明主要是招标人解释拟招标工程的工程量清单的编制依据以及重要作用；

明确清单中的工程量是招标人估算得出的，仅仅作为投标报价的基础，结算时的工程量应以招标人或由其授权委托的监理工程师核准的实际完成量为依据；提示投标申请人重视清单，以及如何使用清单。

合理的清单项目设置和准确的工程数量，是清单计价的前提和基础；

对于招标人来讲，工程量清单是进行投资控制的前提和基础，工程量清单表编制的质量直接关系和影响到工程建设的最终结果。

3. 工程量清单计价的基本方法与程序

编制过程可以分为两个阶段：工程量清单格式的编制和利用工程量清单来编制投标报价。投标报价是在业主提供的工程量计算结果的基础上，根据企业自身所掌握的各种信息、资料，结合企业定额编制得出的。

(1)分部分项工程费＝∑分部分项工程量×分部分项工程单价；

(2)措施项目费＝∑措施项目工程量×措施项目综合单价；

(3)单位工程报价＝分部分项工程费＋措施项目费＋其他项目费＋规费＋税金；

(4)单项工程报价＝∑单位工程报价；

(5)建设项目总报价＝∑单项工程报价。

命题点 18　工程造价计价的定额计价方式与工程量清单计价方式的差别

(1)编制单位不同；(2)编制工程量清单时间不同；(3)表现形式不同；(4)编制的依据不同；(5)费用组成不同；(6)评标采用的办法不同；(7)项目编码不同；(8)合同价调整方式不同；(9)计算工程量时间前置；(10)投标计算口径的不同；(11)索赔事件增加。

命题点 19　工程造价控制的基本原理

首先，工程造价控制是全过程控制，即从建设项目可行性研究阶段工程造价的预测开始，到工程实际造价的确定和经济评价为止整个建设期间的工程造价控制管理。具体地说，要用投资估算价控制设计方案的选择和初步设计概算造价；用概算造价控制技术设计和修正概算造价；用概算造价或修正概算造价控制施工图设计和预算造价。

其次，工程造价控制是动态控制，一是工程造价受到建设周期影响，许多影响工程造价因素都是经常发生变化的，使得工程造价在较长的建设期内处于动态的变化之中，只有到实际竣工才能最终确定工程的实际造价；二是在工程建设过程中，项目造价控制围绕三大目标：投资控制、质量控制和进度控制，这些目标是动态的，并且贯穿于项目实施的始终。

命题点 20　工程造价控制的主要方法

在工程建设各个阶段工程造价控制的主要方法如下：

(1)可行性研究。可行性研究是运用科学方法或手段综合论证一个工程项目技术上是否可行、经济上是否合理，结合环境效益、经济效益和社会效益评价以及项目抵抗风险的结论，为投资决策提供依据的方法。

(2)限额设计。所谓限额设计就是要按照批准的设计任务书及投资估算控制初步设计，按照批准的设计总概算控制施工图设计。

(3)价值工程。在价值工程中，价值的定义为：价值＝功能/费用

因此，提高价值的方法有：1)功能提高，费用不变；2)功能不变，费用降低；3)功能提高，费用下降；4)功能提高大于费用提高；5)功能下降小于费用下降。

(4)招标投标。采用工程招标投标方式选择承包商，引入竞争机制，不仅有利于确保工程质量和缩短工期，更有利于降低工程造价，是造价控制的重要手段之一。

(5)合同管理。合同管理在现代建设工程中具有特殊的地位，是合同双方在整个工程建设过程中进行各种经济活动，明确各方权利义务的依据，是工程项目管理的核心。

命题点 21　建设项目决策阶段工程造价的计价与控制

1. 建设项目决策

建设项目决策是选择和投资行动方案的过程，是对拟建项目的必要性和可行性进行技术经济论证，对不同建设方案进行技术经济比较及做出判断和决定的过程。建设项目决策是否正确，直接关系项目建设的成败，关系工程造价的高低和投资效果的好坏。

正确决策是合理确定与控制工程造价的前提。

2. 建设项目决策阶段影响工程造价的主要因素

在项目决策阶段，影响工程造价的主要因素如下：

(1)项目合理规模。项目合理规模就是合理选择拟建设项目的生产规模或居住规模。

(2)建设标准水平。判断建设标准水平是否合理，关键是看其标准与市场需求是否相适应。

(3)建设地点。

命题点 22　建设项目设计阶段工程造价的计价与控制

1. 设计阶段影响工程造价的因素主要包括在总平面设计、建筑设计和工艺设计三个阶段中。

2. 设计方案评价

(1)设计方案评价原则

1)经济合理性与技术先进性相结合的原则；

2)考虑项目全寿命费用的原则；

3)近期与远期效益相结合的原则。

(2)设计方案评价指标

1)工业建筑设计评价指标

总平面设计的评价指标有建筑密度、土地利用系数、工程量指标和经济指标；在工业建筑设计中，工艺设计是工程设计的核心，其评价指标包括净现值、净年值、内部收益率、差额内部收益率、投资回收期等；建筑设计评价指标包括单位面积造价、建筑物周长与建筑面积比、厂房展开面积、厂房有效面积与建筑面积比和工程全寿命成本。

2)民用建筑设计评价指标

居住建筑设计的评价指标主要包括：平面系数、建筑周长指标、建筑体积指标、平均每户建筑面积、户型比；具有共性的公共建筑设计的评价指标有占地面积、建筑面积、使用面积、辅助面积、有效面积、平面系数、建筑体积、单位指标(m^2/人、m^2/座、m^2/床等)。

3)居住小区设计评价指标

居住小区设计的评价指标主要包括建筑毛密度、居住建筑净密度、居住面积密度、居住建筑面积密度、人口毛密度、人口净密度、绿化比率等。

(3)设计方案评价方法

投资评价的主要方法包括静态评价指标评价法和动态评价指标评价法。

3. 限额设计

所谓限额设计就是按照设计任务书批准的投资估算进行初步设计，按照初步设计概算造价进行施工图设计，按照施工图预算造价对施工图设计的各个专业设计文件做出决策。

命题点 23　建设项目施工阶段工程造价的计价与控制

1. 工程变更

工程变更就是工程的实际施工情况与招标投标时的工程情况发生的变化。

工程变更包括工程量变更、工程项目变更、进度计划的变更和施工条件的变更等。

从变更的重要性来讲，工程变更分为设计变更和其他变更。

设计变更发生以后，承包人应该在工程设计变更确定后 14 日内，提出变更工程价款的报告，经工程师确认后调整合同价款。承包人在确定变更后 14 日内不向工程师提出变更工程价款报告的，视为该项设计变更不涉及合同价款的变更。工程师应该在收到变更合同价款报告后 7 日内予以确认。如无正当理由，工程师在报告送达之日起 14 日后未予确认，变更合同价款报告自动生效。变更合同价款的确定方法包括：

(1)合同中已有适用于变更工程的价格，按照合同已有的价格计算变更合同价款。

(2)合同中只有类似变更工程的价格，可以参照此类似价格确定变更价格，计算变更合同价款。

(3)合同中没有适用或类似变更合同的价格，由承包人提出适当的变更价格，经工程师确认后执行。

2. 工程索赔

(1)工程索赔的概念

工程索赔是在工程承包合同履行中，当事人一方由于另外一方未履行合同所规定的义务或出现了由对方承担的风险而遭受损失时，向另外一方提出赔偿要求的行为。

工程索赔包括承包人向发包人的索赔和发包人向承包人的索赔，即工程索赔是双向的。

(2)工程索赔的原因包括：1)当事人违约；2)不可抗力事件；3)合同缺陷；4)合同变更；5)工程师指令；6)其他第三方原因。

(3)工程索赔的分类

按照索赔的合同依据可以将工程索赔分为合同中明示的索赔和合同中默示的索赔。

按照索赔的目的可以将工程索赔分为工期索赔和费用索赔。

按照索赔事件的性质可以将工程索赔分为工程延误索赔、工程变更索赔、合同被迫终止的索赔、工程加速索赔、例外事件和不可预见因素索赔以及其他如货币贬值、汇率变化、物价变化、工资上涨、政策法令变化等索赔。

3. 工程价款结算

在我国，经常采取的工程价款结算方式有：按月结算、竣工后一次结算、分段结算、目标结算、结算双方约定的其他结算方式。

历年考题诠解

一、单项选择题

1. 土建工程计划利润的计算基数是(　　)。**[2003 年考题]**

A. 人工费　　B. 直接工程费

C. 间接费　　D. 直接工程费＋间接费

【答案】D　本题考核的是土建工程的利润。利润＝(直接工程费＋间接费)×利润率。即土建工程计划利润的计算基数是直接工程费＋间接费。

2. 某市拟建一大型图书馆，现根据该图书馆土建工程施工图编制的预算价格为（　　）预算价格。**[2004 年考题]**

A. 单项工程　　B. 单位工程　　C. 分部工程　　D. 分项工程

【答案】B　本题考核的是工程项目的划分。单位工程是工程项目的组成部分。是指具有独立设计的施工图和相应的概（预）算书，能够单独施工，但竣工后不能独立形成生产能力或发挥使用效益的工程。如：土建工程、电气安装工程、工业管道工程、暖卫工程、通风工程等。单项工程也称工程项目，是建设项目的组成部分，它是指具有独立的设计文件和相应的综合概（预）算书，竣工后能独立发挥生产能力或使用效益的工程。分部工程是单位工程的组成部分，它是按照单位工程的不同部位、不同施工方法或不同材料和设备种类，从单位工程中划分出来的中间产品（如土石方工程、楼地面工程等）。分项工程是分部工程的组成部分，它是指通过简单施工过程就能生产出来并可利用某种计量单位计算的最基本的中间产品，它是按照不同施工方法或材料规格，从分部工程中进一步细分出来的。

3. 某建设项目建设期 3 年，各年计划投资额分别为 1 800 万元、2 400 万元和 1 900 万元，年均价格上涨率为 5%，则该项目建设期涨价预备费约为（　　）万元。**[2004 年考题]**

A. 305　　B. 463　　C. 636　　D. 961

【答案】C　本题考核的是涨价预备费。涨价预备费的测算方法，一般是根据国家规定的投资综合价格指数，按估算平均价格水平的投资额为基数，采用复利方法计算。该项目建设期涨价预备费$=1\,800\times[(1+5\%)-1]+2\,400\times[(1+5\%)^2-1]+1\,900\times[(1+5\%)^3-1]=636$万元。

4. 下列关于工程量清单的表述中，不正确的是（　　）。**[2005 年考题]**

A. 工程量清单是表现拟建工程的分部分项工程项目、措施项目、其他项目名称和相应数量的明细清单

B. 工程量清单是按照招标要求和施工图内容，将拟建招标工程的全部项目和内容，依据统一的工程量计算规则、统一的工程量清单项目编制规则要求，计算分部分项工程数量的表格

C. 工程量清单是由招标人编制并提供的招标文件的一部分

D. 工程量清单中的工程量应作为结算时的依据

【答案】D　本题考核的是工程量清单计价法。工程量清单中的工程量是招标人估算得出的，仅仅作为投标报价的基础，结算时的工程量应以招标人或由其授权委托的监理工程师核准的实际完成量为依据。

5. 根据工程量清单计价法，为完成工程项目施工，发生于该工程施工前和施工过程中非工程实体项目的费用被称为（　　）。**[2006 年考题]**

A. 工程建设费用　　B. 措施费　　C. 规费　　D. 直接工程费

【答案】B　本题考核的是建筑安装工程费用。措施费是指为完成工程项目施工，发生于该工程施工前和施工过程中非工程实体项目的费用。规费是指政府和有关权力部门规定必须缴纳的费用。根据传统的工程定额计价方法，建筑安装工程费用具体包括直接工程费、间接费、利润和税金；建筑安装工程直接费由直接费、其他直接费、现场经费组成。

6. 某市拟建一大型展览馆，根据工程项目的划分，该展览馆的土建工程是（　　）。**[2007 年考题]**

A. 单项工程　　B. 单位工程　　C. 分部工程　　D. 分项工程

【答案】B

二、多项选择题

1. 下列关于工程造价全过程动态控制的表述中，正确的有（　　）。[2005 年考题]

A. 以投资估算价控制设计方案的选择

B. 用预算造价控制施工图设计

C. 通过招标投标方式引入竞争机制，择优选择承包商

D. 合同管理

E. 进行建设项目可行性研究，为投资决策提供依据

【答案】ACDE　本题考核的是工程造价控制。要用投资估算价控制设计方案的选择和初步设计概算造价；用概算造价或修正概算造价控制施工图设计和预算造价。

2. 根据工程量清单计价法，建筑安装工程费中的间接费包括（　　）。[2006 年考题]

A. 措施费　　B. 规费　　C. 利润

D. 企业管理费　　E. 税金

【答案】BD　本题考核的是建筑安装工程费用的构成。目前，我国推行工程量清单计价法，根据工程量清单计价法，建筑安装工程费由直接费、间接费、利润和税金构成。建筑安装工程间接费由规费、企业管理费组成。措施费是建筑安装工程直接费。

三、判 断 题

1. 建筑安装工程费由直接工程费、间接工程费、计划利润和税金组成。（　　）[2004 年考题]

【答案】√

2. 根据我国建筑安装工程费用构成，建筑施工企业职工的工资列在间接工程费中。（　　）[2004 年考题]

【答案】×　本题考核的是建筑安装工程费用的构成。建筑施工企业职工的工资列在直接工程费中。

3. 施工企业为项目融资所发生的费用，可列入建筑安装工程费用中的财务费用。（　　）[2005 年考题]

【答案】√　本题考核的是建筑安装工程费用中的财务费用。财务费用是指企业为筹集资金而发生的各项费用，包括企业经营期间发生的短期贷款利息净支出、汇兑净损失、金融机构手续费，以及企业筹集资金发生的其他财务费用。

4. 建筑安装工程费由人工费、材料费和施工机械使用费构成。（　　）[2006 年考题]

【答案】×　本题考核的建筑安装工程费用的构成。我国现行的建筑安装工程费用由直接费、间接费、利润和税金四个部分组成。直接工程费包括人工费、材料费、施工机械使用费。

5. 工程量清单计价的投标报价是投标企业在招标单位提供施工图纸基础上，计算实际工程量，根据企业自身所掌握的各种信息资料，结合国家的统一定额编制出来的。（　　）[2007 年考题]

【答案】×　本题考核的是工程量清单计价的方法。利用工程量清单来编制投标报价是在业主提供的工程量计算结果的基础上，根据企业自身所掌握的各种信息、资料，结合企业定额编制得出的。

热点试题全解

一、单项选择题

1. 工程造价的职能不包括(　　)。

A. 预测职能　　B. 核算职能　　C. 控制职能　　D. 调控职能

2. 某工程项目的暖卫工程属于(　　)。

A. 单位工程　　B. 单项工程　　C. 分部工程　　D. 分项工程

3. 某工程项目的楼地面工程属于(　　)。

A. 分项工程　　B. 分部工程　　C. 建设项目　　D. 工程项目

4. 根据传统的工程定额计价法，建设项目施工人员的工资应计入(　　)。

A. 直接费　　B. 其他费　　C. 企业管理费　　D. 规费

5. 根据工程量清单计价法，施工单位为从事高空危险作业的工作人员支付的危险作业意外伤害保险费属于(　　)。

A. 措施费　　B. 规费　　C. 直接工程费　　D. 企业管理费

6. 某建设项目建设期为 3 年，各年计划投资额分别为，第一年 2 600 万元、第二年 4 000 万元，第三年 3 600 万元，年均价格上涨率为 5%，则该项目建设期间的涨价预备费为(　　)万元。

A. 1 107.45　　B. 999.825　　C. 510　　D. 977.45

7. 把工程建设定额划分为建筑工程定额、设备安装工程定额、建筑安装工程费用定额、工器具定额以及工程建设其他费用定额，是根据(　　)进行的分类。

A. 定额反映的生产要素消耗内容　　B. 定额编制的程序和用途

C. 工程费用的不同　　D. 专业性质

8. 以建筑物或构筑物各个分部分项工程作为对象编制的定额是(　　)，包括劳动定额、机械台班定额、材料定额三个基本部分。

A. 概算定额　　B. 施工定额

C. 预算定额　　D. 设备安装工程定额

9. 下列选项中不属于工程定额特点的是(　　)。

A. 科学性　　B. 系统性　　C. 稳定性　　D. 功能性

10. 从工程费用计算角度，工程计价的顺序一般为(　　)。

A. 分项工程单价⟶分部工程单价⟶单位工程总价⟶建设项目总造价

B. 分项工程单价⟶分部工程总价⟶工程项目总价⟶建设项目总造价

C. 分部分项工程单价⟶单位工程总价⟶工程项目总价⟶建设项目总造价

D. 分部分项工程单价⟶工程项目总价⟶单位工程总价⟶建设项目总造价

11. 工程造价的工程量清单计价法是以(　　)为基础，是一种完全价格的方式。

A. 综合单价　　B. 平均单价　　C. 直接费单价　　D. 项目工程单价

12. 采用工程建设定额计价法时，工程招标编制标底和投标报价的唯一依据是(　　)。

A. 价格＝定额＋经费＋文件规定　　B. 价格＝定额＋费用＋文件规定

C. 价格＝定额＋费用＋税金＋文件规定　　D. 价格＝定额＋经费＋税金＋文件规定

13. 工程量清单是(　　)的组成部分，以表格为主要表现形式。

A. 招标文件　　B. 投标文件　　C. 竣工报告　　D. 施工合同

14. 工程造价采用工程量清单计价方式的，其合同价的调整方式主要是(　　)。

A. 变更签证　B. 定额解释　C. 政策性调整　D. 索赔

15. 在整个工程造价全过程控制中，要以(　　)阶段为重点。

A. 可行性研究　B. 设计　C. 施工　D. 竣工

16. 在工程建设各个阶段工程造价控制的主要方法中，(　　)是工程项目管理的核心。

A. 可行性研究　B. 招标投标　C. 合同管理　D. 限额设计

17. 不属于设计阶段影响工程造价因素的选项是(　　)。

A. 图纸设计　B. 建筑设计　C. 总平面设计　D. 工艺设计

18. 总平面设计中影响工程造价的因素不包括(　　)。

A. 建筑风格　B. 运输方式　C. 功能分区　D. 占地面积

19. 工业建筑设计的评价指标不包括(　　)。

A. 土地利用系数　B. 厂房展开面积

C. 厂房有效面积与建筑面积比　D. 单位面积造价

20. 工程设计变更发生以后，承包人应该在工程设计变更确定后 14 日内，提出变更工程价款的报告，经(　　)确认后调整合同价款。

A. 项目经理　B. 发包人　C. 工程师　D. 监理人员

21. 工程设计变更发生以后，工程师应该在收到变更合同价款报告后(　　)日内予以确认。

A. 7　B. 14　C. 15　D. 21

二、多项选择题

1. 工程造价的特点有(　　)。

A. 大额性　B. 常规性　C. 层次性

D. 复杂性　E. 动态性

2. 目前，我国推行工程量清单计价法，根据工程量清单计价法，建筑安装工程费由(　　)构成。

A. 直接费　B. 间接费　C. 预备费

D. 利润　E. 税金

3. 下列不属于单位工程的工程项目是(　　)。

A. 学校　B. 综合教学楼　C. 土建工程

D. 楼地面工程　E. 通风工程

4. 下列选项中属于分部工程的工程项目是(　　)。

A. 土建工程　B. 电气工程　C. 暖卫工程

D. 土石方工程　E. 楼地面工程

5. 按定额的编制程序和用途不同，工程建设定额可分为(　　)。

A. 施工定额　B. 安装工程定额　C. 预算定额

D. 建筑工程定额　E. 投资估算指标

6. 按照主编单位和管理权限不同，工程建设定额可以划分为(　　)等。

A. 全国统一定额　B. 行业统一定额　C. 建设统一定额

D. 企业定额　E. 补充定额

7. 工程建设定额的特点有(　　)。

A. 社会性　　B. 科学性　　C. 权威性

D. 系统性　　E. 统一性

8. 下列关于工程造价的定额计价方式和工程量清单计价方式的表述中,正确的有(　　)。

A. 定额计价方式中的工程量由招标单位和投标单位分别按图计算

B. 工程量清单计价方式是在发出招标文件后编制工程量清单

C. 定额计价方式是依据图纸,人工、材料、机械台班消耗预算定额和单价,以及工程造价管理部门发布的价格信息进行计算

D. 对工程量清单计价投标,一般采用合理低报价中标法

E. 工程量清单计价方式是由各投标单位各自计算工程量,计算的工程量结果不一致

9. 价值工程是通过对研究对象的功能与费用的系统分析,以提高价值为目标,以功能分析为核心,以创新为支柱的技术分析与经济分析相结合,有效控制工程成本与功能协调的方法。提高价值的方法有(　　)。

A. 功能提高,费用不变　　B. 功能不变,费用降低

C. 功能提高,费用下降　　D. 功能提高大于费用提高

E. 功能提高小于费用下降

10. 在工程建设各个阶段工程造价控制的主要方法包括(　　)。

A. 可行性研究　　B. 建设标准控制　　C. 价值工程

D. 限额设计　　E. 招标投标

11. 建设项目设计阶段工程造价的计价与控制中,设计方案评价的原则有(　　)。

A. 经济合理性与技术先进性相结合的原则　　B. 考虑项目合理使用的原则

C. 项目特点符合环境要求的原则　　D. 近期与远期效益相结合的原则

E. 考虑项目全寿命费用的原则

12. 国产设备原价分为国产标准设备原价和国产非标准设备原价。非标准设备原价的计算方法不包括(　　)。

A. 概算定额法　　B. 系列设备插入估价法　　C. 分部组合估价法

D. 预决算调整法　　E. 定额估价法

13. 对于定额计价方式与工程量清单计价方式的差别下列叙述中正确的是(　　)。

A. 工程量清单计价投标较容易造成索赔事件的增加

B. 工程量清单计价的工程量由招标单位统一计算或委托有工程造价咨询资质的单位统一计算

C. 定额计价要求必须在发出招标文件前编制工程量清单

D. 工程量清单计价采用综合单价形式

E. 定额计价一般采用总价形式

14. 在我国,经常采取的工程价款结算方式有(　　)。

A. 按月结算　　B. 按年结算　　C. 竣工后一次结算

D. 分项结算　　E. 目标结算

三、判 断 题

1. 分部工程是指通过简单施工过程就能生产出来并可利用某种计量单位计算的最基本的中间产品。　　(　　)

2. 国产标准设备原价有两种，即带有备件的原价和不带备件的原价。在计算时，一般采用不带备件的原价。（　）

3. 在国际贸易中，我国进口设备采用最多的一种价格是装运港船上交货价格，也叫离岸价格。（　）

4. 根据工程量清单计价法，建筑安装工程直接费由直接工程费和规费组成。（　）

5. 进口设备原价是指进口设备的到岸价格，即进口设备抵达买方边境港口或边境车站，且缴纳完关税等税费之后的价格。（　）

6. 按照索赔的目的可以将工程索赔分为工期索赔和费用索赔。（　）

7. 建筑安装工程费用中的税金指国家税法规定的应计入建筑安装工程费用的营业税、城市维护建设税及教育费附加。（　）

8. 项目建设期内的贷款利息按照单利计算。（　）

9. 涨价预备费的测算方法，一般是根据国家规定的投资综合价格指数，按估算平均价格水平的投资额为基数，采用复利方法计算。（　）

10. 工程量是指以物理计量单位或自然计量单位所表示的建筑工程各个分项工程和结构构件的实物数量。（　）

11. 工程量计算是建设方筹集建设资金、安排工程价款拨付、进行财务管理和核算的重要依据。（　）

12. 工程建设定额反映了工程建设和各种资源消耗之间的客观规律。（　）

13. 劳动定额的表现形式有时间定额和消耗定额，二者互为倒数关系。（　）

14. 机械消耗定额是指完成一定的合格产品规定的施工机械消耗的数量标准，其主要表现形式是机械时间定额。（　）

15. 建筑工程定额是建筑工程的施工定额、预算定额、概算定额、概算指标和投资估算指标的统称。（　）

16. 工程造价计价也叫工程估价，是对投资项目造价（或价格）的计算。（　）

17. 按照专业性质不同，工程建设定额可以划分为全国通用定额、行业通用定额和专业专用定额三种。（　）

18. 按定额反映的生产要素消耗内容不同，可以把工程建设定额划分为劳动消耗定额、机械消耗定额和材料消耗定额三种。（　）

19. 工程造价的计价过程就是将建设项目进行分解和逐步组合的过程。（　）

20. 在进行工程计价时，实物工程量的计量单位是由单位价格的计量单位决定的。单位价格的计量单位的对象越大，得到的工程估算越准确，反之，工程估算就较为粗略。（　）

21. 工程量清单计价编制过程可以分为两个阶段：工程量清单格式的编制和利用工程量清单来编制投标报价。（　）

22. 工程建设定额计价法是我国工程造价计价中比较传统的方法，它依据建设行政主管部门颁发的各种工程预算定额来计算工程造价。（　）

23. 工程建设定额计价法的基本特征是“价格＝定额＋费用”。（　）

24. 影响工程造价的主要因素有两个：基本构造要素的单位价格和基本构造要素的实物工程数量。（　）

25. 工程项目结算时可以以工程量清单中的工程量为依据。（　）

26. 定额计价中的工程量由招标单位统一计算或委托有工程造价咨询资质的单位统一计

算。（　）

27. 工程建设定额的特点是科学性、系统性、统一性、权威性、稳定性与时效性。（　）

28. 按照投资的费用性质不同，可以把工程建设定额划分为建筑工程定额、设备安装工程定额、建筑安装工程费用定额、工器具定额以及工程建设其他费用定额。（　）

29. 定额计价方式与工程量清单计价方式的表现形式不同，前者一般采用总价形式，后者采用综合单价形式。（　）

30. 工程造价控制是全过程动态控制。（　）

31. 工程造价受多方面因素的影响，只有到实际竣工才能最终确定工程的实际造价。（　）

32. 项目全寿命包括项目设计过程、建设过程和使用过程三部分。（　）

33. 在项目决策阶段，影响工程造价的主要因素有项目合理规模、建设标准水平和建设地点。（　）

34. 总平面设计中影响工程造价的因素包括占地面积、功能分区和运输方式。（　）

35. 按照主编单位和管理权限不同，工程建设定额可以划分为全国统一定额、行业统一定额、地区统一定额、企业定额和补充定额五种。（　）

36. 按定额的编制程序和用途不同，可以把工程建设定额划分为施工定额、预算定额、概算定额、概算指标和投资定额五种。（　）

37. 按照索赔的合同依据可以将工程索赔分为合同中明示的索赔和合同中默示的索赔。（　）

38. 设计阶段影响工程造价的因素主要包括在建筑设计和工艺设计两个阶段中。（　）

39. 在工业建筑设计中，建筑设计是工程设计的核心，其评价指标包括净现值、净年值、内部收益率、差额内部收益率、投资回收期等。（　）

40. 工程索赔只涉及发包人向承包人的索赔。（　）

四、综合分析题

某房地产开发公司通过招标出让方式取得了一宗毛地的使用权进行住宅和商业房地产开发。

1. 该房地产开发公司在投标前应了解该地段控制性详细规划的内容包括（　）。

A. 宗地用途　　B. 容积率
C. 建筑物的允许高度　　D. 建筑物的结构

2. 该房地产开发公司所开发的住宅和商业房地产中，若以建筑物竣工建筑面积作为统计总体，则总体单位包括（　）竣工建筑面积。

A. 配电房　　B. 商业房地产　　C. 水塔　　D. 住宅

3. 该房地产开发公司在编制建筑工程预算时，可将该开发项目划分为（　）等单项工程。

A. 土建　　B. 管道　　C. 电气安装　　D. 住宅

4. 该房地产开发公司未销售的已竣工商品房在会计科目中归为（　）类。

A. 负债　　B. 资产　　C. 成本　　D. 所有者权益

5. 该房地产开发公司将商品房销售给购房者后，购房者办理的房屋所有权证书中的附图表明了所购房屋的权属范围，明确了异产毗连房屋的权利界线，注明了套内建筑面积和分摊面积，此附图是（　　）。

A. 宗地图　　B. 房产分幅图　　C. 房产分丘图　　D. 房产分户图

6. 若该房地产公司在本项目的开发经营过程中，其经济成本大于销售收入，则该房地产开发公司在本项目中（　　）。

A. 必然亏损　　B. 必然获利

C. 不盈不亏　　D. 盈亏根据具体情况确定

热点试题答案

一、单项选择题

1. B　2. A　3. B　4. A　5. B
6. A　7. C　8. C　9. D　10. C
11. A　12. B　13. A　14. D　15. B
16. C　17. A　18. A　19. A　20. C
21. A

二、多项选择题

1. ACDE　2. ABDE　3. AD　4. DE　5. ACE
6. ABDE　7. BCDE　8. ACD　9. ABCD　10. ACDE
11. ADE　12. AD　13. ABDE　14. ACE

三、判 断 题

1. ×　2. ×　3. √　4. ×　5. √
6. √　7. √　8. ×　9. √　10. √
11. √　12. √　13. ×　14. √　15. ×
16. √　17. √　18. √　19. √　20. ×
21. √　22. √　23. ×　24. √　25. ×
26. ×　27. √　28. √　29. √　30. √
31. √　32. ×　33. √　34. √　35. √
36. ×　37. √　38. ×　39. ×　40. ×

四、综合分析题

1. ABC　2. ABD　3. D　4. B　5. D
6. D

第五章　房地产测绘知识

命题规律解读

本章的命题规律主要体现在：

1. 房地产测绘的特点是命题者较喜欢出题的内容，要好好掌握。

2. 房产面积测量的精度要求应注意以什么作为评定的标准。

3. 地形图及其应用是个重要的命题点，注意掌握。

4. 地籍图的相关知识是选择题命题很好的素材。

5. 房产图是本章的重点考核内容，房产分幅图、分丘图及分户图相关内容是一定会考核的。

6. 房地产面积测算的概念是出多项选择题的好素材，注意房屋面积测算包括的内容。

命题点解读

命题点1　房地产测绘的内涵

房地产测量是指房产测量和地籍测量，房地产测量工作应包括"测绘"和"测设"。

房地产测绘是用测量手段测定地面上局部区域内的土地、建筑物及构筑物的特征点位，获得反映现状的图或图形信息。房产测绘又可分为房产基础测绘和房产项目测绘两种。

地籍是反映土地及地上附着物的权属、位置、质量、数量和利用现状等有关土地的自然、社会、经济和法律等基本状况的资料，亦称土地的户籍；为此所做的调查和测绘工作总称地籍测量。一般来说，地籍资料具有三大功能：土地利用管理和规划的功能、财政税收的功能和法律功能。

命题点2　房地产测绘的特点

(1)测图比例尺大；(2)测绘内容较多；(3)精度要求高；(4)修测、补测及时。

命题点3　房地产测绘的工作程序

(1)房地产测绘由房地产的权利申请人或利害关系人申请；

(2)总体技术设计；

(3)房地产测绘产品二级检查一级验收制。

命题点4　房地产测绘的精度要求

精度，就是指误差分布的密集或离散程度。

1. 产生测量误差的原因

(1)仪器误差；(2)观测者的影响；(3)周围环境的影响。

2. 房产面积测量的精度要求

房产测量中以中误差作为评定精度的标准，以两倍中误差作为限差。

房产面积的测量精度分为三级，各级的限差和中误差不得超过表5—1计算的结果。

表 5—1　房产面积的精度要求

房产面积的精度等级	限　差	中 误 差
一	$0.02\sqrt{S}+0.0006S$	$0.01\sqrt{S}+0.0003S$
二	$0.04\sqrt{S}+0.002S$	$0.02\sqrt{S}+0.001S$
三	$0.08\sqrt{S}+0.006S$	$0.04\sqrt{S}+0.003S$

注：S 为房产面积(单位 m^2)。

命题点 5　地 形 图

1. 地形图

地形图是按一定比例绘制的地物和地貌的正射投影图。地物指地球表面上人造的或天然的固定性物体，如房屋、道路、河流等；地貌指地表面自然起伏的形态，如山地、丘陵、平原等。地物和地貌总称为地形。

地形图比例尺的选用见表 5—2。

表 5—2　地形图比例尺的选用

比例尺	用　途
1∶10 000；1∶5 000	城市总体规划、区域布置、方案比较
1∶2 000	城市详细规划及开发项目初步设计
1∶1 000	城市详细规划、工程施工设计、地下管线和人防工程
1∶500	竣工图、地籍图、地形图等

2. 地形图的阅读

在阅读地形图时，要注意以下几点：(1)需了解该地形图所采用的坐标系统和高程系统；(2)应熟悉图例，了解各符号和注记的确切含义；(3)能根据等高线判别和分析地貌。

3. 地形图的应用

地形图具有现实性和可量测性的特点，决定了它可以作为其他各种专题图的底图。

命题点 6　地 籍 图

地籍测量绘制的图件称为地籍图；它是表示土地产权、地界和分区的平面图，图上附有各部分的说明、注解和识别资料。

地籍图的内容包括地籍要素和必要的地形要素。地籍要素指土地的编号、利用类别、等级、面积及权属界线，界址点及其编号，各级行政区划界线及房产情况。必要的地形要素指与地籍管理有关的一些房屋、道路、水系、垣栅及地物和地理名称等。

对于每一宗土地，都应绘制宗地图。宗地图是描述宗地位置、界址点线关系、相邻宗地编号的分宗地籍图，用来作为该宗土地产权证书和地籍档案的附图。

宗地图中包括：(1)图幅号、地籍号、坐落；(2)单位名称、宗地号、地类号和占地面积；(3)界址点、点号、界址线和界址边长；(4)宗地内建筑物和构筑物；(5)邻宗地宗地号及界址线；(6)相邻道路、街巷及名称。

宗地图要求必须按比例真实绘制，比例尺一般为 1∶500 或大于 1∶500。

命题点 7　房 产 图

房产图是房地产产权、产籍管理的重要资料，按房产管理的需要分为房产分幅平面图(简称分幅图)、房产分丘平面图(简称分丘图)和房产分户平面图(简称分户图)。

房产图的测绘,是在房产平面控制测量及房地产调查完成后,对房屋和土地使用状况进行的细部测量。首先,测定房屋平面位置,绘制房产分幅平面图;其次,测定房屋四至归属及丈量房屋边长,计算面积,绘制房产分丘图;然后,测定权属单元产权面积,绘制房产分户图。

1. 房产分幅图

房产分幅图是全面反映房屋及其用地的位置和权属等状况的基本图,是测绘分丘图和分户图的基础资料,也是房产登记和建立产籍资料的索引和参考资料。

建筑物密集地区的分幅图一般采用1∶500比例尺,其他区域的分幅图可以采用1∶1 000的比例尺。

分幅图中应包括控制点、行政境界、丘界、房屋、附属设施和房屋围护物,以及与房地产有关的地籍要素和注记。

2. 房产分丘图

分丘图是分幅图的局部明细图,也是绘制房产权证附图的基本图,比例尺为1∶100～1∶1 000之间。

房产分丘图反映本丘内所有房屋权界线、界址点、房角点、房屋建筑面积、用地面积、四至关系、建成年份、用地面积、建筑面积、墙体归属等各项房地产要素,以丘为单位绘制。

3. 房产分户图

分户图是在分丘图的基础上进一步绘制的明细图,是房产证的附图。

比例尺一般为1∶200,当房屋图形过大或过小时,比例尺可适当放大或缩小。

分户图上房屋的边长应实际丈量,注记取至0.01 m,注在图上相应位置。

分户图表示的主要内容包括房屋权界线、四面墙体的归属和楼梯、走道等部位以及门牌号、所在层次、户号、室号、房屋建筑面积和房屋边长等。

房屋产权面积包括套内建筑面积和共有分摊面积,标注在分户图框内。

命题点8　房地产面积测算的概念

房地产面积测算系指水平面积测算,包括房屋面积测算和土地面积测算;其中房屋面积测算包括房屋建筑面积、共有建筑面积、产权面积、使用面积等的测算;用地面积测算以丘为单位进行,包括房屋占地面积和其他用途的土地面积、各项地类面积的测算。

命题点9　土地面积量算的概念

土地面积量算是地籍测量的重要内容,通过土地面积量算可以取得各级行政单位、权属单位的土地总面积和分类土地面积的数据资料。

命题点10　土地面积量算的基本方法

土地面积的量算可采用坐标解析法、实地量距法和图解计算法等方法。

历年考题诠解

一、单项选择题

1. 房产分户图作为房屋权属证书附图时,图中应标注(　　)。**[2003年考题]**

A. 相邻土地的权利界线　　B. 海拔高程

C. 用地面积的分摊系数　　D. 套内建筑面积与共有分摊面积

【答案】D　本题考核的是房产分户图。房产分户图是房产证的附图。房屋产权面积包括套内建筑面积和共有分摊面积，标注在分户图框内。

2. 房产面积测量的精度要求是以(　　)作为限差。[**2005 年考题**]

A. 误差的平均值　B. 误差的最大值　C. 中误差　D. 两倍中误差

【**答案**】D　本题考核的是房产面积测量的精度要求。房产测量中以中误差作为评定精度的标准，以两倍中误差作为限差。

3. 房产图的测绘顺序为(　　)。[**2006 年考题**]

A. 先测绘分户图，再测绘分丘图，最后测绘分幅图

B. 先测绘分幅图，再测绘分丘图，最后测绘分户图

C. 先测绘分丘图，再测绘分幅图，最后测绘分户图

D. 先测绘分幅图，再测绘分户图，最后测绘分丘图

【**答案**】B　本题考核的是房产图的测绘顺序。房产图的测绘，是在房产平面控制测量及房地产调查完成后，对房屋和土地使用状况进行的细部测量。首先，测定房屋平面位置，绘制房产分幅平面图；其次，测定房屋四至归属及丈量房屋边长，计算面积，绘制房产分丘图；然后，测定权属单元产权面积，绘制房产分户图。

4. 全面反映房屋及其用地的位置和权属等状况的基本图是(　　)。[**2007 年考题**]

A. 宗地图　B. 房产分幅图　C. 房产分丘图　D. 房产分户图

【**答案**】B　本题考核的是房产图。房产分幅图是全面反映房屋及其用地的位置和权属等状况的基本图。

5. 房产用地面积测算时，需计入用地面积的是(　　)。[**2007 年考题**]

A. 公共使用的排水沟　B. 市政道路

C. 权属不明的巷道　D. 房屋占地面积

【**答案**】D　本题考核的是房地产面积的测算。房产用地面积测算以丘为单位进行，包括房屋占地面积和其他用途的土地面积、各项地类面积的测算。房产用地面积测算时，不计入用地面积的有：无明确使用权属的冷巷、巷道或间隙地；市政管辖的道路、街道等公共用地；公共使用的河涌、水沟、排水沟；已征用、划拨或者属于原房产证记载范围，经规划部门核定需要作为市政建设的用地；其他按规定不计入用地面积的面积。

二、多项选择题

1. 下列关于房产图的表述中，正确的有(　　)。[**2003 年考题**]

A. 房产分幅图是全面反映房屋及其用地的位置和权属等状况的基本图，其比例尺一般为 1∶500

B. 房产分丘图能反映丘内所有房屋及其用地情况等各项房地产要素

C. 房产分户图是表示房屋建筑结构的细部，比例尺一般为 1∶100

D. 房产分户图是分丘图的局部明细图

E. 分丘图是测绘分户图和分幅图的基础资料

【**答案**】AB　本题考核的是房产图。房产分户图是在分丘图的基础上进一步绘制的明细图，表示房屋权属范围的细部，比例尺一般为 1∶200。房产分丘图是分幅图的局部明细图，也是绘制房产权证附图的基本图。房产分丘图反映本丘内所有房屋权界线、界址点、房角点、房屋建筑面积、用地面积、四至关系、建成年份、用地面积、建筑面积、墙体归属等各项房地产要素，以丘为单位绘制。房产分幅图是全面反映房屋及其用地的位置和权属等状况的基本图，是

测绘分丘图和分户图的基础资料。建筑物密集地区的分幅图一般采用1∶500比例尺，其他区域的分幅图可以采用1∶1 000的比例尺。

2. 下列关于房产分丘图的表述中，正确的有（　　）。**[2004年考题]**

A. 房产分丘图是全面反映房屋及其用地的位置和权属等状况的基本图

B. 房产分丘图是房产分幅图的局部明细图

C. 房产分丘图的比例尺为1∶100～1∶1 000

D. 房产分丘图包括控制点、行政境界、丘界、房屋、附属设施等要素和注记

E. 房产分丘图是在分户图基础上进一步绘制的明细图

【答案】BC　本题考核的是房产图。房产分幅图是全面反映房屋及其用地的位置和权属等状况的基本图。房产分丘图是分幅图的局部明细图，也是绘制房产权证附图的基本图。房产分户图是在分丘图的基础上进一步绘制的明细图。房产分幅图中应包括控制点、行政境界、丘界、房屋、附属设施和房屋围护物，以及与房地产有关的地籍要素和注记。

3. 下列用来作为房地产证附图的有（　　）。**[2005年考题]**

A. 规划图　　B. 宗地图　　C. 房产分幅图

D. 房产分户图　　E. 地形图

【答案】BD　本题考核的是房地产图。宗地图是描述宗地位置、界址点线关系、相邻宗地编号的分宗地籍图，用来作为该宗土地产权证书和地籍档案的附图。房产分幅图是测绘分丘图和分户图的基础资料，也是房产登记和建立产籍资料的索引和参考资料。房产分户图是房产证的附图。

三、判 断 题

1. 同一般测绘比较，房地产测绘精度要求较高。商品房竣工后，商品房面积必须据实测算，不能直接从图上量取。（　　）**[2003年考题]**

【答案】√　本题考核的是房地产测绘的特点。房地产测量精度要求较高，房屋建筑面积一般不能直接从图上量取，而必须进行实测和计算。

2. 地形图是按一定比例描绘出的地物和地貌的正投投影图。（　　）**[2005年考题]**

【答案】√　本题考核的是地形图概念。地形图是按一定比例绘制的地物和地貌的正射投影图。

3. 地籍图是由地籍要素构成的图件，不包括地形要素。（　　）**[2007年考题]**

【答案】×　本题考核的是地籍图。地籍测量绘制的图件称为地籍图。地籍图的内容包括地籍要素和必要的地形要素。

热点试题全解

一、单项选择题

1. 测量工作的根本任务是确定地面点的（　　）。

A. 平面位置　　B. 空间位置　　C. 高程　　D. 海拔

2. 测量工作中，当测量区域的半径小于（　　）时，可将地面视作水平面。

A. 5 km　　B. 10 km　　C. 15 km　　D. 20 km

3. 房地产测绘的主要对象是房屋和房屋用地的位置、权属、质量、数量、用途等状况，以及

与房地产权属有关的(　　)要素。

A. 地形　　B. 地貌　　C. 地物　　D. 建筑

4. 关于房地产测绘的特点,下列叙述中错误的是(　　)。

A. 测图比例尺小　　B. 测绘内容较多

C. 修测、补测及时　　D. 精度要求高

5. 城市基本地形图的复测周期一般为(　　)年。

A. 20～30　　B. 10～20　　C. 10～15　　D. 5～10

6. 某房产面积 10 000 m^2,要求测绘精度为二级,则其中误差为(　　)。

A. 4　　B. 6　　C. 12　　D. 24

7. 进行城市详细规划及开发项目初步设计应选用(　　)的地形图。

A. 1∶500　　B. 1∶1 000　　C. 1∶2 000　　D. 1∶3 000

8. 在进行城市详细规划、工程施工设计时,地形图应选用的比例为(　　)。

A. 1∶5 000　　B. 1∶2 000　　C. 1∶1 000　　D. 1∶5 000

9. 房产测量中以(　　)作为评定精度的标准。

A. 中误差　　B. 两倍中误差　　C. 限差　　D. 最大中误差

10. 地形图、地籍图选用的比例尺一般为(　　)。

A. 1∶10 000　　B. 1∶2 000　　C. 1∶1 000　　D. 1∶500

11. 工程施工时,土石方调配与场地平整的施工方案一般依据(　　)进行设计。

A. 地籍图　　B. 地形图　　C. 城市总体规划　　D. 城市详细规划

12. 在绘制宗地图时,如宗地过大,原则上可按(　　)绘制,但宗地图上的界址边长必须注记齐全。

A. 地籍图　　B. 分丘图　　C. 分幅图　　D. 分户图

13. 下列关于房产分幅图的表述中,不正确的是(　　)。

A. 房产分幅图是全面反映房屋及其用地的位置和权属等状况的基本图

B. 分幅图是分丘图的局部明细图

C. 房产分幅图是房产登记和建立产籍资料的索引和参考资料

D. 建筑物密集地区的分幅图一般采用 1∶500 比例尺

14. 房产分户图上房屋的边长应实际丈量,注记应精确到(　　)。

A. 1 m　　B. 0.1 m　　C. 0.01 m　　D. 0.001 m

15. 欲了解某估价标的物权属范围的细部,明确异产毗连房屋的权利界线,应查阅(　　)。

A. 宗地图　　B. 分幅图　　C. 分丘图　　D. 分户图

16. 下列选项中,不属于土地面积量算基本方法的是(　　)。

A. 坐标解析法　　B. 实地量距法　　C. 公式计算法　　D. 图解计算法

17. 面积量算应按照(　　)逐级控制和检核的原则进行,以防止错误,提高精度。

A. 从局部到整体　　B. 从整体到局部　　C. 从单项到整体　　D. 从整体到单项

18. 使用图解法量算土地面积时,图形面积不应小于(　　)。

A. 5 cm^2　　B. 10 cm^2　　C. 20 cm^2　　D. 50 cm^2

二、多项选择题

1. 测量学按专业可分为矿山测量、大地测量和(　　)等。

A. 码头测量　B. 地籍测量　C. 房产测量
D. 海洋测量　E. 城市工程测量

2. 地籍是反映土地及地上附着物(　　)和利用现状等基本情况的资料。
A. 规划要求　B. 权属　C. 位置
D. 数量、质量　E. 功能

3. 地籍资料包括地籍图、地籍册和地籍档案等，一般来说具有(　　)功能。
A. 土地利用管理与规划　B. 财政税收　C. 法律
D. 行政　E. 标准

4. 地籍要素主要是指(　　)。
A. 土地编号、利用类别和等级　B. 地物和地理名称　C. 面积及权属界限
D. 界址点及其编号　E. 各级行政区划界线及房产情况

5. 房地产测绘的特点包括(　　)。
A. 测图比例尺大　B. 测绘内容较多　C. 精度要求高
D. 修、补测及时　E. 测绘范围广

6. 在城市规划和房地产开发项目的设计和施工中要用到多种比例尺的地形图，地形图比例尺包括(　　)。
A. 1∶10 000　B. 1∶2 000　C. 1∶1 000
D. 1∶500　E. 1∶200

7. 用于城市总体规划、区域布置、方案比较的地形图一般选用的比例尺为(　　)。
A. 1∶10 000　B. 1∶5 000　C. 1∶2 000
D. 1∶1 000　E. 1∶500

8. 地籍图是土地管理部门在办理土地登记和发放土地使用权证书时，了解地块的(　　)等的依据。
A. 坐落　B. 四周界址　C. 地物
D. 尺寸、面积　E. 使用状况

9. 宗地图是描述宗地位置、界址点线关系、相邻宗地编号的分宗地籍图，用来作为该宗土地的(　　)的附图。
A. 产权证书　B. 使用证书　C. 地形图
D. 地籍档案　E. 地物图

10. 房产图按房产管理的需要分为房产(　　)。
A. 宗地图　B. 分幅图　C. 分层图
D. 分丘图　E. 分户图

11. 下列关于房产图的表述中，正确的有(　　)。
A. 房产分丘图是绘制房产分幅图和分户图的基础资料
B. 房产分户图是在分丘图的基础上绘制的明细图，比例尺一般为1∶200
C. 房产分丘图和分户图都是房产证的附图
D. 房产图的测绘，是在房产平面控制测量及房地产调查完成后，对房屋和土地使用状况，进行的细部测量
E. 房产分幅图中应包括控制点、行政境界、用地面积、建筑面积等各项房地产要素，以丘为单位绘制

12. 房产用地面积测算时，不计入用地面积的有(　　)。

A. 市政管辖的道路公共用地　　B. 共有建筑面积

C. 无明确使用的巷道　　D. 公共使用的排水沟

E. 经规划部门核定需要作为市政建设的用地

13. 土地面积量算的基本方法有(　　)。

A. 方程解析法　　B. 图表法　　C. 实地量距法

D. 图解法　　E. 坐标解析法

三、判 断 题

1. 海洋或湖泊的水面在自由静止时的表面，称为水平面。(　　)
2. 与水平面相切的平面称为水准面，点到大地水准面的铅垂距离，称为"海拔"。(　　)
3. 我国采用渤海平均海水面作为高程基准。(　　)
4. 房地产测量是指房产测量和地籍测量。(　　)
5. 房产测绘可分为房产基础测绘和房产项目测绘。(　　)
6. 房屋建筑面积的量算精度要求比较高，一般不能直接从图上量取，而必须进行实测和计算。(　　)
7. 基础地籍资料包括地籍图、地籍册和地籍登记档案。(　　)
8. 地形测量的主要对象是地貌和房屋。(　　)
9. 误差分布的密集或离散程度叫精度。(　　)
10. 无论何种测量，无论何种精密仪器，无论观测多么仔细，均无法求得测量的真值。(　　)
11. 房地产测量绘图比例尺大，精度要求低。(　　)
12. 房产图的测绘应按照"先控制后碎部"的原则进行。(　　)
13. 房产测量中以三倍中误差作为限差。(　　)
14. 地貌按图式符号加注记表示，地物一般用等高线表示。(　　)
15. 城市地形图和工程项目总平面图多采用城市坐标系。(　　)
16. 建筑设计时，除考虑平面位置的布局外，还需充分考虑地形的特点，从而进行合理的竖向布置。(　　)
17. 地籍图的内容包括地籍要素和必要的地形要素。(　　)
18. 地籍测量为土地管理和利用提供图纸、数据、文字资料等基本信息和依据，是地籍管理的基础工作。(　　)
19. 单位名称、宗地号、地类号和占地面积标注在宗地图的底部。(　　)
20. 图解法量算面积，图形面积不应小于 5 cm^2，图上量距应量至 0.1 mm。(　　)
21. 土地面积的量算应该用实地量距法、坐标解析法和图解计算方法。(　　)
22. 房产分户图是分幅图的局部明细图。(　　)
23. 宗地图要求必须按比例真实绘制，比例尺一般为 1 ∶ 200 或大于 1 ∶ 200，通常采用 32 开、16 开、8 开大小的图纸。(　　)
24. 房产分丘图是房产证的附图。(　　)
25. 绘制房产权证附图的基本图是分丘图。(　　)
26. 房产分丘图反映本丘内所有房屋权界线、界址点、用地面积、房屋建筑面积，以及与房地产有关的地籍要素和注记。(　　)

27. 房产分户图表示的主要内容包括房屋权界线、所在层次、户号、房屋建筑面积和房屋边长等。（　）

28. 房屋产权面积包括套内建筑面积和共有分摊面积。（　）

热点试题答案

一、单项选择题

1. B	2. B	3. A	4. A	5. D
6. A	7. C	8. C	9. A	10. D
11. B	12. C	13. B	14. C	15. D
16. C	17. B	18. A		

二、多项选择题

1. BCE	2. BCD	3. ABC	4. ACDE	5. ABCD
6. ABCD	7. AB	8. ABDE	9. AD	10. BDE
11. BD	12. ACDE	13. CDE		

三、判 断 题

1. ×	2. ×	3. ×	4. √	5. √
6. √	7. √	8. ×	9. √	10. √
11. ×	12. √	13. ×	14. ×	15. ×
16. √	17. √	18. √	19. ×	20. ×
21. √	22. ×	23. ×	24. ×	25. ×
26. ×	27. √	28. √		

第六章　经济学知识

命题规律解读

本章的命题规律主要体现在：

1. 本章是房地产估价相关知识的重要内容之一，注意理解掌握。

2. 应注意影响商品需求的因素有哪些，它们是怎样影响商品需求的。

3. 需求规律是个重要的命题点，一定要牢固掌握。

4. 需求变动与需求量变动的曲线应牢记，注意当出现影响因素的变化时，曲线的变动情况。

5. 供给与供给的变动也是个重要的命题点，注意供给规律与需求规律的区别。

6. 需求弹性与供给弹性属于必考的内容，要牢固掌握。

7. 要掌握需求、供给的变化对均衡数量和均衡价格有怎样的影响。

8. 边际效用递减规律是个很重要的命题点，属于必考内容。

9. 无差异曲线及边际替代率一定要理解掌握，很可能在此出题。

10. 掌握在边际效用分析法和无差异曲线分析法下的消费者均衡条件。

11. 可变比例与边际收益递减规律是个重点内容，应注意总产量、平均产量与边际产量曲线图的变动情况。

12. 等产量曲线分析与投入量的最优组合是个重要命题点，要牢固掌握，注意其以不同形式在题中出现。

13. 生产可能性曲线与最大收益产量组合也可作为命题点，注意理解掌握在什么情况下是最大收益的产量组合。

14. 注意掌握会计学中的成本与经济学成本的关系，正确认识经济成本。

15. 成本分析是个重要的命题点，属必考的内容。应重点掌握，注意灵活应用。

16. 注意完全竞争市场、完全垄断市场、垄断竞争市场和寡头垄断市场的含义；掌握完全竞争市场上价格与产量的决定。

17. 生产要素的需求与供给也可作为命题点，稍加注意即可。

18. 完全竞争市场上生产要素价格和投入量的决定是个好的命题点，注意掌握。

19. 工资、利息、地租和利润理论是个很好的命题素材，注意在此出现单选题和判断题。

20. 关于洛伦茨曲线和基尼系数特别适合出判断题，多加注意。

21. 引起市场失灵的几个原因注意考选择题。

22. 国民收入核算中的几个总量及其相互关系是个非常重要的命题点，属必考内容。

23. 注意掌握国民收入采用收入法和支出法的区别。

24. 消费函数是个重要的命题点，需要牢固掌握。

25. 宏观经济政策及目标特别适合出选择题，注意掌握。

命题点解读

命题点1　影响商品需求的因素

需求是指消费者在某特定时期内和一定市场上，在每一价格水平上愿意并且能够购买的某种商品或劳务的数量。一般来说，影响商品需求的因素有：

(1)消费者的偏好。

(2)消费者的收入水平。一般而言，当其他情况不变时，人们的收入水平越高，对商品的需求也越多。

(3)该商品本身的价格。在其他情况不变的条件下，商品本身的价格与其需求量之间存在相当稳定的负相关关系，即两者之间存在反向变动的关系。

(4)相关商品的价格。商品之间的关系有两种，一种为互补关系，另一种为替代关系。两种互补商品之间，一种商品的需求与另一种商品的价格呈反向变动；两种替代商品之间价格与需求则呈同向变动。

(5)消费者对商品未来价格的预期。消费者预期某种商品价格将上涨时，会增加对该商品的购买量；消费者预期某种商品价格上涨时，也会增加对其替代品的需求。

(6)其他因素。一般来说，随着城市化水平的提高、家庭人口规模的减少、降低房地产交易税费等政策出台可以增加所在地区的房地产市场需求；反之则会有相反的结果。

命题点2　商品需求函数

将影响商品需求的各种因素作为自变量，需求量作为因变量，反映需求与各种影响因素关系的数学表达式即为需求函数，表示为：

$$D=f(x_1,x_2,x_3,\cdots,x_n)$$

式中　D——需求量；

$x_1,x_2,x_3\cdots,x_n$——影响需求的因素；

f——函数关系的记号。

设 Q_d 为人们对某商品的需求量，P 表示该商品的价格，若除 P 之外，其他影响需求的因素都不变，需求函数可表示为：$Q_d=f(P)$。

命题点3　需求规律

一般来说，在其他条件不变的情况下，某商品的需求量与该商品价格之间呈反方向变动，即需求量随商品本身价格的上升而减少，随商品本身价格的下降而增加。

需求规律在理论上可用替代效应和收入效应的综合作用——价格效应来解释。

三者的关系为：价格效应＝替代效应＋收入效应。

任何商品的替代效应总是为负值，收入效应则根据商品的特点，有的为正值，有的为负值。这是因为某些商品价格下降，意味着消费者收入相对增加，会改用其他品质较高的商品，减少对其需求，表现为收入正效应。

命题点4　需求量的变化与需求的变化

需求量的变化是指在影响需求的其他因素不变的条件下，需求量在同一条需求曲线上随商品本身价格变化而发生的反方向变化。

需求的变化是指在商品本身价格不变的条件下，由于其他因素变化所引起的需求状况的变化。需求的变化表现为需求曲线的移动。

命题点 5　影响商品供给的因素

供给是指厂商在一定市场上和某一特定时期内，在每一价格水平上，愿意并且能够提供的商品数量。影响商品供给的主要因素有：

(1)商品本身的价格。在影响某种商品供给的其他因素既定不变的条件下，该商品的价格与其供给量之间存在正相关关系，即两者之间存在同向变动的关系。

(2)其他商品的价格。当某种商品价格不变，而另一种商品价格上涨，则厂商将减少对该种商品的供给，增加对另一种商品的生产。

(3)生产技术的变动和生产要素的价格。由于技术进步，或由于任何原因引起生产要素价格下降，都将使单位产品的生产成本下降，从而使得与任一价格对应的供给量增加。

(4)政府的政策。如政府增加对某种产品的课税将使该产品售价提高，在一定条件下会通过需求的减少使供给减少；反之，如政府为刺激消费，降低商品税负或给予补贴，使商品价格降低而增加需求，从而使供给增加。

(5)厂商对未来的预期。厂商预料商品价格将上涨时会增加对该商品的供给量，反之则减少对该商品的供给量。

命题点 6　商品供给函数

将影响供给的各种因素作为自变量，将供给量作为因变量，反映供给随这些影响因素变化而变化对应关系的数学表达式即为供给函数，它可表示为：

$$S=\Psi(x_1,x_2,x_3,\cdots,x_n)$$

式中　S——供给量；

$x_1,x_2,x_3,\cdots,x_n$——影响供给的因素；

Ψ——函数关系的记号。

设 Q_s 为某种商品的供给量，P 表示该商品的价格，若除 P 之外，其他影响供给的因素都不变，则供给函数可表示为：$Q_s=\Psi(P)$。

命题点 7　供给规律

一般情况下在其他条件不变的情况下，商品的供给量与价格之间同向变动，即供给量随商品本身价格的上升而增加，随商品本身价格的下降而减少。在供给曲线图上，供给曲线是一条自左下方向右上方倾斜的曲线。

命题点 8　需求弹性

需求弹性通常考察的是需求的价格弹性、需求的交叉弹性和需求的收入弹性。

需求的价格弹性是指商品的需求量对商品本身价格变动的反应程度；需求的交叉弹性是指一种商品的需求量对于另外一种商品价格变动的反应程度；需求的收入弹性是指商品的需求量对于消费者收入变动的反应程度。

通常用需求价格弹性系数来表示需求弹性的大小。

需求价格弹性系数是需求量变动率与价格变动率的比值。

以 E_d 表示需求价格弹性系数，以 $\Delta Q/Q$ 表示需求量变动率，以 $\Delta P/P$ 表示价格变动率，则需求价格弹性系数的一般公式为：

$$E_d=\frac{\Delta Q/Q}{\Delta P/P}=\frac{\Delta Q}{\Delta P}\cdot\frac{P}{Q}$$

1. 理解需求价格弹性和需求价格弹性系数的要点：

(1)需求价格弹性是指价格变动所引起的需求量变动的程度，即需求量变动对价格变动的反应程度。价格是自变量，需求量是因变量。

(2)需求价格弹性系数是需求量变动率与价格变动率的比值，而不是需求量变动绝对量与价格变动绝对量的比值，这样可以排除计量单位的影响。

(3)需求价格弹性系数的数值可以是正值，也可以是负值，这取决于有关两个变量的变动方向；若它们同方向变动，则 E_d 为正值；反之，E_d 为负值。实际运用时，为方便起见一般都取其计算值的绝对值，E_d 的绝对值表示变动程度的大小。

(4)同一条需求曲线上不同点的需求价格弹性系数大小并不一定相同。

2. 需求价格弹性的分类范围

(1)$|E_d|=0$，表明无论价格如何变动，需求量都固定不变，始终有 $\Delta Q=0$。此时称需求完全无弹性，或称需求价格弹性为零。

(2)$|E_d|=\infty$，表明在价格既定的条件下，需求量可任意变动，需求曲线为一条平行于横轴的直线。

(3)$|E_d|=1$，表明价格每提高(或降低)一定比率，则需求量相应减少(或增加)相同的比率，其特征为 PQ 的乘积为定值，需求曲线为一条正双曲线，此时称需求为单一价格弹性。

(4)$|E_d|>1$，表明价格每提高(或降低)一定比率，则需求量相应减少(或增加)更大的比率，需求曲线比较平坦，此时称需求富有价格弹性。

(5)$1>|E_d|>0$，表明需求量变动比率的绝对值小于价格变动比率的绝对值，需求曲线比较陡峭，此时称需求缺乏价格弹性。

命题点 9　影响需求价格弹性的因素

(1)商品的替代品数目和可替代程度。一般而言，如果商品的替代品数目越多，则该商品的需求越富有弹性。

(2)消费者对某种商品的需求程度以及商品在消费者家庭预算中所占的比例。对于那些占家庭支出比例较大的商品，如果它们的价格上涨，则对消费者的生活影响较大，因而需求量必然减少很多，所以它们的需求弹性也较大；反之则需求弹性相对较小。

(3)商品本身用途的多样性。某种商品的用途越多，其需求弹性越大。

(4)商品的耐用程度。商品越是耐用，需求弹性越小。

(5)时间的长短。一般而言，时间越长，消费者和厂商越容易找到新的替代品，因而需求也越有弹性。

命题点 10　需求的点弹性系数

需求的点弹性系数(用 E 表示)是指需求曲线上任一点的弹性系数。

需要说明的是，一般来说一条需求曲线上的不同点的需求弹性是不一样的。

命题点 11　需求价格弹性与消费者支出(或销售者收入)之间的关系

若某种商品的需求富有弹性，则价格与消费者支出成反方向变动。

若某种商品的需求为单一弹性，价格变化与消费者支出(或销售者收入)无关。

若某种商品的需求缺乏弹性，则价格与消费者支出成同向变动。

命题点 12　需求的交叉弹性和需求的收入弹性

1. 商品 X 对商品 Y 的交叉弹性系数计算公式为：$E_{XY}=\dfrac{\Delta Q_X/Q_X}{\Delta P_Y/P_Y}=\dfrac{\Delta Q_X}{\Delta P_Y}\cdot\dfrac{P_Y}{Q_X}$

若 E_{XY} 大于 0，表示 X 的需求与 Y 价格同方向变动，两种商品互为替代品；E_{XY} 小于 0，表明 X 的需求与 Y 价格反方向变动，两种商品为互补品；E_{XY} 等于 0，则表明 X、Y 两种商品为不相关商品。

2. 商品的收入弹性系数计算公式为：$E_I=\frac{\Delta Q/Q}{\Delta I/I}=\frac{\Delta Q}{\Delta I}\cdot\frac{I}{Q}$

若 E_I 大于 0，表示商品为正常品；E_I 小于 0，表明商品为低档品；E_I 大于 1，则表明商品为奢侈品。

命题点 13　供给弹性

一般考察的是供给的价格弹性，通常用供给价格弹性系数来表示价格变动引起供给量变动的程度。

供给价格弹性系数是供给量变动率与价格变动率的比值，以 E_s 表示。若以 $\Delta Q/Q$ 表示供给量变动率，以 $\Delta P/P$ 表示价格变动率，则供给价格弹性系数的一般公式为：

$$E_s=\frac{\Delta Q/Q}{\Delta P/P}=\frac{\Delta Q}{\Delta P}\cdot\frac{P}{Q}$$

或

$$E_s=\lim_{\Delta P\to 0}\frac{\Delta Q}{\Delta P}\cdot\frac{P}{Q}=\frac{dQ}{dP}\cdot\frac{P}{Q}$$

1. 理解商品的供给价格弹性和供给价格弹性系数的要点

(1)供给价格弹性是指价格变动所引起的供给量变动的程度，即供给量变动对价格变动的反应程度。价格是自变量，供给量是因变量。

(2)供给价格弹性系数是供给量变动率与价格变动率的比值，而不是供给量变动绝对量与价格变动绝对量的比值。

(3)供给价格弹性系数的数值一般都为正值，反映了供给量与价格同方向变动的供给规律，E_s 的值表示变动程度的大小。

(4)同一条供给曲线上不同点的供给价格弹性系数大小并不一定相同。

2. 供给价格弹性的分类

(1)$E_s=0$，称供给完全无弹性，或称供给价格弹性为零。

(2)$E_s=\infty$，称供给价格弹性无穷大，或称供给有完全弹性。

(3)$E_s=1$，称供给为单一弹性。对于点弹性而言，则表明过该点作供给曲线的切线必通过坐标原点。若供给曲线是以坐标原点为起始点的一条直线，则该供给曲线上任一点的价格弹性系数都是 1。

(4)$E_s>1$，称供给富有弹性。

(5)$1>E_s>0$，称供给缺乏弹性。

命题点 14　影响供给价格弹性的主要因素

影响供给价格弹性大小的因素主要表现在两个方面：一是从厂商供应能力和产品生产周期方面考虑，时期长短是决定供给价格弹性大小的主要因素；二是从厂商生产产品的成本方面考虑，由于厂商供给一定量产品所要求的售价取决于产品的成本，所以产品的成本状况决定供给价格弹性的大小。

命题点 15　市场均衡

1. 市场均衡的概念

假定某种商品的需求状况和供给状况是已知和既定不变的，由于需求和供给在市场竞争中的共同作用，使消费者愿意购买的数量与厂商愿意供给的数量恰好相等，价格也不再有变动的趋势，此时称市场达到均衡，需求等于供给的数量为该商品的均衡数量，所对应的价格(需求价格等于供给价格)为该商品的均衡价格。

2. 需求、供给的变化对均衡数量和均衡价格的影响

若供给不变,需求变化是由于价格以外其他因素变化引起的。当需求增加时,表现为需求曲线从原来位置向右上方移动,从而引起均衡数量增加、均衡价格上升;反之,当需求减少时,表现为需求曲线从原来位置向左下方移动,从而引起均衡数量减少、均衡价格下降。

若需求不变,供给变化是由于价格以外其他因素变化引起的。当供给增加时,表现为供给曲线从原来位置向右下方移动,从而引起均衡数量增加、均衡价格下降;反之,当供给减少时,表现为供给曲线从原来位置向左上方移动,从而引起均衡数量减少、均衡价格上升。

当需求和供给同时变化时,均衡数量和均衡价格的变化视具体情况而定。

命题点 16　效　　用

消费者在消费某种商品时所获得的心理满足程度称为效用。

效用取决于两种因素:一是由商品的自然属性所决定、具有满足人们某种需要的能力;二是人们在消费某种商品时对需要满足程度的主观感受。

效用的度量理论有基数效用论和序数效用论。基数效用论采用的分析方法是边际效用分析法;序数效用论采用的分析方法是无差异曲线分析法。

命题点 17　边际效用分析

1. 总效用与边际效用

总效用(TU)是指消费一定数量商品所获得的总的满足程度。

边际效用(MU)是指消费某种商品每增加一个单位所获得的总效用的增加。

设效用函数为:

$$\mathrm{TU}=U(X_1,X_2,X_3,\cdots,X_m)$$

式中　TU——总效用;

$X_1,X_2,X_3,\cdots,X_m$——消费者购买 m 种商品各自的数量;

U——效用函数记号。

则商品 X_i 的边际效用为:$\mathrm{MU}X_i=\lim\limits_{\Delta X_i\to 0}\dfrac{\Delta U}{\Delta X_i}=\dfrac{\partial U}{\partial X_i}$

若消费者消费其他物品的数量不变,只考虑消费一种物品的变化所引起的效用变化,则:

$$\mathrm{TU}=U(X)$$

此时有:

$$\mathrm{MU}=\lim_{\Delta X\to 0}\frac{\Delta U}{\Delta X}=\frac{\mathrm{d}U}{\mathrm{d}X}$$

2. 边际效用递减规律

随着消费者在一定时间内对某种商品消费量的增加,他从每增加一单位商品的消费中所获得的效用增量呈逐渐递减的趋势,即消费者消费后一单位商品所获得的效用增量小于他消费前一单位商品所获得的效用增量。总效用有可能达到一个极大值,此时边际效用为零;若继续增加该商品的消费量,则会使边际效用为负值,从而减少总效用。这种现象,被称为边际效用递减规律。

命题点 18　无差异曲线分析

1. 无差异曲线

无差异曲线是指消费者在消费多种商品(为简明直观起见,一般假定为两种商品)的不同数量组合时,能获得相同效用的曲线。

无差异曲线上任一点所代表的两种商品的数量组合，给消费者带来的效用完全相同，因此无差异曲线又称为等效用曲线。

无差异曲线主要有以下特点：

(1)无差异曲线是一条从左上方向右下方倾斜的曲线，斜率为负值。

(2)无差异曲线图的众多无差异曲线中，同一曲线上的各点代表相同的总效用，不同曲线代表不同的总效用。离原点越近的无差异曲线所代表的总效用越小；离原点越远的无差异曲线所代表的总效用越大。

(3)无差异曲线图上的任意两条无差异曲线不能相交。否则因为相交点上代表的总效用相同，从而与两条无差异曲线总是代表不同的总效用特征发生矛盾。

(4)无差异曲线凸向原点。

2. 边际替代率

边际替代率是指在保持消费者效用不变的前提下，增加某种商品(如 X)一单位的消费量所要减少的另一种商品(如 Y)的数量，称为商品 X 替代商品 Y 的边际替代率，记为 MRS_{XY}。

经济学中通常将无差异曲线斜率的负数值定义为商品 X 替代商品 Y 的边际替代率，它等于 X 的边际效用与 Y 的边际效用的比率。即：

$$MRS_{XY}=-\frac{dY}{dX}=\frac{\frac{\partial U}{\partial X}}{\frac{\partial U}{\partial Y}}=\frac{MU_X}{MU_Y}$$

根据边际效用递减规律，当增加商品 X 的消费时，X 的边际效用逐渐减少；而商品 Y 的消费量因商品 X 的增加而减少，故 Y 的边际效用增加，所以 X 替代 Y 的边际替代率(绝对值)呈逐渐递减的趋势，因而无差异曲线是一条凸向原点的曲线。

3. 预算线

假定商品的价格和消费者预期用于购买商品的支出是既定的，则消费者能购买到的商品的所有可能数量组合的集合，即为消费者预算线，也称为消费可能线或家庭预算线。

命题点 19　消费者均衡

1. 消费者均衡的概念

消费者均衡是指消费者在既定的收入状况下，将货币合理花费于各种消费品的组合，使消费者获得了最大的效用总量，此时消费者不再改变其购买各种消费品的数量，即消费者的决策行为已达到均衡状态。

研究消费者均衡的假设条件是：(1)消费者的嗜好与偏好是既定的；(2)消费者的收入是既定的，且假定消费者的收入全部用来购买消费品；(3)消费者拟购买的商品价格是既定的。

2. 边际效用分析法

实现消费者均衡的条件可通过在家庭预算支出约束条件下求解效用函数的极大值得出。即求解：

$$\max U(X_1,X_2,X_3\cdots,X_m)$$

$$\text{s. t.}\ \sum_{j=1}^{m}P_jX_j=M$$

式中　P_j——第 j 种商品 X_j 的价格；

m——商品种类的数目；

M——消费者的既定总收入。

用拉格朗日乘数法求解可解得：

$$\frac{MUx_1}{P_1}=\frac{MUx_2}{P_2}=\cdots=\frac{MUx_m}{P_m}$$

3. 无差异曲线分析法

在上述假设条件下，将无差异曲线图与预算线图合在同一坐标平面图中综合考虑。可以证明，一条预算线可以与多条无差异曲线相交，但能且只能与一条无差异曲线相切。

命题点 20　生产与生产函数

生产是指厂商把各种生产要素作为投入品进行组合并转化成产品的过程。一般将生产中各种资源投入概括为劳动、土地、资本以及管理者才能等，统称为生产要素。

生产函数是指在既定的生产技术条件下，对各种生产要素一定数量的组合与产品总产出量之间依存关系的数学描述。它的一般表达式为：

$$TP=P(Q_1,Q_2\cdots,Q_n)=F(X_1,X_2,\cdots,X_m)$$

式中　TP——某个生产过程所生产的产品总产量；

$Q_1,Q_2,\cdots,Q_n$——n 种产品各自的产量；

$X_1,X_2,\cdots,X_m$——m 种生产要素各自的投入量。

假定投入的生产要素为劳动（L）和资本（K）两种，产出品为一种，上式可表示为：

$$TP=Q=f(L,K)$$

若再假定 K 固定不变，上式可进一步简化为：

$$Q=f(L)$$

命题点 21　可变比例与边际收益递减规律

1. 总产量、平均产量、边际产量

假定生产中所投入的各种生产要素除一种为可变要素外，其他要素的投入固定不变，这种可变比例生产函数，反映的是产量与可变要素投入之间的关系。

在上述假定条件下，总产量是指一定量的可变要素投入与固定要素投入组合所生产的全部产量。平均产量指每单位可变要素平均生产的产量。边际产量指可变生产要素每增加一个单位所增加的产量。它们可用公式表示为：

$$TP=AP\cdot X$$

$$AP=TP/X$$

$$MP=\Delta TP/\Delta X$$

式中　TP——总产量；

AP——平均产量；

MP——边际产量；

X——某种可变要素的投入量。

2. 边际收益递减规律

边际收益递减规律是指在技术水平不变的条件下，若其他要素固定不变，而不断增加某种可变要素的投入，开始会使总产量增加，并且边际产量递增；当可变要素增加到一定限度后，虽然总产量继续增加，但边际产量递减；超过了一定界限继续增加可变要素的投入，将使总产量减少。即可变生产要素投入增加所引起的产量（或收益）的变化可以分为边际产量递增、边际产量递减、总产量减少三个阶段。

当劳动要素的投入增加到一定量时，边际产量将达到最大值。此前，边际产量曲线的斜率为正，边际产量递增；超过此点，边际产量曲线的斜率变为负，边际产量递减；而在该点的对应处，总产量曲线上的点为该曲线由向上凸转为向下凹的拐点。

继续增加劳动要素的投入，边际产量曲线将在平均产量曲线的最高点与之相交，此时边际产量等于平均产量（MP＝AP），平均产量达到最大值。此前，平均产量递增，边际产量大于平均产量（MP＞AP）；超过此点后，平均产量递减，边际产量小于平均产量（MP＜AP）。

当劳动投入增加到使边际产量为零时，总产量达到最大值。此后边际产量为负，总产量将绝对减少。

作为理性的厂商，其决策选择既不会考虑第Ⅰ阶段（MP＞AP），也不会考虑第Ⅲ阶段（MP＜0），而会在第Ⅱ阶段（0≤MP≤AP）进行选择。

命题点 22　等产量曲线分析与投入量的最优组合

1. 等产量曲线

等产量曲线与消费者均衡分析中的无差异曲线具有类似的几何特征，所不同之处在于：无差异曲线表达的是消费者对两种消费品效用的主观评价；等产量曲线表达的是要素投入组合与产出量之间的纯技术关系，每条等产量曲线代表一定数量的产品，等产量曲线上每一点所代表的两种要素数量组合都是有效率的。

等产量曲线主要有以下特点：

（1）等产量曲线是一条从左上方向右下方倾斜的曲线，斜率为负值。

（2）等产量曲线图的众多等产量曲线中，同一曲线上的各点代表相同的产量，不同曲线代表不同的产量。等产量曲线按产量大小顺序排列，离原点越近的等产量曲线所代表的产量越小；离原点越远的等产量曲线所代表的产量越大。

（3）等产量曲线图中的任意两条等产量曲线不能相交。

（4）等产量曲线凸向原点，它表示随着一种生产要素投入的增加，每增加一单位，所能替代的另一种生产要素的数量将逐渐减少。这是由边际技术替代率递减规律所决定的。

2. 边际技术替代率

边际技术替代率是指在等产量曲线上两种生产要素相互替代的比率。它表示增加一单位某种生产要素（如 L）的投入量所能替代的另一种生产要素（如 K）的数量，称为要素 L 替代要素 K 的边际技术替代率，记为 $MRTS_{LK}$。

$$MRTS_{LK}=-\frac{dK}{dL}=\frac{\frac{\partial f}{\partial L}}{\frac{\partial f}{\partial K}}=\frac{MP_L}{MP_K}$$

当增加要素 L 的投入，L 的边际产量呈递减趋势；同时随着要素 K 投入量的减少，K 的边际产量逐渐增加，要素 L 替代 K 的边际技术替代率（绝对值）呈逐渐递减趋势，故等产量曲线是一条凸向原点的曲线。

3. 等成本线

等成本线又称企业预算线，它是指在生产要素价格既定的条件下，生产者以一定量的费用支出所能购买到的两种生产要素所有可能数量组合的集合。

4. 投入量的最优组合

在要素价格既定的条件下，等产量曲线与等成本线的切点为成本一定时产量最大（或者产量一定时成本最小）的要素投入量最优组合。

即该切点为满足厂商均衡条件的点，既是等产量曲线上的点，又是等成本线上的点，所以有：

$$\mathrm{MRTS}_{LK}=-\frac{\mathrm{d}K}{\mathrm{d}L}=\frac{\mathrm{MP}_L}{\mathrm{MP}_K}=\frac{P_L}{P_K}$$

或

$$\frac{\mathrm{MP}_L}{P_L}=\frac{\mathrm{MP}_K}{P_K}$$

由此可知，厂商均衡条件为：花费单位货币购买的生产要素所得的边际产量均相等，此时厂商的成本支出一定时可获得最大产量，或者产量一定时成本支出最少。

命题点 23　生产可能性曲线与最大收益产量组合

1. 生产可能性曲线和边际转换率

生产可能性曲线是指在技术水平既定的条件下，投入的资源都能得到充分利用时所生产的各种商品最大可能的数量组合。

从边际转换率的含义看，它可以用生产可能性曲线上任一点切线的斜率来描述，经济学中通常将生产可能性曲线斜率的负数值定义为边际转换率，用公式表示为：

$$\mathrm{MRT}_{XY}=-\frac{\mathrm{d}Y}{\mathrm{d}X}$$

2. 等收益线与最大收益产量组合

在生产可能性曲线与等收益线相切的切点上，边际转换率与等收益线的斜率相等。因此，在该点上的两种商品的数量组合是生产可能性曲线上可以获得最大销售收入的产量组合。

命题点 24　经济学中的成本概念

经济学中的成本概念不同于会计成本，是指厂商生产经营活动中所使用的各种生产要素的支出总和，称为“经济成本”。

在经济分析中，正常利润被作为成本项目计入产品的经济成本之内，又被称为“隐成本”。与此相应，会计成本也被称作“显成本”。经济成本等于显成本与隐成本之和。

当商品的销售收入正好能补偿经济成本时，厂商获得了正常利润。若销售收入超过经济成本，则厂商可获得超过正常利润的经济利润，即超额利润。

以上各种涵义的成本及利润的相互关系可用以下关系式表示：

经济成本＝会计成本（显成本）＋隐成本

经济利润＝销售收入－会计成本－隐成本

命题点 25　成本分析

1. 总成本、平均成本和边际成本

总成本（TC）是指厂商在一定时期内生产一定量产品所需的成本总和，它随产量的增加而增加。在短期，即在生产规模既定的条件下，厂商不能根据它所要达到的产量调整其全部生产要素，因此短期总成本（STC）可分为固定成本（FC）与可变成本（VC），计算公式为：

$$\mathrm{STC}=\mathrm{FC}+\mathrm{VC}$$

长期成本中不存在固定成本与可变成本的区别。

平均成本（AC）是指生产单位产品平均所需的成本。平均成本有短期平均成本（SAC）和长期平均成本（LAC）。

边际成本（MC）是指厂商每增加一单位产量所增加的总成本。边际成本也有短期边际成本（SMC）和长期边际成本（LMC）。

2. 短期成本的变动规律及其相互关系

（1）固定成本、可变成本与总成本

固定成本在以产量为横坐标、成本为纵坐标的坐标平面中为一条与横坐标平行的直线。

可变成本的变动规律是:随着可变要素投入量的增加,产量逐渐增加,但由于最初固定生产要素与可变生产要素未得到充分利用,因此可变成本的增加率大于产量的增加率;以后随着固定生产要素与可变生产要素逐渐得到充分利用,从而使可变成本的增加率小于产量的增加率;当可变要素和产量增加到一定数量后,由于边际收益递减规律的作用,因而使可变成本的增加率又大于产量的增加率。

总成本变动规律与可变成本相同,将可变成本曲线向上平移一段等于固定成本的垂直距离即为总成本曲线。

(2)平均固定成本、平均可变成本与平均成本

由于固定成本与产量变化无关,因此平均固定成本(AFC)随产量增加而持续递减。它的变动规律是开始减少的幅度很大,以后减少的幅度越来越小。

平均可变成本(AVC)变动的规律是:随着可变要素投入和产量的增加,生产要素的效率逐渐得到充分发挥,因而平均可变成本减少;但当产量增加到一定程度后,平均可变成本由于边际收益递减规律的作用而增加,因此平均可变成本曲线呈"U"形。

平均成本(SAC)变动的规律是由平均固定成本和平均可变成本共同决定的。当产量增加时,平均固定成本迅速下降,且平均可变成本也在下降,因此平均成本迅速下降;随着产量进一步增加,平均固定成本越来越小,它对平均成本变动的影响已不重要,所以此后平均成本与平均可变成本的变动规律接近,即平均成本随产量增加而下降的幅度趋缓;当产量增加到一定程度之后,平均成本随产量的增加而增加;因此平均成本曲线也呈"U"形。

(3)边际成本、平均成本与平均可变成本

边际成本(SMC)的变动规律是:边际成本最初随产量的增加而减少,当产量增加到一定程度时则随产量的增加而增加,因此,边际成本曲线也是一条先下降而后上升的"U"形曲线(见图 6—1)。

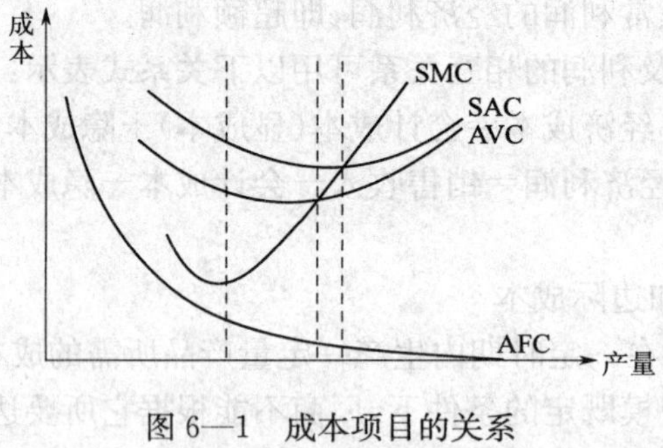

图 6—1　成本项目的关系

当边际成本曲线 SMC 位于平均成本曲线 SAC 下方时,SAC 曲线处于递减阶段;当 SMC 曲线位于 SAC 曲线上方时,SAC 曲线处于递增阶段;当 SMC 曲线与 SAC 曲线相交时,交点为 SAC 曲线的最低点,此时所对应的产量为平均成本最低时的产量。

在总成本曲线 STC 上与该点所对应点的切线,正好通过原点。进一步的分析可得知,该点又称收支相抵点,此时价格与平均成本和边际成本相等,即 $P=SMC=SAC$,厂商的成本等于收益。

需要指出的是,边际成本从递减转入递增恰好与边际产量从递增转入递减相对应,边际成本曲线的最低点正好对应于边际产量由递增转为递减的转折点,也对应于总成本曲线或可变

成本曲线由向下凹转为向上凸的转折点。

3. 长期成本分析

(1)长期总成本

长期总成本(LTC)是长期中生产一定量产品所需要的成本总和。长期总成本随产量的增加而增加。

(2)长期平均成本

长期平均成本曲线一般也呈"U"形,但该曲线无论在下降还是在上升时都比较平坦,这说明长期平均成本无论是减少还是增加的变动都比较缓慢。

此外,不同行业往往具有性质不同的长期平均成本:

1)成本不变的行业。在此行业中,各厂商的长期平均成本不受整个行业产量变化的影响,即无论产量如何变化,长期平均成本是基本不变的。

2)成本递增的行业。在此行业中,各厂商的长期平均成本随整个行业产量的增加而增加。这种行业在经济中属普遍的情况。

3)成本递减的行业。在此行业中,各厂商的长期平均成本随整个行业产量的增加而减少。

(3)长期边际成本

长期边际成本(LMC)是在长期中每增加一单位产品所增加的成本。长期边际成本也是随着产量的增加先减少而后增加的,因此,长期边际成本曲线也呈"U"形,只是它比短期边际成本曲线平坦一些。

4. 利润最大化原则

(1)总收益、平均收益与边际收益

总收益(TR)是指厂商销售一定量产品所得到的全部收入,总收益等于产品价格与销售量的乘积。

平均收益(AR)是厂商销售一定量产品时平均每一单位产品所得到的收入。

边际收益(MR)是指每增加一个单位的产品销售量所增加的总收益。

在完全竞争的市场中,有平均收益=边际收益=产品的价格。但在其他市场结构中,价格与产量的变动有关,因此收益变动的规律有所不同。

(2)利润最大化原则

经济学中的利润是指经济利润(π),它是总收益与总成本(经济成本)的差额。

用公式表示为:

$$\pi = TR - TC$$

由于总收益和总成本都是产量 Q 的函数,故利润也是 Q 的函数,所以 π 对 Q 的一阶导数为零,是厂商实现利润最大化的必要条件。此时有:

$$MR = MC$$

即边际收益等于边际成本是厂商经营决策的利润最大化原则(或亏损最小条件)。

命题点 26　完全竞争市场上价格与产量的决定

1. 同时具备以下四个条件的市场结构称为完全竞争市场:

(1)市场上有足够多的生产者和消费者;

(2)市场上的产品是同质的;

(3)资源完全自由流动;

(4)信息是完全的。

2. 完全竞争市场上的需求曲线、平均收益和边际收益

对单个厂商而言，由于产品的市场价格既定不变，因此平均收益、边际收益和产品市场价格均相等，所以平均收益曲线、边际收益曲线和需求曲线相互重合，表现为同一条曲线。

3. 完全竞争市场上的短期均衡

对单个厂商而言，按利润最大化原则决定产品的产量，厂商均衡条件是边际收益等于边际成本。

4. 完全竞争市场上的长期均衡

长期均衡有：MR＝MC＝AR＝AC。

当实现长期均衡时，长期均衡点就是收支相抵点，此时收益等于成本，各厂商只能获得正常利润。其次，在该均衡点上有平均成本等于边际成本，这表明在完全竞争的市场条件下，厂商按长期均衡点所决定的均衡产量进行生产，可以实现成本最小化。

命题点 27　完全垄断市场上价格与产量的决定

1. 完全垄断市场的涵义

完全垄断简称垄断，是指整个行业的市场完全处于独家厂商的控制之下，是一种没有任何竞争、由一家厂商控制某种产品的市场结构。

形成完全垄断的主要原因有：(1)政府对某些行业实行直接控制；(2)政府赋予厂商在某一行业具有特许经营权；(3)具有高效生产规模的一家厂商即能提供足以满足全部市场需求的产量，其他厂商进入只会出现亏损；(4)厂商独家控制了某些特殊的自然资源或矿藏，从而对需要这些资源进行生产的产品形成垄断；(5)厂商的技术创新和产品创新受到法律所赋予的专利权保护等。

2. 完全垄断市场上的需求曲线、平均收益和边际收益

在完全垄断市场上，单位产品的售价等于厂商的平均收益，因此平均收益曲线与需求曲线重合。当产品销售量增加时，价格会下降，从而引起边际收益下降，所以边际收益小于平均收益，边际收益曲线是一条在平均收益曲线之下向右下方倾斜的曲线。

3. 完全垄断市场上的短期均衡

完全垄断市场上短期均衡的条件是：MR＝MC。

4. 完全垄断市场上的长期均衡

厂商长期均衡的条件是边际收益与长期边际成本和短期边际成本都相等，即 MR＝LMC＝SMC。

命题点 28　垄断竞争市场上的厂商均衡

1. 垄断竞争市场上的短期均衡

垄断竞争市场上厂商实现短期均衡的条件是：MR＝MC。

2. 垄断竞争市场上的长期均衡

厂商长期均衡的条件是 MR＝SMC＝LMC，AR＝SAC＝LAC。

命题点 29　寡头垄断市场上的厂商均衡

1. 寡头垄断的涵义

寡头垄断是同时包含垄断因素和竞争因素而更接近于完全垄断的一种市场结构。

2. 寡头垄断市场上产量的决定

在寡头垄断市场上，当不存在相互勾结时，各寡头根据其他寡头的产量决策，按利润最大

化原则调整自己的产量。

当寡头之间存在勾结时，产量由各寡头协商确定。

3. 寡头垄断市场上价格的决定

寡头垄断市场上的价格，通常表现为由各寡头相互协调的行为方式所决定。

命题点 30　生产要素的需求与供给

1. 生产要素的需求

生产要素的需求也是一种相互依存的需求，具有互补性和替代性。

生产要素的需求决定于生产技术状况。生产要素的需求还与产品市场结构，要素市场结构及其组合有关。

2. 生产要素的供给

生产要素的供给与生产要素本身的特点有关。

一般把生产要素划分为三类：第一类为自然资源；第二类为劳动；第三类为资本品；

除此之外，现代经济学将技术和管理者才能分离出来，成为生产要素的新成员。

3. 边际生产力、边际产值与边际收益产量

生产要素的边际产量又称该生产要素的边际生产力(MP)，它是指在其他条件不变的情况下，增加一单位该生产要素所增加的产量(或这种产量所带来的收益)。边际生产力也是递减的。

边际产量是以实物产品数量所计量的生产要素边际生产力，若以货币方式计量，则根据计算方法不同，有边际产值(VMP)和边际收益产量(MRP)两种。

边际收益产量等于某产品生产中生产要素的边际产量与边际收益的乘积。它表示每增加一单位生产要素可以获得的收益增量。满足：MRP＝MP·MR。

如果产品市场是完全竞争的，则 MR＝P，MRP 就转化为 VMP，即边际产值。边际产值等于某产品生产中生产要素的边际产量乘以该产品的价格。它表示每增加一单位生产要素所增加的产品价值。满足：VMP＝MP·P。

4. 平均要素成本、边际要素成本

平均要素成本(AFC)是指平均每一单位生产要素投入量的成本支出。

边际要素成本(MFC)是指每增加一单位生产要素投入所增加的成本支出。

命题点 31　工资理论

1. 工资的性质与种类

工资是劳动力所提供的劳务的报酬，是劳动这种生产要素的价格。

从计算方式分，可以分为计时工资和计件工资；从支付手段分，可以分为货币工资和实物工资；从购买力来分，可以分为名义工资和实际工资。

2. 完全竞争市场上工资的决定

劳动的供给和需求共同决定完全竞争市场上的工资水平。

命题点 32　利息理论

利息是使用资本的代价，即资本这种生产要素的价格。市场利息率由资本的供给与需求来调节。

1. 对资本的需求

资本的净生产力受报酬递减规律的支配，因此，与每一资本存量相应最后一个单位的资本的净生产力，随投资的增加而递减，即投资的边际效率递减。所以投资的边际效率曲线为一条

从左上方向右下方倾斜的曲线。

2. 资本的供给

若利息率越高，人们越愿意增加储蓄从而增加资本的供给；而利息率越低，人们则会增加现期消费而减少储蓄，从而减少资本的供给。即资本的供给与利息率同向变动，供给曲线为一条从左下方向右上方倾斜的曲线。

3. 市场利息率的决定

市场利息率由资本的供给与需求共同决定。即资本的需求曲线与供给曲线的交点是资本供求相等的均衡点，该点决定了均衡利息率和均衡资本量。

命题点 33　地租理论

地租是使用土地的代价，即土地这种生产要素的价格。

地租由土地的需求与供给所决定。土地的需求是由土地产品的需求所派生或引致的；它取决于土地的边际收益产量；当其他生产要素的投入量固定不变时，随着土地使用量的增加，边际收益产量呈递减趋势；因此土地的需求曲线也是一条向右下方倾斜的曲线。另一方面，由于土地是自然产物，具有本身的特点，因此在经济分析中假定土地这种生产要素的供给是固定不变的，即土地的供给弹性为零，土地的供给曲线为一条垂直于横轴的直线，表示土地的供给与地租的变动无关。

土地的需求曲线与供给曲线的交点，决定了土地的均衡价格，即地租。

命题点 34　利润理论

1. 正常利润

广义而言，正常利润包括企业主自有资本的利息、使用自有土地的地租、自己直接经营管理企业所应得的薪金等。这部分收益通常以利润形式在账面上反映，故统称为正常利润。

狭义而言，正常利润是指企业主经营管理自己的企业所应获得的薪金。通常将正常利润看作是对企业家才能的贡献所给予的报酬，可理解为厂商聘请企业家担任经理人员所应支付的薪金。

2. 超额利润

超额利润是指超过正常利润以外的那部分利润。

超额利润有：(1)创新利润；(2)风险利润；(3)垄断利润。

命题点 35　社会收入分配平均程度的衡量

1. 洛伦茨曲线

该曲线越是靠近四边均为100%的正方形的对角线，则表示收入分配越平均；而越是远离上述对角线，则表示收入分配越不平均。

2. 基尼系数

基尼系数越小，这表示洛伦茨曲线越靠近对角线，因此说明收入分配越平均；反之，基尼系数越大，则表示收入分配的两极分化越严重。

命题点 36　市场失灵

市场失灵是指在现实市场条件下，市场机制经常表现出许多自身不能克服的缺陷，其作用受到阻碍，无法使资源达到最有效配置的状况。

市场失灵主要表现在：(1)垄断阻碍了市场机制的作用，使资源得不到有效配置；(2)市场往往无法解决伴随经济活动而产生的外部负效应的影响；(3)市场无法有效地提供公共产品；(4)消费者和生产者的信息不完全。

命题点 37　微观经济政策

1. 针对垄断的经济政策

(1)反垄断;(2)税收调节;(3)价格管制。

2. 针对外部性的经济政策

(1)政府干预;(2)明晰产权;(3)外部效应内部化。

3. 公共产品政策

政府在作出提供公共物品决策时,常常运用成本—收益方法。

命题点 38　国民收入核算中的几个总量

1. 国内生产总值(GDP)

国内生产总值是指一个国家以当年价格(或不变价格)计算的一年内国内生产的全部最终产品和劳务的市场价值总和。

2. 国民生产总值(GNP)

国民生产总值是指一个国家以当年价格(或不变价格)计算的一年内所生产的全部最终产品和劳务的市场价值总和。

GNP 与 GDP 的关系:GNP＝GDP＋对外要素收入净额

3. 国内生产净值(NDP)

国内生产净值是指一个国家以当年价格(或不变价格)计算的一年内在国内新增加的产值,即国内生产总值扣除了资本设备的折旧以后的净产值。

$$NDP=GDP-折旧$$

尽管国内生产净值比国内生产总值更真实地反映了国民收入的实际情况,但由于折旧难以准确估计,所以我们一般仍采用 GDP(或 GNP)来核算国民收入。

4. 国民收入(NI)

此处的国民收入是狭义的国民收入,即统计意义上的国民收入,它是指一个国家以当年价格(或不变价格)计算的一年内用于生产的各种生产要素所获得的报酬总和,即工资、利息、租金和利润的总和。

广义的国民收入是指 GDP 或 GNP,国民收入核算也是指 GDP 或 GNP 的核算。

5. 个人收入(PI)

个人收入是指一个国家以当年价格(或不变价格)计算的一年内个人得到的全部收入。个人收入是表明家庭生活水平和支出情况的一个指标。

从国民收入(NI)中减去公司未分配利润、公司所得税和社会保险税,加上政府转移支付和公债利息支出,即可得出个人收入。

PI＝NI＋政府转移支付＋公债利息支出－公司未分配利润－公司所得税－社会保险费

6. 个人可支配收入(DPI)

个人可支配收入是指一个国家以当年价格(或不变价格)计算的一年内可以由个人支配的全部收入,即从个人收入中扣除了个人所得税后留给个人支配的收入,人们可用于消费支出或者用于储蓄。

$$DPI=PI-个人所得税$$

命题点 39　国民收入核算的几种基本方法

1. 用收入法核算 GDP

用收入法核算的 GDP 应包括以下一些项目:工资、利息、租金、利润、企业转移支付及间接税、资本折旧等。即：

GDP＝工资＋利息＋利润＋租金＋间接税＋企业转移支付＋折旧

2. 用支出法核算 GDP

用支出法核算 GDP，就是核算一个国家或一个地区一年内消费、投资、政府购买以及出口几方面支出的总和。即：

GDP＝消费支出＋投资支出＋政府购买＋净出口

以上核算方法得出的 GDP 值在理论上应该完全相等，但在实际核算中常有误差。

命题点 40　总需求与总供给

总需求是指国民经济中所有部门和个人对商品和劳务有支付能力的需求总量；总供给是指国民经济中所有部门和个人实际提供的各种生产要素总量。

当经济处于总体均衡状态时，社会总供给等于社会总需求。

1. 总需求(AD)

在封闭经济中，总需求由居民消费 C、投资 I、政府支出 G 构成：

$$AD=C+I+G$$

在开放经济中，总需求等于封闭经济的总需求加上净出口$(X-I)$：

$$AD=C+I+G+(X-I)$$

在封闭和开放经济中，总需求曲线总是向下倾斜的。

2. 总供给(AS)

总供给是价格水平的函数，它取决于资源利用情况。

3. 供给与需求的均衡

产品市场的均衡由总需求曲线和总供给曲线的交点得出。

由于供给曲线不一样，总需求和总供给的变化对价格、产量的影响也不一样。

命题点 41　消费函数

将消费与收入之间的关系用函数表示就是消费函数。消费函数可以表示为：

$$C=C(Y)$$

式中　C——消费；

Y——收入。

消费与收入之间的关系也可通过消费倾向的分析来说明。

边际消费倾向是消费曲线的斜率，它的数值通常是大于 0 而小于 1 的正数，这表明，消费是随收入增加而相应增加的，但消费增加的幅度低于收入增加的幅度。

平均消费倾向一般大于边际消费倾向。

从长期看，边际消费倾向并不是一个常数，它会随着收入的增加而递减。如果忽略边际消费倾向递减的特征，则收入与消费之间存在着线性关系，消费函数可表示为：

$$C=A+BY$$

式中，A 表示收入等于零时的基本消费量，称为自主消费或基本消费；BY 表示收入引致的消费，即随收入变化而变化的消费，称为引致消费，其中 B 恰好是边际消费倾向。

当人们取得的收入未全部用于消费而有剩余时，便出现储蓄，所以储蓄是收入中减去消费的部分，若用 S 表示储蓄，则收入 Y 等于消费 C 与储蓄 S 的和，由此可得到：

$$S=Y-C$$

储蓄与收入成同方向变化，即收入越多，储蓄越多；收入越少，储蓄越少。

命题点 42 投资函数

投资是指资本的形成，亦即社会实际资本的增加额。

投资者决定是否投资时主要考虑资本边际效率（MEC）与利息率两个因素。

资本边际效率是使一项资本品供给价格与资本预期收益相等的贴现率，即投资者增加一笔投资时的预期利润率。

在资本边际效率既定的条件下，经济中投资的数量取决于利息率，利息率越高，投资越少，即投资与利息率呈反方向变动。

命题点 43 乘数理论

投资乘数理论是描述投资变动与国民收入变动之间关系的一种理论。

当总投资增加时，投资增量会引起国民收入成倍增加，这个倍数就是投资乘数。

投资乘数实际上是表示投资增加会使国民收入增加到何种程度的系数。

乘数既可以起正向作用，也可以起反向作用。即投资支出减少，也会引起国民收入成倍减少。

命题点 44 宏观经济政策目标

（1）充分就业；（2）价格稳定；（3）经济增长；（4）国际收支平衡。

命题点 45 宏观经济政策

1. 财政政策

财政政策，是指国家为实现宏观经济目标而对政府支出、税收和借债水平进行的选择，或是对政府收入和支出水平作出的决策。主要内容包括政府支出和税收。

2. 货币政策

货币政策是指国家通过中央银行控制货币供应量来调节利率进而影响投资和整个经济以达到一定经济目标的措施。

货币政策一般也分为扩张性的和紧缩性的。

历年考题诠解

一、单项选择题

1. 下列关于收入效应、价格效应和替代效应关系的表述中，正确的等式是（ ）。**[2003年考题]**

A. 收入效应＝价格效应＋替代效应　　B. 价格效应＝替代效应＋收入效应

C. 替代效应＝收入效应＋价格效应　　D. 替代效应＝收入效应－价格效应

【答案】B 本题考核的是需求规律。需求规律在理论上可用替代效应和收入效应的综合作用——价格效应来解释。三者的关系为：价格效应＝替代效应＋收入效应。

2. 在总产量曲线上，边际产量达到最大值的点为（ ）。**[2003年考题]**

A. 该曲线由向上凸转为向下凹的拐点　　B. 该曲线由向上凸转为向下凸的拐点

C. 该曲线由向上凸转为向下凹的拐点　　D. 该曲线由向上凸转为向下凸的据点

【答案】C 本题考核的是边际收益递减规律。当劳动要素的投入增加到一定量时，边际产量将达到最大值。在该点的对应处，总产量曲线上的点为该曲线由向上凸转为向下凹的拐点。

3. 当房地产的需求和供给同时减少后，以下能反映市场均衡价格变化的选项是（ ）。

[2003 年考题]

A. 均衡价格上升　　B. 均衡价格下降

C. 均衡价格不变　　D. 取决于供给和需求变动的程序

【答案】D　本题考核的是市场均衡。当需求和供给同时减少时，表现为需求曲线向左下方移动，供给曲线向左上方移动，均衡数量减少，而均衡价格则可能上升，可能不升不降，也可能下降。

4. 假设某个消费者的全部收入都用于商品甲和商品乙两种商品类型的消费，若该消费者增加对商品甲的消费，则对商品乙消费的边际效用（　　）。[2004 年考题]

A. 减少　　B. 增加

C. 不变　　D. 可能增加也可能减少

【答案】B　本题考核的是边际替代率。边际替代率是指在保持消费者效用不变的前提下，增加某种商品一单位的消费量所要减少的另一种商品的数量。根据边际效用递减规律，当增加商品甲的消费时，商品甲的边际效用逐渐减少；而商品乙的消费量因商品甲的增加而减少，所以商品乙的边际效用增加。

5. 以下关于 GDP 与其他变量关系正确的表达式是（　　）。[2004 年考题]

A. GDP＝GNP＋对外要素收入净额

B. GDP＝NDP＋折旧

C. GDP＝工资＋利息＋利润＋租金＋直接税＋企业转移支付

D. GDP＝消费支出＋投资支出＋政府购买＋进口－出口

【答案】B　本题考核的是国民收入核算体系。GDP＝NDP＋折旧；GNP＝GDP＋对外要素收入净额。用收入法核算国民收入：GDP＝工资＋利息＋利润＋租金＋间接税＋企业转移支付＋折旧；用支出法核算国民收入：GDP＝消费支出＋投资支出＋政府购买＋净出口。

6. 某房地产开发公司分别开发甲、乙、丙、丁四个小区，核定销售价格分别为 1 500 元/m²、900 元/m²、2 000 元/m² 和 2 400 元/m²，此时四个小区的需求价格弹性系数分别为－1.23、－0.98、－1.36 和－1.43，则可以判定（　　）。[2005 年考题]

A. 在任何情况下，丁的需求价格弹性最大

B. 甲、丙、丁都有可能通过降价提高销售收入

C. 在任何情况下，乙的需求价格弹性最小

D. 此时乙的需求价格弹性最大

【答案】B　本题考核的是需求价格弹性。当需求价格弹性系数 E_d 的绝对值大于 1 时，此时该房地产富有弹性。若某种商品的需求富有弹性，则价格与销售者收入成反方向变动。当价格上升时，销售者收入减少；当价格下降时，销售者收入增加。

7. 某个国家 2000～2004 年的基尼系数分别为 0.33、0.34、0.36、0.40 和 0.42，由此可以判断（　　）。[2005 年考题]

A. 该国家的居民收入分配趋于平均化

B. 该国家的居民收入分配两极分化越来越严重

C. 该国家的居民收入水平呈现出上升的趋势

D. 该国家的居民收入水平呈现出下降的趋势

【答案】B　本题考核社会收入分配平均程度的衡量。基尼系数是根据洛伦茨曲线计算出来用以判断收入平均程度的指标。基尼系数越小，表示洛伦茨曲线越靠近对角线，因此说明收

入分配越平均；反之基尼系数越大，则表示收入分配的两极分化越严重。此题中的基尼系数呈增大的趋势，即表示居民收入分配的两极分化越严重。

8. 若某国家在一个时期的消费函数为 $C=1\,000+0.8y$，则该国此时的引致消费是（　　）（公式中 C 表示消费，y 表示收入）。**[2006 年考题]**

A. 0.8　　B. $0.8y$　　C. 1 000　　D. $1\,000+0.8y$

【答案】B　本题考核的是消费函数。如果忽略边际消费倾向递减的特征，则收入与消费之间存在着线性关系，消费函数表示为：$C=A+BY$。A 即该函数中的 1 000 表示收入等于零时的基本消费量，称为自主消费或基本消费；BY 即该函数中的 $0.8y$ 表示收入引致的消费，即随收入变化而变化的消费，称为引致消费，其中 B 即 0.8 恰好的边际消费倾向。

9. 王某将其全部收入用于住房和其他生活用品消费，当增加对住房的消费后，其他生活用品消费对王某的边际效用（　　）。**[2007 年考题]**

A. 会减少　　B. 会增加

C. 保持不变　　D. 可能增加也可能减少

【答案】B　本题考核的是边际效用分析。在保持消费效用不变的前提下，根据边际效用递减规律，当增加住房的消费时，住房的边际效用逐渐减少；而生活用品消费因住房消费的增加而减少，所以生活用品消费的边际效用增加。

二、多项选择题

1. 下列关于价格弹性的表述中，正确的有（　　）。**[2003 年考题]**

A. 供给价格弹性一般为正值

B. 当供给价格弹性为无穷时，称供给完全无弹性

C. 需求价格弹性永远为负值

D. 当需求价格弹性为无穷时，称需求有完全弹性

E. 一般来说，时间越长，需求和供给都越有弹性

【答案】ADE　本题考核的是弹性理论。供给价格弹性系数的数值一般都为正值，反映了供给量与价格同方向变动的供给规律。当供给价格弹性为无穷时，称供给有完全弹性。需求价格弹性系数的数值可以是正值，也可以是负值，这取决于有关两个变量的变动方向。当需求价格弹性为无穷时，称需求有完全价格弹性。

2. 直接导致市场失灵的原因有（　　）。**[2006 年考题]**

A. 外部性　　B. 垄断　　C. 排他性物品的生产

D. 信息不完全　　E. 政府对市场的管理和协调

【答案】ABD　本题考核的是导致市场失灵的原因。包括：垄断、外部效应（外部性）、公共物品、信息不完全。

3. 下列有关各种弹性的表述中，正确的有（　　）。**[2006 年考题]**

A. 奢侈品的需求价格弹性相对较大

B. 占家庭支出比例较大的商品，其需求价格弹性相对较小

C. 商品对另外一种商品的需求交叉弹性大于 0 时，这两种商品为互补品

D. 商品对另外一种商品的需求交叉弹性等于 0 时，这两种商品为不相关商品

E. 商品的供给弹性大于 1 时，称供给富有弹性

【答案】ABDE　本题考核的弹性理论。商品对另一种商品的需求交叉弹性大于 0 时，这

两种商品互为替代品；当商品对另一种商品的需求交叉弹性小于 0 时，表示这两种商品为互补品；等于 0 时，这两种商品则为不相关商品。

4. 下列关于经济学中成本分析的表述中，正确的有（　　）。**[2007 年考题]**

A. 边际成本包括短期边际成本和长期边际成本

B. 长期总成本可以分为固定成本与可变成本

C. 平均成本曲线、平均可变成本曲线、边际成本曲线都呈“U”形

D. 短期边际成本曲线与短期平均成本曲线相交时收支相抵

E. 收益等于成本是厂商经营决策的利润最大化原则

【答案】ACD　本题考核的是成本分析。边际成本是指厂商每增加一单位产量所增加的总成本，边际成本也有短期边际成本和长期边际成本。长期成本中不存在固定成本和可变成本的区别。边际收益等于边际成本是厂商经营决策的利润最大化原则。

三、判 断 题

1. 边际成本从递减转入递增恰好与边际产量从递增转入递减相对应，边际成本曲线的最低点正好对应于边际产量由递增转为递减的转折点。（　　）**[2003 年考题]**

【答案】√　本题考核的是成本分析。边际成本从递减转入递增恰好与边际产量从递增转入递减相对应，边际成本曲线的最低点正好对应于边际产量由递增转为递减的转折点，也对应于总成本曲线或可变成本曲线向下凹转为向上凸的转折点。

2. 完全竞争市场通过各厂商平均成本最低实现社会成本最低。（　　）**[2003 年考题]**

【答案】×　本题考核的是完全竞争市场上价格与产量的决定。在均衡点上有平均成本等于边际成本，这表明在完全竞争的市场条件下，厂商按长期均衡点所决定的均衡产量进行生产，可以实现成本最小化。

3. 假设其他条件不变，但装饰材料价格上涨，也可能会引起人们购买住房的需求下降。（　　）**[2004 年考题]**

【答案】√

4. 国民生产总值(GDP)是指一个国家以当年价格（或以不变价格）计算的一年内国内生产的全部最终产品和劳务的市场价值总和。（　　）**[2005 年考题]**

【答案】√

5. 需求价格弹性系数的数值总是正值。（　　）**[2006 年考题]**

【答案】×　本题考核的是需求价格弹性系数。需求价格弹性系数的数值可以是正值，也可以是负值，这取决于有关两个变量的变动方向。

6. 垄断竞争市场上厂商实现短期均衡的条件与完全竞争市场不同。（　　）**[2007 年考题]**

【答案】×　本题考核的是短期均衡的条件。在完全竞争市场上厂商实现短期均衡条件是边际收益等于边际成本。垄断竞争市场上厂商实现短期均衡的条件仍然是 $MR=MC$，即边际收益等于边际成本。

四、综合分析题

甲房地产开发公司（以下简称甲公司）拟通过竞标取得一项目土地使用权进行住宅和商业房地产开发，为此与乙房地产经纪公司（以下简称乙公司）达成协议，由乙公司为甲公司提供市

场分析、项目融资、营销计划以及投标报价等内容的咨询报告，同时甲公司委托乙公司代理销售其开发的住宅和商业用房。双方协定，根据利益分享和风险共担的原则，甲公司在签订协议时向乙公司支付部分款项，余款和代理佣金根据乙公司提供的咨询服务和代理销售的进度支付。[**2007年考题**]

1. 乙公司通过市场分析、制定项目融资方案和营销计划，并按经济学中的零利润原则确定土地使用权投标报价，此地价为甲公司预期(　　)。

A. 能保本而接受的最高地价　　B. 能保本而接受的最低地价

C. 能取得正常利润而接受的最高地价　　D. 能取得正常利润而接受的最低地价

2. 目前国家针对房地产市场过热采取了若干宏观调控政策，其中属于财政政策的为(　　)。

A. 增加税收　　B. 提高存贷款利率

C. 调整土地供给结构　　D. 减少公共工程开支

3. 该地块招标文件中明确规定，项目总建筑面积中应当有70%以上用于建造90 m^2 以下的住房，则该指标为统计指标中的(　　)。

A. 结构相对指标　　B. 强度相对指标

C. 比较相对指标　　D. 比例相对指标

4. 甲公司预期获得的房屋销售款项实现时，将在现金流量表中列入(　　)。

A. 货币资金的期末余额　　B. 经营活动产生的现金流量

C. 投资活动产生的现金流量　　D. 筹资活动产生的现金流量

5. 乙公司在开始市场分析之前，需仔细分析该项目土地使用权招标文件，其中属于该项目控制性详细规划中用地控制指标的为(　　)。

A. 绿地率　　B. 容积率

C. 建筑密度　　D. 住宅和商业用地的面积

6. 下列关于双方达成协议的表述中，正确的是(　　)。

A. 双方达成的是一种单务合同

B. 双方民事法律关系的客体包括行为和咨询报告

C. 甲公司是乙公司的被代理人

D. 甲公司开始支付的款项是一种定金

【答案】1. D　本题考核的是经济学中的成本。经济成本除了会计成本，还包括未计入会计成本中的厂商自有生产要素的报酬。这种报酬通常以企业“正常利润”的形式出现，主要补偿企业主自有资本投入应获利息、企业主为企业提供劳动应得的薪金等。当商品的销售收入正好能补偿经济成本时，厂商获得了正常利润。

2. AD　本题考核的是财政政策。财政政策是指国家为实现宏观经济目标而对政府支出、税收和借债水平进行的选择，或是对政府收入和支出水平作出的决策。在膨胀时期，政府应减少政府支出，增加税收以抑制总需求。减少政府开支包括减少公共工程开支、减少政府购买、减少转移支付。

3. A　本题考核的是相对指标的形式。结构相对指标是指现象总体经过分组后由各组有关数值与总体相应总值对比的综合指标。强度相对指标是指取自两个不同性质的总体但又有一定联系的总量指标对比的综合指标。比较相对指标是指同一时期不同地区、单位之间同类指标对此的综合指标。比例相对指标是同一现象总体相互联系的各指标之间对比的综合指标。则该指标为结构相对指标。

4. B　本题考核的是现金流量表。现金流量表基本部分的现金分为经营活动产生的现金流量、投资活动产生的现金流量和筹资活动产生的现金流量。收到房屋销售款列入经营活动产生的现金流量。

5. D　本题考核的是控制性详细规划的控制体系指标。用地控制指标包括用地性质、用地面积、土地与建筑使用相容性。容积率、建筑密度、绿地率属于环境容量控制指标。

6. C　本题考核的是法律知识。甲、乙公司双方达成的是一种双务合同。民事法律关系的客体是指民事主体间民事权利义务所共同指向的对象，包括物、行为、努力成果等。预付款是由双方当事人商定的合同履行前所支付的一部分价款。甲公司开始支付的款项是一种预付款。

热点试题全解

一、单项选择题

1. 以经济个体为研究对象，通过研究经济个体的经济行为来说明价格机制如何解决资源配置问题的经济学被称之为(　　)。

A. 微观经济学　　B. 宏观经济学　　C. 个体经济学　　D. 局部经济学

2. 某地区人们的日常主食为大米和面粉，如大米价格上涨，则(　　)。

A. 小麦价格将上涨　　B. 小麦的需求增加　　C. 大米的需求增加　　D. 小麦的需求减少

3. 在其他条件不变的情况下，某商品的需求量随商品本身的价格下降而(　　)。

A. 不变　　B. 减少　　C. 增加　　D. 或增或减

4. 当某商品的价格发生变动时，消费者需求量发生变动的现象被称之为(　　)。

A. 价格效应　　B. 收入效应　　C. 替代效应　　D. 互补效应

5. 某商品价格下降，意味着消费者收入相对增加，会改用其他品质较高的商品，减少对其需求，此时表现为(　　)。

A. 收入正效应　　B. 收入负效应　　C. 价格正效应　　D. 替代负效应

6. 下列选项中不属于影响商品供给的主要因素的是(　　)。

A. 商品本身的价格　　B. 其他商品的价格

C. 政府的政策　　D. 运输的成本

7. 在需求价格弹性的分类范围中，当(　　)时称需求完全无弹性。

A. $|E_d|=\infty$　　B. $|E_d|>1$　　C. $|E_d|=0$　　D. $1>|E_d|>0$

8. 边际产量指可变生产要素每增加一个单位所增加的产量，可用公式表示为 AP＝TP/X，其中 TP 为(　　)。

A. 总产量　　B. 平均产量

C. 边际产量　　D. 可变要素的投入量

9. 下列关于需求弹性的表述中，不正确的是(　　)。

A. 需求的收入弹性是指商品的需求量对于厂商收入变动的反映程度

B. 需求价格弹性系数是需求量变动率与价格变动率的比值

C. 需求价格弹性系数的数值可以是正值，也可以是负值

D. 同一条需求曲线上不同点的需求价格弹性系数大小并不一定相同

10. 某商品的需求价格弹性系数为 1，此时称(　　)。

A. 需求有完全价格弹性　　B. 需求价格弹性为零
C. 需求富有价格弹性　　D. 需求为单一价格弹性

11. 某房地产的需求曲线为 $Q=80-5P$，市场价格 P 为 4 时，则市场需求量 $Q=60$，此时需求的点弹性系数为(　　)。

A. -0.33　　B. -0.15　　C. 0.33　　D. 0.15

12. 商品 W 对商品 G 的交叉弹性系数为 0，则表示(　　)。

A. 两种商品为互补品　　B. 两种商品互为替代品
C. 两种商品为不相关商品　　D. 两种商品相互制约

13. 边际效用是指某种物品每增加一个单位的消费量所引起(　　)的增加。

A. 总销量　　B. 价格　　C. 价值　　D. 总效用

14. 均衡价格的形成即价格的决定，是在(　　)的条件下由供求双方共同作用的结果。

A. 市场竞争　　B. 市场垄断　　C. 计划经济　　D. 市场经济

15. 若需求不变，由于生产要素价格下降，使得供给增加，从而引起(　　)。

A. 均衡数量增加、均衡价格上升　　B. 均衡数量增加、均衡价格下降
C. 均衡数量减少、均衡价格上升　　D. 均衡数量减少、均衡价格下降

16. 根据消费者行为理论，消费者在消费某种商品时所获得的心理满足程度称为(　　)。

A. 满足感　　B. 满意率　　C. 效用　　D. 满意度

17. 下列关于无差异曲线的表述中，正确的是(　　)。

A. 无差异曲线是一条从左上方向右下方倾斜的曲线，斜率为正值
B. 无差异曲线图上的同一曲线上的各点代表不同的总效用
C. 无差异曲线图上离原点越近的无差异曲线所代表的总效用越大
D. 无差异曲线图上的任意两条无差异曲线不能相交

18. 假设甲某的全部收入都用于 A、B 两种类型商品的消费，若甲某增加对 B 类商品的消费，则 A 类商品的边际效用(　　)。

A. 减少　　B. 增加
C. 保持不变　　D. 不确定

19. 可变生产要素每增加一个单位所增加的产量被称为(　　)。

A. 总产量　　B. 平均产量　　C. 单位产量　　D. 边际产量

20. 规模报酬是指在技术水平不变的条件下，当各种生产要素按相同比例增加，即生产规模扩大时(　　)的变化情况。

A. 经营成本　　B. 经营利润　　C. 销量　　D. 产量

21. 假设 A、B 分别为一定量的资源投入所生产的两种商品，在生产可能性曲线与等收益线相切的切点上，两种商品的数量组合是生产可能性曲线上可获得(　　)的产量组合。

A. 最小销售成本　　B. 最大销售收入　　C. 最小销售利润　　D. 最大边际收益

22. 当商品的销售收入正好能补偿(　　)时，厂商获得了正常利润。

A. 会计成本　　B. 经济成本　　C. 显成本　　D. 隐成本

23. 下列关系式表示正确的是(　　)。

A. 经济成本＝会计成本＋机会成本
B. 经济成本＝隐成本＋显成本
C. 经济利润＝销售收入－会计成本

D. 经济利润＝销售收入－经济成本－隐成本

24. 短期内，厂商不能根据所需产量调整其全部生产要素，因此，总成本分为(　　)。

A. 边际成本和平均成本　　B. 固定成本和可变成本

C. 固定成本和流动成本　　D. 生产成本和经营成本

25. 在技术水平不变的条件下，若其他要素固定不变，而不断增加某种可变要素的投入，开始会使产量递增；当要素增加到一定限度后，虽然总产量继续增加，但增加的产量逐渐递减；继续增加可变要素的投入，将使总产量减少。上述经济学规律是(　　)。

A. 边际收益递减规律　　B. 边际效用递减规律

C. 生产要素递减规律　　D. 规模报酬递减规律

26. 边际成本曲线的最低点对应于(　　)。

A. 边际产量由递增转为递减的转折点

B. 边际产量由递减转为递增的转折点

C. 总成本曲线的由向上凸转为向下凹的转折点

D. 可变成本曲线由向上凸转为向下凹的转折点

27. 厂商经营决策的利润最大化原则的内容是(　　)。

A. 边际收益等于边际成本　　B. 边际收益小于边际成本

C. 总收益等于总成本　　D. 边际收益大于边际成本

28. 不同行业往往具有性质不同的长期平均成本，其中(　　)在经济中属普遍的情况。

A. 成本不变的行业　　B. 成本递增的行业

C. 成本波动的行业　　D. 成本递减的行业

29. 以实物产品数量所计量的生产要素边际生产力是(　　)。

A. 边际产量　　B. 边际产值　　C. 边际收益　　D. 边际收益率

30. 在完全竞争的要素市场上，生产要素的市场价格是由(　　)所决定的。

A. 生产要素的投入量　　B. 市场的供求关系

C. 厂商的意愿　　D. 生产要素的边际成本

31. 土地的需求是由土地产品的需求所引致的，它取决于土地的(　　)。

A. 边际生产力　　B. 边际产量

C. 边际收益产量　　D. 净生产力

32. 市场失灵的主要表现不包括(　　)。

A. 垄断阻碍了市场机制的作用，使资源得不到有效配置

B. 市场往往无法解决伴随经济活动而产生的外部负效应的影响

C. 市场无法有效地提供特殊产品

D. 消费者和生产者的信息不完全

33. 经济增长通常用一定时期内实际(　　)的平均增长率来衡量。

A. 国内生产总值　　B. 国民生产总值

C. 国民收入　　D. 国民消费水平

34. 总供给是价格水平的函数，它取决于(　　)。

A. 生产要素的价格水平　　B. 居民消费水平

C. 社会总产出的情况　　D. 资源利用情况

35. 国民经济处于均衡的条件是(　　)。

A. 收入＝消费＋投资　　B. 收入＝消费＋储蓄

C. 消费＝储蓄　　D. 投资支出＝储蓄

36. 假设某人的收入与其消费存在着 $C=200+1.5Y$ 的线性关系，则关系式中的 $1.5Y$ 表示(　　)。

A. 自主消费　B. 引致消费　C. 基本消费　D. 边际消费倾向

二、多项选择题

1. 影响商品需求的因素有(　　)。

A. 消费者偏好　B. 消费者的收入水平　C. 该商品的价格

D. 厂商对未来的预期　E. 厂商对商品的评价

2. 一般来说，影响商品供给的主要因素有(　　)。

A. 商品本身的价格　B. 政府的政策

C. 消费者对未来的预期　D. 生产技术的变动和生产要素的价格

E. 其他商品的价格

3. 下列关于需求与供给的表述中，正确的有(　　)。

A. 需求的变化是指在商品本身价格不变的条件下，由于其他因素变化所引起的需求状况的变化

B. 由于消费者出于追逐“高雅”的心理选择消费，以至出现商品的价格越高，需求量反而越大的现象，这类商品称为“吉芬商品”

C. 收入效应＝价格效应＋替代效应

D. 在其他条件不变的情况下，商品的供给量与价格之间同向变动

E. 在供给曲线图上，供给曲线是一条自左下方向右上方倾斜的曲线

4. 影响供给弹性的因素包括(　　)。

A. 厂商供给能力　B. 产品生产周期　C. 产品生产成本

D. 商品耐用程度　E. 消费者的购买力

5. 需求弹性通常考察的是(　　)。

A. 需求的价格弹性　B. 需求的收入弹性　C. 需求的替代弹性

D. 需求量的弹性　E. 需求的交叉弹性

6. 下列关于需求价格弹性系数和供给价格弹性系数的表述中，正确的有(　　)。

A. 需求价格弹性是需求量变动绝对量与价格变动绝对量的比值

B. 需求价格弹性系数的数值一般都为正值

C. 供给价格弹性系数是供给量变动率与价格变动率的比值

D. 同一条供给曲线上的供给价格弹性系数都相同

E. 供给价格弹性系数的数值可以是正值，也可以是负值

7. 影响需求价格弹性的因素包括(　　)。

A. 时间的长短　B. 商品的耐用程度

C. 商品本身用途的多样性　D. 消费者对商品未来价格的预期

E. 商品的替代品数目和可替代程度

8. 甲商品对乙商品的交叉弹性系数为 1，则下列表述中正确的有(　　)。

A. 甲商品的需求与乙商品的价格反方向变动

B. 甲商品的需求与乙商品的价格同方向变动

C. 甲商品与乙商品互为替代品

D. 甲商品与乙商品为互补品

E. 甲商品与乙商品为不相关商品

9. 下列关于需求弹性和供给弹性的表述中，正确的有（　　）。

A. 供给价格弹性系数是供给量变动绝对量与价格变动绝对量的比值

B. 商品越是耐用，其需求弹性越大

C. 当商品供给价格弹性系数无穷大时，称供给价格弹性无穷大

D. 当商品供给价格弹性系数为 0.8 时，称供给富有弹性

E. 当商品的收入弹性系数为 0.8 时，表明商品为低档品

10. 效用的度量理论包括（　　）。

A. 边际效用论　　B. 基数效用论　　C. 序数效用论

D. 收益效用论　　E. 成本效用论

11. 研究消费者均衡的假设条件有（　　）。

A. 消费者的嗜好和偏好是既定的

B. 消费者的收入是既定的

C. 生产技术的变动和生产要素的价格是既定的

D. 消费者拟购买的商品价格是既定的

E. 消费者对商品未来价格的预期是既定的

12. 生产是指厂商把各种生产要素作为投入品进行组合并转化成产品的过程。一般将生产中各种资源投入概括为（　　）等，统称为生产要素。

A. 劳动　　B. 土地　　C. 风险

D. 管理者才能　　E. 资本

13. 工资按支付手段分，可为分（　　）。

A. 名义工资　　B. 实际工资　　C. 货币工资

D. 实物工资　　E. 计件工资

14. 超额利润的种类有（　　）。

A. 正常利润　　B. 剩余利润　　C. 创新利润

D. 垄断利润　　E. 风险利润

15. 创新是指企业家对生产要素进行新的组合，其内容主要包括（　　）。

A. 引进新产品　　B. 开辟新市场　　C. 采用新的生产方法

D. 引进新的劳动力　　E. 采用新的企业组织形式

16. 公共物品是在消费上具有（　　）的物品。

A. 竞争性　　B. 非竞争性　　C. 排他性

D. 非排他性　　E. 大众性

17. 评价社会成员之间收入分配平均程度的工具不包括（　　）。

A. 工资水平　　B. 洛伦茨曲线　　C. 年收入总额

D. 基尼系数　　E. 香蕉曲线

18. 导致市场失灵的原因包括（　　）。

A. 外部效应　　B. 私人物品　　C. 垄断

D. 市场价格　　E. 信息不完全

19. 为了消除垄断，提高资源配置效率，政府可以采取的干预手段有(　　)。

A. 完善制度　　B. 反垄断　　C. 价格管制

D. 产权明晰　　E. 税收调节

20. 下列关系式中表示正确的有(　　)。

A. GDP＝GNP＋对外要素收入净额

B. GDP＝NDP＋折旧

C. NDP＝GNP－折旧

D. GDP＝工资＋利息＋利润＋租金＋直接税＋企业转移支付

E. GDP＝消费支出＋投资支出＋政府购买＋净出口

21. 在开放经济中，总需求由(　　)构成。

A. 居民消费　　B. 劳务支出　　C. 投资

D. 净出口　　E. 政府支出

22. 宏观经济政策的目标包括(　　)。

A. 社会稳定　　B. 经济增长　　C. 国际收支平衡

D. 充分就业　　E. 总供需平衡

23. 在经济萧条时期，国家可采取的宏观经济政策有(　　)。

A. 增加公共工程开支　　B. 增加税收　　C. 增加转移支付

D. 采用扩张性货币政策　　E. 采用紧缩性货币的政策

三、判 断 题

1. 在其他情况不变的条件下，商品本身的价格与其需求量之间存在相当稳定的正相关关系。(　　)

2. 两种互补商品之间，一种商品的需求与另一种商品的价格呈反向变动。(　　)

3. 替代效应是指当某商品的价格发生变动时，消费者需求量发生变动的现象。(　　)

4. 任何商品的收入效应总是为负值。(　　)

5. 对于收入效应为负值的商品，因替代效应为负值，因此价格效应为负值。(　　)

6. 需求的变化表现为需求曲线的移动，当收入增加后，需求曲线向右上方移动。(　　)

7. 在供给曲线图上，供给曲线是一条自左下方向右上方倾斜的曲线。(　　)

8. 一般在其他条件不变的情况下，商品供给量随商品本身价格的上升而增加。(　　)

9. 需求的价格弹性是指商品的需求量对相关商品价格变动的反映程度。(　　)

10. 需求价格弹性系数是需求量变动率与价格变动率的比值。(　　)

11. 需求规律，在理论上可以用收入效应来解释。(　　)

12. 需求价格弹性系数的数值可以是正值也可以是负值。(　　)

13. 当需求价格弹性系数大于0时，称需求富有价格弹性。(　　)

14. 某商品的需求价格弹性为0.5，说明该商品的需求量对价格变化不敏感。(　　)

15. 一般而言，如果商品的替代品数目越多，则该商品的需求越富有弹性。(　　)

16. 若某种商品的需求富有弹性，则价格与消费者的支出成同向变动。(　　)

17. 若A商品对B商品的交叉弹性系数为－1，则表明A、B两种商品互为替代品。(　　)

18. 若某商品的收入弹性系数为 1.2，则表示该商品为低档品。 （ ）

19. 均衡价格，是在市场竞争的条件下由供求双方共同作用的结果。 （ ）

20. 假定需求曲线和供给曲线均为直线，则当需求增加且供给减少时，均衡价格上升。 （ ）

21. 基数效用论采用的分析方法是边际效用分析法。 （ ）

22. 随着消费者在一定时间内对某种商品消费量的增加，他从每增加一单位商品的消费中所获得的效用增量呈逐渐递减的趋势。 （ ）

23. 消费者均衡是指消费者在既定的收入状况下，将货币合理花费于各种消费品的组合，使消费者获得最大的效用总量，即消费者的决策已达到最高状态。 （ ）

24. 实现消费者均衡的条件可通过在家庭预算支出约束条件下求解效用函数的极小值得出。 （ ）

25. 将无差异曲线图与预算线图合在同一坐标平面图中综合考虑。可以证明，一条预算线可以与多条无差异曲线相交，但能且只能与一条无差异曲线相切。 （ ）

26. 无差异曲线表达的是消费者对两种消费品效用的客观评价，而等产量曲线表达的是要素投入组合与产出量之间的纯技术关系。 （ ）

27. 当劳动投入增加到使边际产量为零时，总产量达到最大值。 （ ）

28. 等成本线又称企业预算线。 （ ）

29. 序数效用论采用的分析方法是差异曲线分析法。 （ ）

30. 经济学中的会计成本＝经济成本＋隐成本。 （ ）

31. 长期总成本可分为固定成本和可变成本。 （ ）

32. 边际成本是指厂商每增加一单位产量所增加的平均成本。 （ ）

33. 平均成本变动的规律是由平均可变成本决定的。 （ ）

34. 在完全竞争的市场中，有平均收益＝边际收益＝产品的价格。 （ ）

35. 当经济利润为零时，厂商可获得正常利润。 （ ）

36. 在完全垄断市场上，单位产品的售价等于厂商的平均收益。 （ ）

37. 完全竞争市场上的厂商为了实现利润最大，需要确定的变量是他的产量或产品价格中的任何一个。 （ ）

38. 成本加成法是寡头垄断市场上一种最常用的定价方法。 （ ）

39. 生产要素的需求决定于生产技术状况。 （ ）

40. 边际收益产量等于某产品生产中生产要素的边际产量与边际收益的乘积。 （ ）

41. 在完全竞争市场上，厂商对劳动的需求主要取决于劳动的边际生产力。 （ ）

42. 完全竞争市场上的工资水平由劳动的供给和需求共同决定。 （ ）

43. 基尼系数越大，表明收入分配越不公平。 （ ）

44. 一次总付税是政府对垄断厂商征收的一次性固定税款，它随着该厂商生产产量的变化而变化。 （ ）

45. 只有在外部负效应时，政府采取措施使得私人成本和私人收益与相应的社会成本和社会收益相等，能实现资源的有效配置。 （ ）

46. 本国公司在国外子公司的利润收入应计入该子公司所在国的 GNP。 （ ）

47. 由于国内生产净值比国内生产总值更真实地反映了国民收入的实际情况，所以我国采用 NDP 来核算国民收入。 （ ）

48. 从国民收入(NI)中减去公司未分配利润,公司所得税和社会保险税,即可得出个人收入。（　）

49. 名义 GDP 是指按当年价格计算的国内生产总值。（　）

50. 如果投资大于储蓄,会使国民收入下降。（　）

51. 边际消费倾向的数值通常是大于 0 而小于 1 的正数。（　）

52. 边际消费倾向一般大于平均消费倾向。（　）

53. 在资本边际效率既定的条件下,经济中投资的数量取决于利息率,利息率越高投资越少。（　）

54. 投资乘数实际上是表示投资增加会使国民收入增加到何种程度的系数。（　）

55. 宏观经济中实现价格稳定就是指使每种商品的价格都固定不变。（　）

56. 税收政策和货币政策是最主要也是最常用的两种宏观经济政策。（　）

四、综合分析题

甲房地产估价有限责任公司(以下简称甲公司)于 2005 年 6 月由 8 名具有房地产估价师资格者共同出资设立,注册资本为 200 万元人民币。甲公司 2005 年经营收入 95 万元,但由于初创时期成本支出较大,该年度正常利润为 15 万元。2006 年、2007 年分别实现税后利润 35 万元和 50 万元。2008 年 6 月,甲公司股东会作出两项决定:一是采取分期付款方式购买公司办公用房;二是自 2008 年 7 月起,按营业收入的 3%购买保险。2008 年 7 月甲公司与丙保险公司签订协议,通过定期购买保险,由丙保险公司承担甲公司评估业务中因过失或疏忽造成他人经济损失应负的经济赔偿责任。2008 年 8 月,甲公司与乙房地产开发公司达成协议,购买其 220 m^2 写字楼用于办公,分三年三期全部付清房款。

1. 根据经济学原理,甲公司 2005 年的经济成本为(　　)万元。

A. 80　　B. 95　　C. 200　　D. 295

2. 甲公司采取分期付款方式向乙房地产开发公司购买写字楼的信用形式属于(　　)。

A. 银行信用　　B. 商业信用　　C. 国家信用　　D. 民间信用

3. 甲公司向丙保险公司所购买的保险属于(　　)。

A. 信用保险　　B. 财产保险　　C. 人身保险　　D. 责任保险

4. 甲公司按营业收入的 3%购买保险,该 3%属于(　　)。

A. 绝对指标　　B. 相对指标　　C. 速度指标　　D. 变异指标

5. 下列情况中,可以引起普通住房需求下降的是(　　)。

A. 普通住宅用地价格上涨　　B. 商业房地产价格下降

C. 经济适用住房价格下降　　D. 高档住宅的价格持续上涨

热点试题答案

一、单项选择题

1. A	2. B	3. C	4. A	5. A
6. D	7. C	8. A	9. A	10. D
11. A	12. C	13. D	14. A	15. B
16. C	17. D	18. B	19. D	20. D

21. B	22. B	23. B	24. B	25. A
26. A	27. A	28. B	29. A	30. B
31. C	32. C	33. A	34. D	35. D
36. B				

二、多项选择题

1. ABC	2. ABDE	3. ADE	4. ABC	5. ABE
6. CD	7. ABCE	8. BC	9. AC	10. BC
11. ABD	12. ABDE	13. CD	14. CDE	15. ABCE
16. BD	17. ACE	18. ACE	19. BCE	20. BE
21. ACDE	22. BCD	23. ACD		

三、判 断 题

1. ×	2. √	3. ×	4. ×	5. √
6. √	7. √	8. √	9. ×	10. √
11. ×	12. √	13. ×	14. √	15. √
16. ×	17. ×	18. ×	19. √	20. √
21. √	22. √	23. ×	24. ×	25. ×
26. ×	27. √	28. √	29. ×	30. ×
31. ×	32. ×	33. ×	34. ×	35. ×
36. √	37. ×	38. √	39. √	40. √
41. √	42. √	43. √	44. ×	45. ×
46. ×	47. ×	48. ×	49. √	50. ×
51. √	52. ×	53. √	54. ×	55. ×
56. ×				

四、综合分析题

1. B	2. B	3. D	4. B	5. BC

第七章 金融知识

命题规律解读

本章的命题规律主要体现在：

1. 金融的概念应好好的理解掌握。
2. 货币的职能可以作为命题点。
3. 信用形式是重要的命题点，是必考的内容，好好掌握。
4. 金融活动是命题者较喜欢出题的内容，应掌握直接融资和间接融资各自的优缺点。
5. 金融工具的特征及种类特别适合出选择题，可能以此为素材来命题。
6. 几种主要的金融工具是个重要命题点，应注意掌握。
7. 我国的金融体系也可作为命题点。
8. 掌握中央银行及商业银行的职能，注意在此出现选择题。
9. 政策性银行的特征可能作为判断题来考核。
10. 熟悉主要的非银行金融机构，重点掌握我国的非银行金融机构。
11. 掌握通货膨胀的调控手段及抑制通货紧缩的对策。
12. 货币政策及货币政策工具是很重要的命题点，属必考内容。
13. 商业银行的金融业务是重要的命题点，要多熟悉熟悉。
14. 应注意掌握金融市场从融资期限和交易对象相结合的角度分类。
15. 长期资金市场、短期资金市场、外汇市场都可作为命题点，分值一般不高，大概了解即可。
16. 房地产金融也是本章的一个重点内容，是一定会考核的，注意掌握。

命题点解读

命题点 1　金融的概念

现代意义的金融是指货币资金的融通，其中融通的主要对象是货币和货币资金，融通的方式是有借有还的信用方式，而组织融通的机构则为银行及其他金融机构；

因此，金融的概念延伸到金融资产和金融市场，涉及货币、信用和银行等诸范畴以及它们之间的内在联系。

命题点 2　货　币

货币具有价值尺度、流通手段、支付手段、贮藏手段和世界货币职能五个职能，其中，价值尺度、流通手段和支付手段是货币的基本职能。

我国的法定货币是人民币，属于信用货币类型。

人民币存在两种具体形态：一是人民币票券，习惯上称为现金；二是银行存款。

命题点 3　信用的概念

信用是指经济活动中的一种借贷行为，是以偿还和付息为条件的价值单方面让渡。

命题点 4　信用形式

1. 商业信用

商业信用是指企业之间相互提供的、与商品交易直接联系的信用形式。如企业间商品赊销和预付货款等;商业信用的积极意义是有利于促进商品销售,但存在范围有限的局限性。

2. 银行信用

银行信用是指银行以货币形式向企业或个人提供的信用,包括三个方面:一是银行以吸收存款、办理结算等形式,筹集社会各方面的闲散资金;二是通过贷款等形式运用所筹集到的资金;三是银行为商品交易双方提供信用保障,如提供保函、信用证服务等,也是以银行持有的货币资金做保障。

银行信用是目前主要的信用形式,可以弥补商业信用的不足,是国家调节经济的重要手段;此外,商业信用和国家信用等形式的发展往往依赖银行信用的支持。

3. 国家信用

国家信用是指政府的借贷行为,主要形式是由政府发行债券以筹措资金。

作为国家信用的工具是公债和国库券,以及政府对外担保等。

政府发行债券有两种情况:一是发行短期国库券,期限在一年之内,目的是解决财政先支后收的矛盾;二是发行长期公债,以筹措资金弥补当年财政收支赤字或进行长期投资。

4. 消费信用

消费信用是指企业或金融机构对消费者个人提供的信用,一般直接用于生活消费。

消费信用有两种类型:一是类似商业信用,由企业以赊销或分期付款方式将消费品提供给消费者;二是属于银行信用,由银行等金融机构以抵押贷款方式向消费者提供资金。

消费信用的作用主要是促进商品流通,引导居民消费。

5. 民间信用

民间信用是指个人之间相互以货币或实物提供的信用。

命题点 5　金融活动

金融活动是指货币资金的融通活动,即融资活动。

1. 直接融资

直接融资是指资金供给者与资金需求者运用一定的金融工具直接形成债权债务关系的行为。资金供给者是直接贷款人,资金需求者是直接借款人。

2. 间接融资

间接融资是指资金供给者与资金需求者通过金融中介机构间接实现融资的行为;其中资金供给者与资金需求者不是分别作为直接贷款人和直接借款人出现的,双方不构成直接的债权债务关系,而是分别与金融中介机构发生信用关系,成为金融中介机构的债权人或债务人。

典型的间接融资是银行的存贷款业务,资金供给者将资金存入银行,然后再由银行向资金需求者发放贷款,存款人是银行的债权人,借款人是银行的债务人,而银行对于资金供求双方来说,则是金融中介。

命题点 6　金融工具

金融工具是指金融活动中以书面形式发行和流通的各种具有法律效力的凭证,包括债权债务凭证(票据、债券等),以及所有权凭证(股票),它们是金融市场上交易的对象。

1. 金融工具的一般特征

(1)偿还性;(2)可转让性(流动性);(3)安全性;(4)收益性。

一般而言，金融工具的流动性与收益性呈负相关；

此外，金融工具的收益性与安全性往往也呈负相关，而流动性与安全性呈正相关。

2. 金融工具的种类

按不同的信用形式划分，金融工具可分为商业信用工具、银行信用工具、消费信用工具、国家信用工具和国际信用工具等。

按发行者的性质划分，金融工具可分为直接金融工具和间接金融工具。直接金融工具是指由非金融机构，如企业、政府或个人发行和签署的商业票据、公债和国库券、企业债券和股票以及抵押契约等；间接金融工具是指由金融机构发行的银行券、存款单、银行票据和保险单等。

按期限划分，金融工具可分为短期信用工具、长期信用工具和不定期信用工具。短期信用工具主要指票据，包括本票、汇票、支票及大额可转让存单、短期债券等；长期信用工具也称为有价证券，主要是股票和债券两类。不定期信用工具主要指银行券和纸币。

3. 几种主要的金融工具

(1)本票；(2)汇票；(3)支票；(4)信用卡；(5)银行券；(6)大额可转让存单；(7)债券和股票。

命题点7　金融体系概述

1. 金融体系的概念

金融体系是指一国所有从事金融活动的组织所形成的整体。

在现代经济条件下，各国金融体系一般分为银行和非银行金融机构两大类。

其中，银行机构包括中央银行、商业银行和政策性银行；非银行金融机构包括信用合作社、储蓄贷款协会、保险公司、信托公司、证券公司、投资公司和财务公司等。

中央银行，是指代表国家对金融活动进行监督管理、制定和执行货币政策的金融机构。中央银行在一国金融机构体系中居领导核心地位；商业银行在一国金融机构体系中居主体地位；政策性银行，是政府出于特定目的设立，或由政府施以较大干预，以完成政府的特定任务，满足整个国家社会经济发展需要而设立的银行机构；

非银行金融机构，是指银行机构以外的具体经办某一类金融业务的金融机构。

2. 我国的金融体系

我国现行的中央银行制度下的金融机构体系是以中国人民银行为核心，国有独资商业银行为主体，包括其他商业银行和政策性银行以及非银行金融机构并存和协作的金融机构体系。我国金融机构按其地位和功能可分为两大类：

(1)金融监管机构。主要有中国人民银行、银行业监督管理机构、证券监督管理机构和保险监督管理机构，按我国分业监管体制履行各自的职责。

(2)经营性金融机构，包括：商业银行、政策性银行、非银行金融机构。

命题点8　中央银行

1. 中央银行的性质

中央银行代表政府管理国家的金融事业，是国家机构的组成部分，具有国家管理机关的性质。其活动的主要特征是：第一，不以盈利为目的；第二，不经营普通商业银行的业务，第三，为实现国家政策服务。

2. 中央银行的职能

中央银行，一般具有三大基本职能，即发行的银行、银行的银行和国家的银行。

命题点 9　商业银行

1. 商业银行的性质

商业银行在一国的金融体系中居主体地位，是各国现代银行中最基本、最典型的银行组织形式。

2. 商业银行的职能

(1)充当信用中介；(2)变货币收入为货币资本；(3)充当支付中介；(4)创造派生存款和信用流通工具。

3. 商业银行的类型和组织

(1)商业银行的类型

从商业银行的业务经营范围划分，西方商业银行有两大类型：职能分工型和全能型。

(2)商业银行的外部组织形式

商业银行的外部组织形式是指商业银行在社会经济生活中的存在形式。归纳起来有：1)单元银行制；2)总分行制；3)集团银行制；4)连锁银行制。

此外，银行相互间缔签代理协议，委托对方银行代办指定业务，是国际上十分普遍的做法，称代理行制。

(3)商业银行的内部组织结构

商业银行的内部组织机构通常由决策机构、执行机构和监督机构组成。决策机构包括股东大会、董事会；执行机构包括总经理(行长)，以及总经理(行长)领导下的各业务部门和职能部门；监督机构主要有监事会和各种检查委员会。

命题点 10　政策性银行

1. 政策性银行的特征

(1)经营目标是为了实现政府的政策目标；(2)资金来源主要是政府直接出资；(3)资金运用以发放中长期贷款为主，贷款利率一般低于同期限的一般金融机构贷款利率；(4)贷款重点是政府产业政策、社会经济发展计划中重点扶植的项目。

2. 政策性银行的种类

按业务范围区分，各国政策性银行主要有如下类型：

(1)开发性金融机构；(2)农业政策性金融机构；(3)进出口政策性金融机构。

世界各国的政策性银行，除上述三种类型外，还有住房政策性金融机构和中小企业政策性金融机构。

命题点 11　非银行金融机构

1. 非银行金融机构与商业银行的区别

(1)资金来源不同；(2)资金运用不同；(3)不具有信用创造功能。

2. 主要的非银行金融机构

(1)信用合作社；(2)储蓄贷款协会；(3)保险公司；(4)养老基金组织；(5)信托公司；(6)证券公司；(7)投资公司；(8)财务公司。

3. 我国的非银行金融机构

我国的非银行金融机构主要有保险公司、信托投资公司、信用合作社三大类别。

此外，还有专营证券业务的证券公司、专营融资租赁业务的租赁公司、为企业集团内部各成员单位提供金融服务的财务公司，以及投资基金、邮政储蓄机构等。

命题点 12　货币供给层次

根据货币的流动性及在流通中所起的作用，将货币供应量分为三个层次，具体分类如下：

第一层次：M_0＝现金流通量

第二层次：M_1＝M_0＋单位和个人的活期存款

第三层次：M_2＝M_1＋单位和个人的定期存款＋其他存款

在上述层次中，现金 M_0 为狭义货币；现实货币 M_1 是最活跃的货币，是作为流通手段的准备而存在；对于广义货币 M_2 来说，目的在于"储币待购"，为第二活跃的货币。

命题点 13　通货膨胀的类型及调控方式

通货膨胀是指由于货币供应量过多而引起货币贬值、物价持续上涨的经济现象。

按照形成原因，可将通货膨胀分为需求拉上型、成本推动型和结构失调型三种主要类型。

对通货膨胀的调控一般是从控制需求和增加供给两方面进行。此外，通货膨胀的调控还必须与调整产业和产品结构结合起来。

命题点 14　通货紧缩的含义

通货紧缩是指由于货币供应量的减少或其增幅滞后于生产增长的幅度，致使市场上对商品和劳务的总需求小于总供给，从而出现物价总水平的持续下降。

单纯的物价下降并不一定意味着出现了通货紧缩，判断经济是否陷入了通货紧缩，要看价格总水平是否持续下降，且持续期至少在半年以上。

抑制通货紧缩的对策有：

(1)实施积极的货币政策；(2)采取积极的财政政策，重点是进一步优化支出结构；(3)扩大就业，刺激消费增长。

命题点 15　货币政策

货币政策是一个国家为实现特定经济目标而采取的调节和控制货币供应量的金融措施。

中央银行是制定和实施货币政策的金融管理部门，货币政策是中央银行工作的核心。

货币政策目标是制定和实施货币政策要达到的目的，是指导政策工具具体操作的指南。

(1)终极目标

指中央银行实行一定货币政策在未来时期要达到的最终目的。

货币政策的实质是正确处理经济发展与稳定货币的关系，各国中央银行货币政策的终极目标主要是稳定物价，促进经济增长，实现充分就业和国际收支平衡。

(2)中间目标

指中央银行为了实现其货币政策的终极目标而设置的可供观测和调控的指标；中央银行以中间目标作为操作指示器，监测货币政策的实施程度，从而促进终极目标的实现。

命题点 16　货币政策工具

货币政策工具是指中央银行为了实现货币政策目标而采取的具体措施和手段。

1. 一般性货币政策工具

一般性货币政策工具是指中央银行借助于对货币供应量和信贷规模实施总量调控，对国民经济施加普遍性影响所采用的工具，主要包括：(1)法定存款准备金率；(2)再贴现利率；(3)公开市场业务。

2. 选择性货币政策工具

选择性货币政策工具是中央银行从调控信贷结构入手，通过对某些部门、某些业务活动进行调控以达到调整经济结构目的而采用的工具，包括：(1)优惠利率；(2)证券保证金比率；

(3)消费信用控制;(4)贷款额度控制。

3. 补充性货币政策工具

补充性货币政策工具是指中央银行在采用一般性和选择性货币工具对国民经济进行调控时所采用的一些辅助性调控措施,主要有道义劝告和金融检查。

命题点 17 商业银行负债业务

商业银行的资金来源包括自有资金和外来资金两部分,其中外来资金包括各项存款及借入资金是商业银行的主要负债业务。

1. 银行结算账户的开立和使用

银行结算账户是指银行为存款人开立的办理资金收付结算的人民币活期存款账户。

按存款人开立账户属地不同,银行结算账户可分为属地存款账户和异地存款账户。

按存款人不同,银行结算账户可分为单位银行结算账户和个人银行结算账户。

单位银行结算账户按用途分为基本存款账户、一般存款账户、专用存款账户、临时存款账户。个体工商户凭营业执照以字号或经营者姓名开立的银行结算账户,纳入单位银行结算账户管理。

个人结算账户是指个人因投资、消费需要凭个人身份证件以自然人名称开立的银行结算账户。个人因使用借记卡、信用卡在银行或邮政储蓄机构开立的银行结算账户,纳入个人银行结算账户管理。

2. 存款业务

(1)对公存款业务。主要包括单位活期存款、单位定期存款、单位通知存款、单位协定存款、单位外汇存款等,商业银行还可以对中资保险公司法人办理保险公司协议存款。

(2)储蓄存款业务。主要包括为储户提供的活期储蓄存款、定期储蓄存款、定活两便储蓄存款、教育储蓄存款、通知储蓄存款等储蓄存款业务。

3. 利息和利率

利息是货币资金的使用“价格”。

利率是在一定时期内利息与本金的比率,是决定利息水平高低的衡量标准。

计算利息的方法分为单利和复利两种。

利率从不同角度分类,可分为固定利率与浮动利率,市场利率与公定利率。

我国金融机构的存贷款一般使用固定利率。同时,中国人民银行按照国家授权,允许某些金融机构在国家规定的统一利率的基础上,实行一定幅度内利率的上下浮动。

命题点 18 商业银行资产业务

资产业务是指银行将其资金通过各种途径运用出去以获得收益的业务。

商业银行资产业务主要包括贷款和投资(购买有价证券)两大类。

1. 贷款的种类

(1)按贷款发放时是否承担本息收回的责任及责任大小,可将贷款分为自营贷款、委托贷款和特定贷款;

(2)按贷款使用期限的长短,可将贷款分为短期贷款、中期贷款和长期贷款;

(3)按贷款发放时有无担保品,贷款分为信用贷款、担保贷款、票据贴现。

2. 贷款的期限

自营贷款期限最长一般不得超过 10 年(对个人购买自用普通住房发放的按揭贷款最长不得超过 30 年);票据贴现的期限最长不得超过 6 个月,贴现期限为从贴现之日起到票据到期日止。

借款人到期不能按期归还贷款的，应在贷款到期之前，向贷款人申请贷款展期；申请担保贷款展期的，还应当由保证人、抵押人等出具同意的书面证明。

短期贷款展期期限累计不得超过原贷款期限，中期贷款展期期限累计不得超过原贷款期限的一半，长期贷款展期期限累计不得超过3年。

命题点19 商业银行中间业务

中间业务是指银行不运用或较少运用自己的资产，以中间人的身份替客户办理收付和其他委托事项，提供各类金融服务并收取手续费的业务。

按照商业银行中间业务的功能和形式分类，可以分为：

1. 结算类中间业务

商业银行办理资金结算业务的主要工具有本票、汇票、支票、委托收款、汇兑、托收承付、信用卡等。

2. 担保型中间业务

是指商业银行向客户作出某种承诺、或者为客户承担风险等引起的有关业务。

3. 融资型中间业务

是指商业银行向客户提供传统信贷以外的其他融资服务的有关业务。

(1)融资租赁业务是指商业银行根据企业的要求，购买企业所需的设备，然后出租给企业在一定时期内有偿使用，当租赁期满后，再以一定价格出售给企业的一种经营活动。

(2)融资租赁的特征有：所有权与使用权分离；融资与融物相结合；以分期支付租金方式偿还本息；租赁双方是以合同为基础的经济关系。

(3)融资租赁的形式有：直接租赁；转租赁；回租；杠杆租赁；综合租赁。

4. 管理型中间业务

是指由商业银行接受客户委托、利用自身经营管理上的职能优势，为客户提供各种服务的有关业务。

5. 衍生金融工具业务

是指商业银行从事涉及衍生金融工具各种交易的有关义务。

6. 其他中间业务

是指除上述业务以外的各种中间业务，如咨询、评估、财务顾问、计算机服务等，大多属于纯粹服务性的中间业务。

命题点20 金融信托投资业务

金融信托投资是指财产的所有者(法人或个人)通过签订合同将其财产委托于信托机构，由信托机构根据委托人的要求全权代为管理或处理有关经济事务的信用行为。

1. 信托的职能

(1)融通资金；(2)财务管理；(3)信用服务。

2. 信托的性质

(1)财产所有权的转移性；(2)财产核算的他主性；(3)收益分配的实绩性。

3. 我国信托业务的范围

目前，我国信托机构开办的业务可分为以下五类：

(1)信托业务；(2)委托业务；(3)代理业务；(4)兼营业务；(5)外汇业务。

命题点21 金融市场的含义

金融市场，即货币资金融通的市场。

广义的金融市场泛指所有融资活动，包括金融机构存贷款、有价证券的发行和买卖、票据抵押和贴现、黄金买卖、外汇买卖以及信托、租赁、保险等；狭义的金融市场主要指通过买卖票据、有价证券而进行的融资活动。

目前金融市场呈现出有形市场和无形市场同时发展的局面。

命题点 22　金融市场的构成要素

(1)金融市场交易的主体(即参与者)；

(2)金融市场交易的客体(即货币资金)；

(3)金融市场交易的媒介(即金融工具，亦称为金融性商品)；

(4)金融市场交易的价格(即利息率)；

(5)金融市场交易的管理、组织形式与交易方式。

命题点 23　金融市场的分类

按金融市场交易活动是否有固定场所为标准，可分为有形市场和无形市场；

按融资期限可分为短期金融市场和长期金融市场；

按交割时间可分为现货市场和期货市场；

按地理范围可分为地方性、全国性和国际性金融市场；

按交易对象，可分为票据市场、证券市场、黄金市场、外汇市场等。

一般从融资期限和交易对象相结合的角度分类(图 7—1)：

- 金融市场
  - 短期资金市场
    - 同业拆借市场
    - 票据市场
    - 大额定期存单市场
    - 短期债券市场
    - 回购协议市场
  - 长期资金市场
    - 证券发行市场
    - 证券流通市场
  - 外汇市场
  - 黄金市场

图 7—1　金融市场分类

命题点 24　短期资金市场的含义和特点

短期资金市场是指以短期金融工具为媒介而进行的一年期以内资金交易活动的总称。短期资金市场的功能是调剂短期资金的余缺。

其特点有：(1)融资期限短；(2)融资的目的是为解决短期资金周转的需要；(3)参与者主要是机构的投资者；(4)金融工具有较强的“货币性”，既流动性。

命题点 25　短期资金市场的构成

1. 同业拆借市场

同业拆借市场是指银行等金融机构相互之间进行的资金融通活动。

参与者是银行等金融机构，不包括其他经济主体。

2. 票据市场

票据市场包括票据承兑市场和票据贴现市场。

票据承兑市场是指授予承兑保证，创造承兑汇票的市场。承兑是指汇票付款人承诺在汇票到期日支付汇票金额的一种票据行为。

票据贴现市场是指对未到期的票据进行贴现为客户提供短期资金融通的市场；

票据贴现市场具体又包括贴现、再贴现和转贴现。

3. 大额可转让定期存款单市场

大额可转让定期存款单市场，是指发行和买卖大额可转让定期存款单活动的总称。

4. 短期债券市场

短期债券市场是指发行和买卖1年期以内的短期政府债券和企业债券活动的总称。

一般将短期债券市场理解为国库券市场，国库券市场的活动包括国库券的发行和流通转让。

国库券的发行一般采用公募投标方式进行，期限为1年或1年以内(通常有3、6、9和12个月4种)。

我国的短期债券市场包括企业短期融资债券市场和政府短期债券市场。

5. 购回协议市场

购回协议，也称回购协议，是指资金短缺者在货币市场出售证券以融通资金时，同资金盈余者即证券购入者签订协议，同意证券出售者在约定的时间按协议约定的价格购回所售证券。

命题点26　长期资金市场

长期资金市场是指以长期金融工具为媒介而进行的1年期以上的资金交易活动的总称。长期资金市场，也称为资本市场。

长期资金市场的功能主要是引导长期储蓄转化为长期投资。

命题点27　外汇市场的含义

外汇市场是指外汇买卖活动的总称。

广义的外汇市场是指银行同业之间的外汇买卖和银行与客户之间外汇买卖活动的总称，其中前者称为外汇批发买卖，后者称为外汇零售买卖；狭义的外汇市场仅指银行同业之间的外汇买卖活动即银行间外汇交易市场。

命题点28　外汇市场的作用

(1)为调剂外汇资金的余缺提供便利；

(2)有利于避免汇率风险；

(3)有利于中央银行进行稳定汇率的操作。

命题点29　外汇市场的参与者

(1)外汇银行；(2)外汇经纪人；(3)客户；(4)中央银行。

命题点30　外汇市场上外汇交易方式

(1)外汇现货交易或称现汇交易。指外汇买卖双方在成交后的两个营业日内办理交割手续的外汇交易方式。

(2)外汇期货交易。指外汇买卖双方成交后，按合同的规定，在约定的到期日按约定的汇率进行交割的外汇交易方式。

(3)套汇交易。指利用不同的外汇市场，不同的货币种类，不同的交割期限，或某些货币在汇率上的差异而进行的外汇交易，从中赚取利润。

命题点31　黄金市场

黄金市场是指集中进行黄金买卖和金币兑换的交易市场。黄金市场的交易方式有现货交易和期货交易两种。

命题点 32　房地产金融的概念

房地产金融包括房地产产业金融和房地产担保金融两方面。

房地产产业金融是指为房地产业及其相关部门筹集、融通资金，并提供相应服务的金融活动；房地产担保金融是指金融机构以房地产为信用条件，为房地产持有者或第三人融通资金的行为。

命题点 33　房地产金融的分类

1. 政策性房地产金融和自营性房地产金融

(1)政策性房地产金融。指按政策规定办理与房地产有关的各种货币资金的筹集、融通和结算等信用活动。目前主要指与住房制度改革有关的金融业务，包括：住房公积金存款、住房公积金贷款、合作建房贷款、经济适用房开发贷款等。

(2)自营性房地产金融。指银行或非银行金融机构在国家政策允许的范围内办理与房地产有关的资金筹集、融通和结算等信用活动。

2. 直接房地产金融和间接房地产金融

(1)直接房地产金融。指由资金供给者和房地产资金需求者双方直接进行的融资。

主要方式有：政府发行住房建设债券、住房公债、土地债券，房地产开发企业发行的股票、债券等。

(2)间接房地产金融。指经过金融机构作为中介参与的资金融通活动。

主要形式有：银行吸收的各种长期存款、短期存款、向房地产开发企业提供的土地开发贷款、商品房开发贷款、短期流动资金贷款以及向居民个人发放的住房消费贷款等。

3. 信用放款和担保放款

(1)信用放款。指借款人凭借其信誉，无须提供任何担保的融资活动。

(2)担保放款。指借款人需提供第三人担保，或提供财产作担保的融资活动，即人和物的担保。人的担保主要有保证担保方式；物的担保主要有质押、抵押、按揭等方式。

4. 银行的房地产金融业务

银行作为我国最主要的房地产金融机构，其房地产金融业务种类很多，主要业务可划分为房地产信用业务和非房地产信用业务两大类。

房地产信用业务指资金的吸收与运用；非房地产信用业务是指表外业务以及其他金融服务；具体可划分为：(1)资产业务；(2)负债业务；(3)表外业务。

命题点 34　房地产金融的特点

(1)集中性；(2)资金周转期长；(3)资金运动固定性；(4)资金增值性；(5)风险性。

历年考题诠解

一、单项选择题

1. 民间个人之间借贷往来作为一种信用形式，存在的局限性主要表现在(　　)。**[2003年考题]**

A. 资金供求双方直接形成债权、债务关系，债务人在经营上会产生较大的压力

B. 融资双方在资金数量、期限、利率等方面受到的限制比银行信用少

C. 融资双方在资金数量、期限、利率等方面受到的限制比银行信用多

D. 资金供求双方直接联系，这种直接协商方式难以满足各自的需要

【答案】C 本题考核的是信用。银行信用是指银行以货币形式向企业或个人提供的信用。民间信用是指个人之间相互以货币或实物提供的信用。

2. 汇票是（ ）。[2004年考题]

A. 由出票人签发，承诺自己在见票时或在指定日期无条件支付确定的金额给收款或持票人的票据

B. 银行活期存款人签发给收款人办理结算或委托开户银行将确定金额从其账户支付给收款人或持票人的票据

C. 由出票人签发，承诺他人在见票时或在指定日期无条件支付确定的金额给收款人或持票人的存单

D. 由出票人签发，委托付款人在见票时或在指定日期无条件支付确定的金额给收款人或者持票人的票据

【答案】D 本题考核的是汇票的概念。汇票是由出票人签发，委托付款人在见票时或在指定日期无条件支付确定的金额给收款人或者持票人的票据。汇票包括商业汇票和银行汇票。

3. 下列属于间接融资方式的是（ ）。[2004年考题]

A. 政府发行债券　B. 股票融资　C. 银行借款　D. 签署商业票据

【答案】C 本题考核的是融资活动。间接融资是指资金供给者与资金需求者通过金融中介机构间接实现融资的行为。典型的间接融资是银行的存贷款业务。发行长期债券和发行股票是直接融资方式。

4. 根据信托合同，信托机构依据其管理经营的实际业绩确定（ ）。[2005年考题]

A. 委托财产总值　B. 信托范围　C. 信托收益　D. 信托信用等级

【答案】C 本题考核的是信托的收益分配实绩性。信托机构按经营的实际效果计算信托收益，根据资财运用的赢利水平进行分配，因而付给受益人的盈利额并不固定。

5. 必须经承兑才能生效的金融工具是（ ）。[2006年考题]

A. 本票　B. 商业汇票　C. 银行券　D. 支票

【答案】B 本题考核的是商业汇票。商业汇票是由出票人签发，委托付款人在指定日期无条件支付确定的金额给收款人或者持票人的票据。商业汇票必须经承兑后才能生效。

6. 商业银行为房地产开发公司提供贷款属于其银行业务中的（ ）。[2007年考题]

A. 负债业务　B. 资产业务　C. 中间业务　D. 代理业务

【答案】B 本题考核的是商业银行资产业务。资产业务是指银行将其资金通过各种途径运用出去以获得收益的业务。商业银行资产业务主要包括贷款和投资（购买有价证券）两大类。

二、多项选择题

房地产金融的特点包括（ ）。[2004年考题]

A. 集中性　B. 风险性　C. 流通性强

D. 资金增值性　E. 资金周转期长

【答案】ABDE 本题考核的是房地产金融的特点。包括：集中性、资金周转期长、资金运动固定性、资金增值性和风险性。

三、判 断 题

1. 由银行发行的大额存款单是直接金融工具的一种主要形式。(　　)[2003年考题]

【答案】× 本题考核的是金融工具。银行发行的存款单是间接金融工具。

2. 外汇买卖双方在成交后的7个营业日内办理交割手续的外汇交易方式称为现汇交易。(　　)[2003年考题]

【答案】× 本题考核的是外汇市场上外汇交易方式。现汇交易是指外汇买卖双方在成交后的两个营业日内办理交割手续的外汇交易方式。

3. 金融工具包括票据、债券等债权债务凭证,但不包括所有权凭证。(　　)[2004年考题]

【答案】× 本题考核的是金融工具。金融工具是指金融活动中以书面形式发行和流通的各种具有法律效力的凭证,包括债权债务凭证(票据、债券等),以及所有权凭证(股票),它们是金融市场上交易的对象。

4. 在金融市场上,利率的高低主要由社会平均利润率和资金供求关系决定。(　　)[2005年考题]

【答案】√

5. 选择性货币政策工具主要包括优惠利率、再贴现利率、消费信用控制和贷款额度控制4种。(　　)[2006年考题]

【答案】× 本题考核的是货币政策工具。货币政策工具是指中央银行为了实现货币政策目标而采取的具体措施和手段。选择性货币政策工具包括优惠利率、证券保证金比率、消费信用控制和贷款额度控制。再贴现利率属于一般性货币政策工具。

6. 国库券是一种直接金融工具。(　　)[2007年考题]

【答案】√ 本题考核的是金融工具的种类。按发行者的性质划分,金融工具可分为直接金融工具和间接金融工具。直接金融工具是指由非金融机构,如企业、政府或个人发行和签署的商业票据、公债和国库券、企业债券和股票以及抵押契约等。

四、综合分析题

(一)

某房地产开发股份有限公司拟通过竞标方式取得某房地产开发项目,为此委托一家房地产估价机构(以下简称估价机构)提供包括市场分析、项目融资、开发进度、营销计划以及投标报价等内容的咨询报告。双方协定,开发公司在签订委托协议的同时向估价机构支付部分款项,余款在估价机构完成和提交咨询报告后支付。[2004年考题]

1. 该估价机构在开始市场分析之前,需仔细了解该项目各项控制性详细规划指标,下列属于开发用地控制指标的是(　　)。

A. 绿地率　　B. 停车位　　C. 用地性质　　D. 建筑密度

2. 该估价机构在关于市场分析的报告中,分析了国家针对房地产过热采取若干抑制需求的宏观调控政策对居民购房产生的影响,指出目前该城市房地产价格虽然没有下降,但(　　)。

A. 需求曲线已向右上方移动　　B. 需求曲线已向左下方移动

C. 需求量已在需求曲线上向下移动　　D. 需求量已在需求曲线上向上移动

3. 该估价机构对开发公司合理运作项目资金的建议中，属直接融资的有(　　)。

A. 扩股增资　　B. 预售商品房

C. 以融资租赁方式承租大型设备　　D. 以在建工程抵押贷款

4. 该估价机构在分析项目开发进度指标中，若以当年建筑物开工建筑面积作为统计总体，则总体单位包括当年开工的(　　)的建筑面积。

A. 综合楼　　B. 住宅　　C. 水塔　　D. 配套公建用房

5. 关于估价机构与开发公司所达成协议性质的描述中，正确的有(　　)。

A. 双方达成的是一种单务合同

B. 双方民事法律关系的客体行为和咨询报告

C. 估价机构提交咨询报告享有获余款的债权

D. 开发公司开始支付的款项是一种定金

6. 关于估价机构服务款项在会计核算方面的描述中，正确的有(　　)。

A. 当期获得的部分款项在会计要素中属收入类

B. 当期获得的部分款项在会计要素中属损益类

C. 下期应获得的余款在会计科目中属损益类

D. 下期应获得的余款在会计科目中属资产类

【答案】1. C　本题考核的是控制性详细规划的控制体系指标。用地控制指标包括用地性质、用地面积、土地与建筑使用相容性。绿地率、建筑密度属于环境容量控制指标。停车位属于交通控制指标。

2. B　本题考核的是宏观经济政策。国家通过财政政策减少了总需求，导致房地产需求量下降，则需求曲线向左下方移动。

3. A　本题考核的是融资活动。直接融资是指资金供给者与资金需求者运用一定的金融工具直接形成债权债务关系的行为。发行长期债券、发行股票都属于直接融资。

4. ABD　本题考核的是统计的基本概念。统计总体是指所要研究的事物或现象的全体。总体单位是构成总体的个体。水塔不计算建筑面积。

5. BC　本题考核的是民法、合同法知识。单务合同是指仅有一方当事人承担义务的合同，如赠与、借用等合同。双务合同是指双方当事人互相享有权利、承担义务的合同，估价机构和房地产开发公司达成的是双务合同。预付款是由双方当事人商定的在合同履行前所支付的一部分价款。开发公司开始支付的款项是一种预付款。

6. BD　本题考核的是会计要素。资产是指过去的交易或事项形成并由企业拥有或者控制的资源，该资源预期会给企业带来经济利益。损益类包括收入、费用、利润。

(二)

甲房地产开发公司(以下简称甲公司)与乙建筑工程公司(以下简称乙公司)签订了工程承包合同，由乙公司承建甲公司开发的 W 商场，总建设投资为 5 亿元。甲公司向商业银行申请了年利率为 5.6%的开发贷款 3 亿元，贷款期为 1 年。乙公司于 2005 年 6 月正式开工建设，合同规定建设期为 12 个月。乙公司对该建筑工程所有险种都投了保，保险双方事先约定了保险的最高赔偿限额，但保险标的实际价值要待保险事故发生后进行估算。在建设过程中，一场暴雨使商场外门廊地基发生了塌陷事故，但建筑主体并没有受到影响，责任鉴定结果为暴雨导致地基发生沉降引起的塌陷。此事故在保险承保范围内，保险公司对乙公司进行了赔付。商场建成后，甲公司将商场首层商铺进行销售，成交均价达到了 20 000 元/m²。**[2006 年**

考题]

1. 建设期结束后，甲公司应偿还开发贷款本金和利息共(　　)万元。

A. 1 680　　B. 30 000　　C. 30 168　　D. 31 680

2. 甲公司与乙公司签订的合同属于(　　)。

A. 有偿合同　　B. 无偿合同

C. 要式合同　　D. 单务合同

3. 基础的构造类型除了与上部结构有密切关系，还与(　　)有关。

A. 回填土的密实程度　　B. 地基土的承载能力

C. 荷载　　D. 埋置深度

4. 乙公司与保险公司签订的保险种类属于(　　)。

A. 社会保险　　B. 综合危险保险

C. 定值保险　　D. 不定值保险

5. 甲公司向银行申请的贷款，其种类为(　　)。

A. 短期贷款　　B. 中期贷款

C. 自营贷款　　D. 特定贷款

6. 销售均价 20 000 元/m^2 为(　　)。

A. 众数　　B. 中位数　　C. 算术平均数　　D. 几何平均数

【答案】1. D　本题考核的是贷款利息。甲公司应偿还的贷款本金和利息额＝30 000 万元×(1＋5.6%×1)＝31 680 万元。

2. AC　本题考核的是合同类型。有偿合同是指当事人为从合同中得到利益要支付相应代价的合同。无偿合同是指当事人不需为从合同得到的利益支付相应代价的合同。要式合同是指根据法律规定必须采用特定形式的合同。单务合同是指仅有一方当事人承担义务的合同。甲公司和乙公司签订的工程承包合同属于有偿合同、要式合同、双务合同。

3. BCD　本题考核的是建筑基础。基础的构造类型与上部结构(如墙、柱、独立结构物)有密切的关系。此外，还和地基土的承载能力、荷载和埋置深度等有关。

4. BD　本题考核的是保险类型。社会保险是指国家根据立法对社会劳动者暂时或者永久丧失劳动能力提供一定物质帮助，以保障其基本生活的保险。综合危险保险是指对数种危险均承担赔偿责任的保险。定值保险是指保险当事人双方在订立保险合同时即已确定保险标的保险价值，并将其在保险合同中载明的保险。不定值保险是指保险当事人双方在订立保险合同时不预先确定保险标的保险价值，仅载明须至事故发生后再估价和确定损失与赔偿的保险。乙公司与保险公司签订的保险属于综合危险保险、不定值保险。

5. AC　本题考核的是贷款的种类。短期贷款指贷款期限在 1 年以内(含 1 年)的贷款。中期贷款指贷款期限在 1 年(不含 1 年)以上 5 年以下(含 5 年)的贷款。自营贷款是指贷款人以合法方式筹集资金、自主发放的贷款，风险由贷款人承担，并由贷款人收回本金和利息。特定贷款是指经国务院批准并对贷款可能造成的损失采取相应补救措施后责成国有独资商业银行发放的贷款。甲公司向银行申请的贷款为短期贷款、自营贷款。

6. C　本题考核的是统计平均指标的种类。众数是指分布数列中出现频率最大的标志值。中位数是指分布数列中总体各单位标志值按大小顺序排列，处在中间位置的标志值。算术平均数又称平均值、均值，是全部变量值的算术平均。几何平均数是指分布数列中 n 个标志值的连乘积的 n 次方根。销售均价 20 000 元/m^2 为算术平均数。

热点试题全解

一、单项选择题

1. 信用是指经济活动中的一种借贷行为，是随着货币流通和（ ）的发展而产生和发展起来的。

A. 货币资本 B. 商品流通 C. 商品生产 D. 商品交换

2. 金融是货币资金的融通，其中融通的主要对象是（ ）。

A. 债券 B. 股票 C. 货币和货币资金 D. 黄金

3. 随资金市场资金供求关系的变化而定期调整的利率是（ ）。

A. 贷款利率 B. 浮动利润 C. 存款利率 D. 公定利率

4. 下列选项中不属于货币的基本职能的是（ ）。

A. 价值尺度 B. 支付手段 C. 贮藏手段 D. 流通手段

5. 随着商品经济的发展，为了满足各种融资的需要，出现了多种信用形式。其中（ ）的积极意义是有利于促进商品销售，但存在范围有限的局限性。

A. 商业信用 B. 银行信用 C. 消费信用 D. 民间信用

6. 直接融资是指资金供给者与资金需求者运用一定的（ ）直接形成债权债务关系的行为。

A. 商品交易 B. 货币工具 C. 金融工具 D. 借贷活动

7. 信用最显著的特征是（ ）。

A. 以偿还和付息为条件的价值的单方面让渡

B. 具有强制性的活动

C. 以价格围绕价值而运动

D. 货币运动

8. 下列选项中不属于直接融资的优点的是（ ）。

A. 资金供求双方直接联系

B. 促进资金使用效益的提高

C. 有利于筹集长期投资资金

D. 双方在资金数量、期限、利率等方面受到的限制比间接融资小

9. 目前主要的信用形式是（ ），也是国家调节经济的重要手段。

A. 银行信用 B. 国家信用 C. 商业信用 D. 消费信用

10. 银行以抵押贷款的方式向甲某提供其购买汽车的资金属于（ ）。

A. 商业信用 B. 银行信用 C. 民间信用 D. 消费信用

11. 下列选项中属于间接金融工具的是（ ）。

A. 商业票据 B. 国库券 C. 银行票据 D. 股票

12. 汇票是指（ ）。

A. 由出票人签发，委托付款人在指定日期无条件支付确定的金额给收款人或持票人的票据

B. 由出票人签发，承诺自己在见票时或在指定日期无条件支付确定的金额给收款人或者持票人的票据

C. 由出票银行签发，见票时按照实际结算金额无条件支付给收款人或者持票人的票据

D. 由出票人签发，委托付款人在见票时或在指定的日期无条件支付确定的金额给收款人或者持票人的票据

13. 在我国金融机构体系中居主体地位的是（　　）。

A. 中国人民银行　　B. 政策性银行

C. 国有独资商业银行　　D. 其他商业银行

14. 主要职责是统一监督管理银行、金融资产管理公司、信托投资公司以及其他存款类金融机构，维护银行业的合法、稳健运行的是（　　）。

A. 中国人民银行　　B. 中国银行业监督管理机构

C. 中国保险业监督管理机构　　D. 中国证券业监督管理机构

15. 商业银行最基本的职能是（　　）。

A. 充当支付中介　　B. 信用流通工具

C. 充当信用中介　　D. 变货币收入为货币资本

16. 现代商品银行特有的职能是（　　）。

A. 充当支付中介　B. 充当信用中介　C. 信用流通工具　D. 创造派生存款

17. 我国《商业银行法》规定：商业银行的流动性资产余额与流动性负债余额的比例不得低于（　　）。

A. 10%　B. 25%　C. 40%　D. 75%

18. 我国《商业银行法》规定：设立城市合作商业银行的注册资本限额为（　　）人民币。

A. 10 亿元　B. 5 亿元　C. 1 亿元　D. 5 000 万

19. 中央银行的三大基本职能不包括（　　）。

A. 发行的银行　B. 银行的银行　C. 政府的银行　D. 国家的银行

20. 下列关于货币供给层次的表述中，正确的是（　　）。

A. M_0＝货币流通量

B. M_1＝现金流通量＋单位和个人的定期存款

C. M_2＝现金流通量＋单位和个人的定期存款＋其他存款

D. M_1＝现金流通量＋单位和个人的活期存款

21. 通货膨胀是（　　）的结果，其对国民经济各方面都产生负面影响。

A. 货币贬值　　B. 物价持续上涨

C. 社会总需求与总供给失衡　　D. 国民生产总值增加

22. 货币政策是一个国家为实现特定经济目标而采取的调节和控制（　　）的金融措施。

A. 货币供应量　B. 社会总供需　C. 物价水平　D. 货币流通量

23. 完善的货币政策工具体系的组成不包括（　　）。

A. 一般性货币政策　B. 特殊性货币政策　C. 补充性货币政策　D. 选择性货币政策

24. 是调节货币供应量的主要工具，且对经济不会造成大的波动而深受各国中央银行青睐的货币政策工具是（　　）。

A. 法定存款准备金率　　B. 公开市场业务

C. 再贴现利率　　D. 法定保证金比率

25. 中央银行根据一个时期国家经济发展的重点，对与国民经济关系重大的部门和行业制订的利率水平较低的贴现率和放款利率。这是货币政策工具中的（　　）。

A. 证券保证金比率　　B. 优惠利率
C. 消费信用控制　　D. 贷款额度控制

26. 存款人不能在其基本存款账户的开户行开立(　　)。
A. 一般存款账户　B. 外币存款账户　C. 临时存款账户　D. 专用存款账户

27. 不能办理现金支取的单位银行结算账户是(　　)。
A. 基本存款账户　B. 一般存款账户　C. 临时存款账户　D. 专用存款账户

28. 单位活期存款的结息日为每季末月(　　)。
A. 15 日　B. 20 日　C. 25 日　D. 30 日

29. 活期储蓄存款的结息日为(　　)。
A. 每季末月 30 日　B. 每年 1 月 1 日　C. 每年 6 月 30 日　D. 每年 12 月 30 日

30. 我国金融机构的存贷款一般使用(　　)。
A. 固定利率　B. 浮动利率　C. 市场利率　D. 公定利率

31. 票据贴现的期限从贴现之日起到票据到期日止最长不得超过(　　)。
A. 3 个月　B. 6 个月　C. 9 个月　D. 12 个月

32. 可用以贴现的票据主要是经过背书的本票和(　　)。
A. 背书的支票　　B. 银行汇票
C. 承兑的汇票　　D. 未到期的商业汇票

33. 我国的购回协议市场兴起于 1994 年,作为抵押品的主要是(　　)。
A. 股票　B. 投资基金　C. 黄金　D. 国库券

34. 长期资金市场的功能主要是(　　)。
A. 引导短期资金转化为长期储蓄　　B. 调剂长期资金的余缺
C. 引导长期储蓄转化为长期投资　　D. 引导长期资金的投资

35. 价格形成和交易量的变化在整个黄金市场中起主导作用的是(　　)。
A. 国际性黄金市场　　B. 区域性黄金市场
C. 黄金现货交易市场　　D. 黄金期货交易市场

36. 银行或非银行金融机构在国家政策允许的范围内办理与房地产有关的资金筹集、融通和结算等信用活动称为(　　)。
A. 直接房地产金融　　B. 间接房地产金融
C. 政策性房地产金融　　D. 自营性房地产金融

37. 政府发行住房建设债券属于(　　)方式。
A. 政策性房地产金融　　B. 自营性房地产金融
C. 直接房地产金融　　D. 间接房地产金融

二、多项选择题

1. 货币的基本职能包括(　　)。
A. 价值尺度　B. 支付手段　C. 贮藏手段
D. 世界货币　E. 流通手段

2. 信用形式是表现信用关系的具体形式,主要有(　　)。
A. 企业信用　B. 国家信用　C. 民间信用
D. 消费信用　E. 银行信用

3. 以下属于直接融资方式的有(　　)。

A. 赊销　　B. 发行股票　　C. 抵押贷款

D. 发行债券　　E. 银行贷款

4. 金融工具的一般特征包括(　　)。

A. 收益性　　B. 风险性　　C. 偿还性

D. 可支付性　　E. 流动性

5. 以下属于短期信用工具的有(　　)。

A. 本票　　B. 支票　　C. 债券

D. 股票　　E. 汇票

6. 我国金融机构按其地位和功能分为(　　)。

A. 银行机构　　B. 非银行金融机构　　C. 金融监管机构

D. 国有金融机构　　E. 经营性金融机构

7. 中央银行的职能有(　　)。

A. 发行的银行　　B. 监督的银行　　C. 人民的银行

D. 银行的银行　　E. 国家的银行

8. 对于银行券的特点,下列说法正确的是(　　)。

A. 是在银行信用的基础上产生,通过存款提现和贷款投入流通

B. 信誉高,具有法定支付能力

C. 可在全国范围内流通

D. 是一种法定支付手段,任何人不得拒收

E. 商业银行都可发行

9. 采用职能分工型商业银行的国家有(　　)。

A. 美国　　B. 德国　　C. 英国

D. 日本　　E. 瑞士

10. 商业银行的外部组织形式有(　　)。

A. 总分行制　　B. 独家银行制　　C. 联合银行制

D. 集体银行制　　E. 持股公司制

11. 政策性银行按业务范围区分,其类型主要有(　　)。

A. 开发性金融机构　　B. 农业政策性金融机构

C. 环境政策性金融机构　　D. 工业政策性金融机构

E. 进出口政策性金融机构

12. 我国的非银行金融机构主要有(　　)。

A. 证券公司　　B. 养老基金组织　　C. 信用合作社

D. 信托投资公司　　E. 保险公司

13. 证券公司是专门从事有价证券经营及相关业务的非银行金融机构,主要业务包括有价证券的(　　)。

A. 自营买卖　　B. 委托买卖　　C. 销售

D. 代理业务　　E. 认购业务

14. 货币政策作为国家宏观经济政策的重要组成部分之一,通常具有(　　)两大功能。

A. 调节性　　B. 防御性　　C. 控制性

D. 主动性　　E. 中间性

15. 中央银行货币政策的终极目标主要有(　　)。

A. 稳定物价　　B. 促进经济增长　　C. 实现国际收支平衡

D. 实现充分就业　　E. 实现社会需求与总供给平衡

16. 一般性货币政策工具包括(　　)。

A. 法定存款准备金率　　B. 优惠利率　　C. 公开市场业务

D. 再贴现利率　　E. 贷款额度控制

17. 以下属于选择性货币政策工具的有(　　)。

A. 优惠利率　　B. 公开市场业务　　C. 贷款额度控制

D. 消费信用控制　　E. 法定保证金比率

18. 单位银行结算账户按用途可分为(　　)。

A. 一般存款账户　　B. 基本存款账户　　C. 临时存款账户

D. 固定存款账户　　E. 专用存款账户

19. 对公存款业务主要包括(　　)。

A. 单位活期存款　　B. 单位定期存款　　C. 单位协定存款

D. 单位公积金存款　　E. 单位通知存款

20. 甲公司向B银行贷款500万用于企业生产经营,约定贷款期限为9个月,利率6%,这笔贷款属于(　　)。

A. 自营贷款　　B. 特定贷款　　C. 委托贷款

D. 短期贷款　　E. 中期贷款

21. 我国信托机构开办的业务包括(　　)。

A. 信托业务　　B. 委托业务　　C. 兼营业务

D. 外汇业务　　E. 理财业务

22. 金融市场的构成要素主要有(　　)。

A. 金融市场交易的主体　　B. 金融市场交易的客体

C. 金融市场交易的类型　　D. 金融市场交易的媒介

E. 金融市场交易的价格

23. 金融市场一般从融资期限和交易对象相结合的角度分类,包括(　　)。

A. 短期资金市场　　B. 长期资金市场　　C. 证券市场

D. 黄金市场　　E. 外汇市场

24. 下列选项中属于短期资金市场的是(　　)。

A. 同业拆借市场　　B. 票据市场　　C. 证券发行市场

D. 回购协议市场　　E. 证券流通市场

25. 票据贴现市场具体包括(　　)。

A. 贴现　　B. 再贴现　　C. 反贴现

D. 转贴现　　E. 拆贴现

26. 外汇市场上外汇交易方式包括(　　)。

A. 短期外汇交易　　B. 长期外汇交易　　C. 现汇交易

D. 套汇交易　　E. 外汇期货交易

27. 房地产金融包括(　　)。

A. 房地产交易金融　　B. 房地产担保金融　　C. 房地产抵押金融
D. 房地产贷款金融　　E. 房地产产业金融

28. 银行的房地产金融业务具体可划分为(　　)。
A. 资产业务　　B. 负债业务　　C. 信托业务
D. 抵押业务　　E. 表外业务

29. 房地产金融的特点有(　　)。
A. 资金增值性　　B. 分散性　　C. 资金流动性强
D. 风险性　　E. 资金周转期长

三、判断题

1. 现代意义的金融是指货币资金的融通,其中融通的主要对象只有货币资金。(　　)
2. 货币是充当特殊等价物的一般商品。(　　)
3. 货币具有现金和银行存款这两种具体形态。(　　)
4. 金融市场有广义与狭义之分,狭义的市场专指黄金市场。(　　)
5. 银行信用包括两方面:一是银行以吸收存款、办理结算等形式筹集闲散资金;二是通过贷款等形式运用所筹集到的资金。(　　)
6. 直接融资是指资金供给者与资金需求者不运用金融工具直接形成债权债务关系的行为。(　　)
7. 对资金需求者来说,直接融资比间接融资的风险大。(　　)
8. 间接融资在一定程度上减少了投资者使用资金的压力和约束。(　　)
9. 金融工具是指金融活动中以书面形式发行和流通的各种具有法律效力的凭证。(　　)
10. 按期限划分,金融工具可分为短期信用工具和长期信用工具。(　　)
11. 按不同的信用形式划分,金融工具可分为商业信用工具、银行信用工具、消费信用工具、国际信用工具和国家信用工具。(　　)
12. 银行券属于不定期信用工具。(　　)
13. 本票根据出票人身份的不同,可以分为商业本票和银行本票。(　　)
14. 汇票包括商业汇票、转账汇票和银行汇票(　　)
15. 债权人可以持商业承兑汇票向银行贴现以获取现金。(　　)
16. 由本国政府、股份公司和银行发行的代表信贷关系的债务凭证是股票。(　　)
17. 在我国金融体系中居主导地位的是中国银行。(　　)
18. 银行之间相互提供短期信贷市场称为同业拆借市场。(　　)
19. 中央银行对经济活动实行监督管理。(　　)
20. 一国政府通过中央银行确定的各种利率是固定利率。(　　)
21. 资金供应者将资金存入金融机构,再由金融机构向资金使用者提供资金,叫直接融资。(　　)
22. 长期融资工具是指收回本金和利息要在一年以上的凭证,也包括没有回收期限的股票。(　　)
23. 我国的经营性金融机构包括中国银行、商业银行、政策性银行和非银行金融机构。(　　)

24. 中央银行代表政府管理国家的金融事业，具有国家管理机关的性质。 ( )

25. 商业银行除了吸收资金、发放贷款和投资等传统业务外，还开展各种国际业务、外汇业务、黄金买卖、咨询等多种业务。 ( )

26. 现代商业银行因其特有的信用创造职能成为国家干预经济生活的杠杆。 ( )

27. 我国《商业银行法》规定，商业银行对同一借款人的贷款余额与商业银行资本余额的比例不得低于10%。 ( )

28. 商业银行的内部组织机构通常由决策机构、执行机构和监督机构构成。 ( )

29. 开发性金融机构的作用主要是通过融通资金，提供融资条件，提供咨询服务和经办对外援助，服务于政府的对外政策。 ( )

30. 商业银行和非银行金融机构的资金运用主要是发放贷款。 ( )

31. 保险公司的保费收入只能用来购买风险比较小政府债券。 ( )

32. 对于最活跃的货币 M_1 来说，他是作为流通手段的准备而存在的。 ( )

33. 货币流通规律适用于一切存在商品经济的社会。 ( )

34. 凡在银行及其他金融机构开立账户的机关、团体、部队、学校、企事业单位和个人都是现金管理的对象。 ( )

35. 判断经济是否陷入了通货紧缩，要看价格总水平是否持续下降，且持续期至少在半年以上。 ( )

36. 货币政策是中央银行工作的核心。 ( )

37. 中央银行以中间目标作为操作指示器，监测货币政策的实施程度，最终将中间目标转变为终极目标。 ( )

38. 中央银行认为市场上货币供应量太少，有碍于物价稳定等目标实现时，就可以提高法定存款准备金率。 ( )

39. 选择性货币政策工具是中央银行从调控信贷结构入手，通过对某些部门、某些业务活动进行调控以达到调整经济结构目的而采取的工具。 ( )

40. 保证金比率越大，证券购买人从商业银行获得的贷款比率也就越高。 ( )

41. 如果中央银行要实现刺激经济增长和充分就业的目标，可以降低再贴现利率。 ( )

42. 个体工商户凭经营者姓名开立的银行结算账户，纳入个人银行结算管理。 ( )

43. 存款人可通过一般存款账户办理转账结算、现金缴存和现金支取。 ( )

44. 临时存款账户的有效期最长不得超过3年。 ( )

45. 基本存款账户是单位开立其他银行账户的前提。 ( )

46. 单位通知存款是指单位在存入款项时需提前通知银行，约定存入日期和金额方能存入款项，支取时不约定日期。 ( )

47. 利率是决定利息水平高低的衡量标准。 ( )

48. 中期贷款是指贷款期限在1年(不含1年)以上5年以下(含5年)的贷款。 ( )

49. 票据贴现是贷款业务的一种，票据贴现的债务人是持票据贴现的人。 ( )

50. 借款人不能按期归还贷款的，应在贷款到期之前，向贷款人申请贷款展期。短期贷款展期期限累计不得超过原贷款期限的一半。 ( )

51. 金融市场的组织形式主要有交易所和柜台交易。 ( )

52. 金融市场按融资期限可分为短期金融市场、中期金融市场和长期金融市场。 ( )

53. 以短期金融工具为媒介而进行的一年期以内资金交易活动称为货币市场。 （　）

54. 票据贴现市场上贴现、再贴现、转贴现，表面上是票据的转让与再转让，实际上是资金的买卖。 （　）

55. 利用不同的外汇市场、不同的货币种类、不同的交割期限或某些货币在汇率上的差异而进行的交易，称之为现汇交易。 （　）

56. 房地产开发企业发行的股票属于间接房地产金融。 （　）

57. 银行涉及房地产的表外业务主要有房地产信托业务、房地产代理业务、房地产咨询业务和房地产租赁业务。 （　）

58. 房地产金融的风险主要来自于政策风险、决策风险、自然风险和财务风险。 （　）

四、综合分析题

（一）

2007年3月，某房地产价格评估机构张某接受A房地产开发股份有限公司委托对该公司拟开发的土地价格进行评估，并完成该项目的可行性研究报告。该拟开发土地面积为4 000 m²，经现场勘察，该土地地形坡度为12°，土质较差，在修建建筑物时，地基需要采取人工加固措施。经评估，该项目的内部收益率为21%，结论为可行。2007年5月委托新建建筑设计事务所进行建筑设计，2007年10月开始工程招标，于2007年12确定海贸工程建设股份有限公司为中标单位，并签订了工程承包合同。除了土地价款外，开发公司自筹建设工程款的20%，拟通过银行贷款筹集建设工程款的40%，其余通过预售筹集。2008年上半年，为了对诸如房地产等过热的行业进行调控，国家金融监管部门继续出台了一系列货币政策、财政政策和产业政策等，如提高法定存款准备金率、通知商业银行暂停贷款业务、提高再贴现利率、取消对热点行业的电价优惠等，该项目通过银行贷款融资受到了限制。为了保证项目进展顺利，经与承包商协商，由承包商垫付工程承包款的20%，并且享有10%的股权；并从承包商处借款2 000万元人民币，借款利率为7%。在建设过程中，承包商发现在设计中存在部分设计缺陷会影响到未来建成后的使用，要求变更该部分设计内容，设计部门经核实并出具了变更设计，经由工程师签字以书面方式通知了承包商。该项目预计于2008年9月竣工。

1. 以下属于一般性货币政策工具的是（　　）。

A. 提高法定存款准备金率　　B. 提高首期付款比例
C. 提高再贴现利率　　D. 通知商业银行暂停贷款业务

2. 如果该开发公司所在城市执行严格的土地政策，严格禁止向高档住宅提供土地，则该城市高档住宅的价格会（　　）。

A. 下降　　B. 基本不变
C. 上涨　　D. 与需求反方向变动

3. 根据城市用地适用性评价，该建设用地为（　）类用地。

A. 一　　B. 二　　C. 三　　D. 四

4. 以下属于商业信用的是（　）。

A. 企业自筹资金　　B. 股权融资　　C. 承包商借款　　D. 预售

5. 工程承包合同属于（　　）。

A. 单务合同　　B. 双务合同　　C. 有偿合同　　D. 要式合同

6. 设计变更发生以后，承包人应该在工程设计变更确定后（　）日内，提出变更工程价款的报告，经工程师确认后调整合同价款。

A. 3　　B. 7　　C. 10　　D. 14

（二）

某居住小区建设用地 15 hm^2，其中住宅用地 6 hm^2，公共服务配套设施用地 2 hm^2，道路用地 3 hm^2，绿化用地 4 hm^2；在建筑面积中，住宅建筑面积 330 000 m^2，公共建筑面积 30 000 m^2；规划总人口 12 000 人。居民章某通过 20 年银行按揭方式购买了其中建筑面积为 120 m^2，单位价格 3 500 元/m^2 的住房一套。看房后章某与开发商签订了购房合同，合同约定了超期交房按违约金为合同价的 0.1%/天计算，并支付了定金 10 万元人民币。半个月后，办理银行按揭手续，首付款比例为 70%为自筹，包括自己的银行存款 10 万元和章某所在公司为其开出的 11 万元的商业承兑汇票。为了保证银行的资金安全，银行要求章某提供担保，并要求章某对自己的还款信用和所购住房投保。最后开发商交房时间比合同日期晚 180 天。

7. 住宅建筑面积净密度为（　　）。

A. 22 000 m^2/ hm^2　　B. 27 000 m^2/ hm^2　　C. 55 000 m^2/ hm^2　　D. 60 000 m^2/ hm^2

8. 该居民购房采用的信用形式有（　　）。

A. 商业信用　　B. 银行信用　　C. 民间信用　　D. 消费信用

9. 关于章某投保，以下说法正确的有（　　）。

A. 投保的保险类别属于财产损失保险和保证保险

B. 投保的保险人是章某

C. 投保的受益人是贷款银行

D. 贷款银行是保险合同的关系人

10. 章某对于开发商晚交房可以采取的行为有（　　）。

A. 要求开发商支付定金双倍返还 20 万元人民币

B. 要求开发商支付违约金 7.56 万元

C. 要求开发商支付违约金和定金的双倍返还 27.56 万元

D. 要求开发商双倍返还定金 18.4 万元

11. 如果章某对该房屋装修，选择的大理石属于（　　）。

A. 有机材料　　B. 功能材料　　C. 无机材料　　D. 高分子材料

12. 房地产产权证书附图上应该表示的内容包括（　　）。

A. 房屋权界限和四面墙体的归属　　B. 所在层次、户号

C. 用地面积、建成年月　　D. 房屋产权面积

热点试题答案

一、单项选择题

1. C	2. C	3. B	4. C	5. A
6. C	7. A	8. D	9. A	10. D
11. C	12. D	13. C	14. B	15. C
16. D	17. B	18. C	19. C	20. D
21. C	22. A	23. B	24. B	25. B
26. A	27. B	28. B	29. C	30. A

31. B　　32. C　　33. D　　34. C　　35. A
36. D　　37. C

二、多项选择题

1. ABE　　2. BCDE　　3. ABD　　4. ACE　　5. ABE
6. CE　　7. ADE　　8. ABCD　　9. ACD　　10. ABCE
11. ABE　　12. CDE　　13. ABCE　　14. BD　　15. ABCD
16. ACD　　17. ACDE　　18. ABCE　　19. ABCE　　20. AD
21. ABCD　　22. ABDE　　23. ABDE　　24. ABD　　25. ABD
26. CDE　　27. BE　　28. ABE　　29. ADE

三、判 断 题

1. ×　　2. ×　　3. √　　4. ×　　5. ×
6. ×　　7. ×　　8. ×　　9. √　　10. ×
11. √　　12. √　　13. √　　14. ×　　15. √
16. ×　　17. ×　　18. √　　19. ×　　20. ×
21. ×　　22. √　　23. ×　　24. √　　25. √
26. √　　27. ×　　28. √　　29. ×　　30. ×
31. ×　　32. √　　33. √　　34. ×　　35. √
36. √　　37. ×　　38. ×　　39. √　　40. ×
41. √　　42. ×　　43. ×　　44. ×　　45. √
46. ×　　47. √　　48. √　　49. ×　　50. ×
51. √　　52. ×　　53. √　　54. √　　55. ×
56. ×　　57. √　　58. √

四、综合分析题

1. AC　　2. C　　3. B　　4. CD　　5. BCD
6. D　　7. C　　8. ABD　　9. ACD　　10. BD
11. BC　　12. ABD

第八章 证券知识

命题规律解读

本章的命题规律主要体现在：

1. 证券的分类常以选择题的形式出现，应掌握。

2. 证券的一般特征特别适合出判断题，是命题者喜欢出题的内容。

3. 股票的含义及基本分类是重要命题点，注意掌握。

4. 股票的基本特征也可作为一个命题点。

5. 要掌握股票与认股权证、股单以及股票与公司债券的比较，是必考的内容。

6. 债券的概念及特征也是个重要的命题点，命题者很喜欢在此出题。

7. 投资基金证券与股票、债券的区别以及投资基金类别属必考的内容，要注意掌握。

命题点解读

命题点1　证券的分类

证券可分为商品证券、货币证券及资本证券三类。

商品证券是表明对物质资料具有某种权利的有价证券，如提货单、运货单、仓库栈单等；货币证券是指可与货币相互转化的有价证券，如汇票、支票等；资本证券是表明投资的事实，表明投资者的权利和义务的有价证券，最常见的有股票、债券、投资基金等。

在证券市场上市交易的证券，基本上就是资本证券。

我国上海证券市场上允许发行和流通的证券有政府债券、金融债券、公司债券等。

命题点2　证券的一般特征

证券一般具有如下特点：票面上标有具体金额，代表一定的财产权利，能给持有者带来收益；可以依法转让，买卖时存在证券交易价格。这些基本特点表明，证券是一种商品，可以进行依法买卖。

证券与普通商品和实际的职能资本又有区别，有其自身的基本特征：

1. 证券是一种可以依法买卖的特殊商品

主要表现在：普通商品的使用价值是为满足人们的某种需要，证券的使用价值则是可以生息，能为持有者带来一定的利息收入；普通商品的价格由该商品的价值所决定，而证券的价格则是由货币使用中产生的收益和社会借贷资金利率的比率所决定；普通商品出售后，该商品的所有权和使用权一并转移，而证券出售后，买主即货币所有者拥有购买证券的货币所有权，而该货币的使用权则归证券发行单位拥有，所有权和使用权发生了分离。

2. 证券是一种虚拟资本

证券不是真实资本，仅仅是资本的一种代表符号，本身不具有价值，不能直接用于生产过程，不能执行资本的职能。

命题点 3　股票的含义

股票是由股份有限公司公开发行、用以证明投资者的股东身份和权益、并据以获得股息和红利的凭证。

股票可作为买卖对象和抵押品，成为金融市场上主要的、长期的信用工具；

但是，股票只是代表股份资本所有权的证书，它自身没有任何价值，不是真实的资本，而是一种独立于实际资本之外的虚拟资本；

股票一经认购，持有者不能以任何理由要求退本还股，但可以通过证券市场进行转让。

命题点 4　普通股股东的权利和义务

普通股是股票市场上数量占绝对多数的主要股票品种，它是取得公司收入分配的部分所有权凭证，是公司资本构成的基本组成部分。

普通股票持有者的权利和义务主要体现在有限责任原则和平等原则之内；

有限责任原则是指股票所有者仅以其认购的股份数量对公司承担出资义务和债务责任；平等原则是指股票持有者之间的关系或股东的资格，在权利和义务方面是平等和无差异的。

这里所说的平等，主要是指每一股份的平等，而每一股东由于其认购股份多少的不同，则体现在他们所拥有的权利和义务是不相同的。

在上述两原则下，股东权利可以按不同标准作如下分类：

(1)以行使的目的不同，股东权利可以分为共益权和自益权。共益权是指股东为自己，同时也为公司利益而行使的权利；自益权是指股东仅为自己的利益而行使的权利。

(2)按行使的方式不同，股东权利可分为单独股东权和少数股东权。

(3)按权利性质的不同，股东权可分为固有权和非固有权。

从具体内容看，普通股股东享有的权利如下：

(1)参加股东大会的权利；(2)参加表决的权利；(3)股票转让权；(4)股息红利分配的要求权；(5)公司剩余财产的分配权；(6)对公司事务的质询权。

除上述权利以外，股东还享有公司章程规定的其他权利。

根据我国《公司法》的规定，普通股股东应承担下列义务：

(1)遵守公司章程的义务；(2)对公司债务负有限责任；(3)承受股本的非返还性义务；(4)公司章程规定的其他义务。

命题点 5　优先股股东的权利和义务

优先股是特别股的一种，其股票持有者享有比普通股持有者优先的权利。

归纳起来，优先股股东的权利主要有：

(1)分配股息的优先权；(2)分配剩余资产的优先权；(3)有限的表决权；(4)要求赎回权。

优先股股东所拥有的各种优先权因各公司的不同规定而异，其中主要种类有：1)根据股息支付是否累积分为累积优先股和非累积优先股；2)根据是否参与普通股股东的红利分配分为参加分配优先股和不参加分配优先股，参加分配优先股又可分为全部参加分配的优先股和部分参加分配的优先股；3)根据能否转换成普通股分为可转换优先股和不可转换优先股；4)根据优先股能否赎回分为可赎回优先股和不可赎回优先股；5)根据股息率可否调整分为股息可调整的优先股和股息不可调整的优先股等等。

命题点 6　普通股票按投资主体的分类和特种股票

普通股票按投资主体的不同，可分为国家股、法人股、个人股和外资股等多种类型。

此外，我国还发行了 B 股、H 股、N 股等三种特种股票。

命题点7　股票应载明的内容

如果股票记载的内容欠缺或不真实，则股票无效。

在通常情况下，股票应记载以下内容：(1)发行该股票的股份有限公司的全称，并写明该公司依何法律在何处注册登记以及注册的日期、地址；(2)股票发行总额、股数和每股金额；(3)该股票的类别；(4)该股票的票面金额及所代表的股份数；(5)该股票的发行日期和股票编号；(6)标明是否记名，如果是记名式股票，则要写明股东的姓名；(7)该股票的发行公司的董事长签字或董事长签章，主管机关核定发行登记机构的签证；(8)印有借转让股票时所用的表格；⑨发行公司认为应载明的注意事项。

命题点8　股票的基本特征

1. 盈利性

股票的盈利性特征，指的是股票持有者凭其所持有的股票，有权根据公司章程从公司取得股息和分享公司的经营红利。

股票盈利的大小，取决于股份有限公司的经营状况和盈利水平；

一般情况下，股票的盈利要高于银行的储蓄利息，也高于债券利息。

股票的盈利性特征，还表现在股票持有者利用股票可以获取差价和保值。前者是指股票持有者通过低进高出赚取差价而获利；后者则指当货币贬值时，股票会由于公司资产的增值而升值，或以低于市价的特价或无偿取得公司配发的新股而使股票持有者获得利益。

2. 风险性

股票的风险性与股票的盈利性相对称。认购了公司股票的股份持有者就必须承担一定的风险，股票的风险性与盈利性是并存的。

3. 稳定性

股票的稳定性特征包含两方面的含义：(1)指股东与股份有限公司之间稳定的经济关系；(2)指通过发行股票所筹措到的资金在公司存续期间具有稳定性。

4. 流通性

股票是一种流通性很高的证券。它可以在股票市场上，作为买卖对象或抵押品随时转让。

股票的转让，意味着转让者将其出资额以股价的形式收回，同时将股票所代表的股东身份及其各种权益让渡给受让者。

5. 决策参与性

根据公司法的规定，股票的持有者就是股份有限公司的股东，有权出席股东大会，选举公司董事会，参与公司的经营决策。

6. 价格的波动性

股票的市场价格即交易价格的高低，不仅与股份有限公司的经营状况和盈利水平紧密相关，而且也与股票收益和市场利率的对比关系密切相联，同时，股票市场价格还会受到国内和国外经济、政治、社会以及投资者心理等诸多因素的影响。

股票在交易价格上所表现出的波动性，是股份有限公司改善经营管理，努力提高经济效益和加强公司市场竞争力的一个重要外部因素，同时也是吸引社会公众积极进行股票投资的重要原因。

命题点9　股票与股份、股份制

1. 股票与股份

狭义的股份概念，仅指股份制企业均分其资本的基本计量单位。

广义的股份概念，则包含三层含义：(1)股份制企业一定量资本额的代表；(2)股东的出资份额及其股东权的体现；(3)计算股份制企业资本的最小单位。

股份的表现形式是股份证书。股份有限公司用以表现公司股份的形式才是股票。

股票与股份是一种形式与内容的关系。

2. 股票与股份制

股票是股份制经济的组成要素，对股份制的存在和发展具有重要作用。

但是，股票不等于股份制。股份制包括无限公司、有限公司、两合公司和股份有限公司等企业组织形式，但以股份有限责任制最为典型。

并不是任何形式的股份制企业都可以发行股票。按照公司法的规定，只有股份有限公司才可以发行股票。股票是一种只适用于股份有限公司的证券。

命题点 10　股票与认股权证、股单

1. 股票与认股权证

股票和认股权证出现在股份有限公司的股票发行过程中。

股票是确认股东地位和股东权的凭证，认股权证则是购买股票的权利凭证。

股票在股份有限公司的存续期间有效，故不存在预先确定的具体期限；而认股权证一般是有确定期限的，通常以1～2年为限。

2. 股票与股单

它们的作用都是用于证明股东的出资和股东的股份证书，同属于证据证券。

两者的区别：

(1)适用范围不同。股票是由股份有限公司公开发行，用以确认投资者的出资份额和股东地位的法律凭证；而股单则是有限责任公司发给股东的出资凭证和确立股东地位的凭证。它们的适用范围非常明确，不能混淆。

(2)性质不同。股票属于证券，除了可以用以证明股东地位和股东权以外，法律允许它自由流通，并有它自身的市场价格。而股单仅仅是一种证据证券，只是证明股东出资份额和股东权利，具有很强的人身依附性。股单本身没有价格，不是有价证券，所以不能在市场上自由流通，而只能依法定条件和手续转让出资。相应地，股单持有者只能根据其出资，从有限责任公司获取股息、红利，一般情况下，不能获取交易差价。

(3)表现形式不同。在通常情况下，股票体现与金额相等的股份，股东依据股票享有平等的股东权。股单则不一样，每份股单所代表的金额可以不相等，每名股东通常只持有一份股单。并且，股单必须是记名的，也不存在普通股与优先股，有表决权与无表决权之分。

命题点 11　股票与公司债券

股票和公司债券都是有价证券，并且同属于资本证券。

它们的相同之处主要表现在：两者都是投资手段，都是融资工具，体现着资本信用关系，它们既可以为投资者带来收益，又能使公司筹集到从事生产经营活动所需要的资金；两者都是流通证券，可以在证券市场上进行转让和买卖，并且，它们的市场价格都在不同程度上受到银行利率的影响。

它们质的区别主要表现在：

(1)投资性质和各自所包含的权利不同；(2)收益和风险责任不同；(3)投资风险程度不等。

命题点 12　债券的概念

债券是一种有价证券，是社会各类经济主体为筹措资金而向债券投资者出具的、承诺按一定利率定期支付利息、并到期偿还本金的债权债务凭证。

作为一种债权债务凭证，债券包含以下基本要素：

1. 债券的票面价值

这包括两方面的内容：(1)票面价值的币种，即以何种货币作为债券价值的计量单位。(2)债券的票面金额。若票面金额较小，则有利于小额投资者购买从而有利于债券发行，但可能加大发行工作量和增加发行费用；若票面金额较大，则会减轻工作量和降低发行费用，但可能减少债券发行量。

2. 债券的价格

债券的票面价值，是债券价格形成的主要依据。

一般地说，债券的发行价格与债券的票面价值是一致的，即平价发行。

若市场利率低于债券利率，则溢价发行；若市场利率等于债券利率，则平价发行；若市场利率高于债券利率，则折价发行。

3. 债券的利率

指债券持有人每年获取的利息与债券票面价值的比率。债券利率的高低，主要受银行利率、发行者的资信级别、偿还期限、利率计算方式和资本市场资金供求关系等因素的影响。

4. 债券的偿还期限

指从债券发行日起到本息偿清之日止的时间。债券的偿还期限，一般分为短期、中期和长期。偿还期在 1 年以内的为短期；1 年以上、10 年以下的为中期；10 年以上的为长期。

5. 其他

主要包括发行主体的名称、发行时间、债券类别以及批准单位及批准文号等。

命题点 13　债券的特征

与其他有价证券一样，债券也是一种虚拟资本而非真实资本，是在经济运行中实际运用的真实资本的证书。一般说来，债券具有以下特征：偿还性；收益性；流动性；安全性。债券与股票相比，投资风险较小。

债券的偿还性、收益性、流动性和安全性之间具有相逆性关系，一般情况下很难同时兼顾。如安全性高、风险小、流动性强的债券，投资者必然积极购买，因此，该种债券的价格必然上涨，收益率也就较低。反之，安全性差、风险较大、流动性差的债券，通常价格相对较低，收益率也就较高。

命题点 14　债券的分类

1. 按发行主体分类

按发行主体的不同，债券可分为公债券、金融债券、公司债券等几大类。

(1)公债券。也称政府债券；公债券通常分为中央政府债券和地方政府债券。

(2)金融债券。我国的金融债券一般可分为普通金融债券、累进利息金融债券和贴现金融债券等。

(3)公司债券。也称企业债券。我国的公司债券(企业债券)包括重点企业债券、地方企业债券、企业短期融资债券和企业内部债券等。

2. 按期限长短分类

根据偿还期限的长短，债券可分短期债券、中期债券、长期债券和永久债券。

3. 按利息支付方式分类

根据利息的不同支付方式，债券一般可分为附息债券和贴现债券。

(1)附息债券。附息债券一般限于中长期债券。

(2)贴现债券,也称贴水债券。其发行价格与券面价值的差价即为利息。

4. 按发行方式分类

根据债券的发行是否采用公开发行方式进行分类,可分为公募债券和私募债券。

5. 按有无抵押担保分类

根据有无抵押担保可分为信用债券(也称无抵押担保债券)、抵押债券和担保债券等。

6. 按是否记名分类

根据券面上是否记名,债券可分为记名债券和不记名债券。

此外,按收益方式不同,可分为固定利率债券、浮动利率债券、分红公司债券、参加公司债券、免税债券、附新股认购权债券等;按面值币种不同,可分为本币债券和外币债券;按发行地点不同,可分为国内债券和国际债券。国际债券还可分为外国债券和欧洲债券等。

命题点 15 投资基金与投资基金证券概念

投资基金,是指一种集合投资制度。是由基金发起人以发行受益证券或发行股票的形式,汇集相当数量但不限定人数且有共同投资目的的投资者的资金,委托由投资专家组成的专门投资机构进行各类分散的组合投资,投资者按出资的比例分享投资利益,并共同承担相应的风险。

投资基金的创立和运行涉及四方:投资人、发起人、管理人和托管人。

投资基金证券,是指由基金发起人向社会公开发行的,表示持有人按其所持份额享有资产所有权、收益分配权和剩余资产分配权的凭证。

按基金的发起和建立方式的不同,基金证券有基金受益证券和基金股票两种形式。

命题点 16 投资基金证券与股票、债券的区别

(1)发行的主体不同,体现的权利关系不同。

股票是股份公司发行的,持有人是股份公司的股东,有权参与公司管理,是一种股权关系。债券是分别由政府、银行和企业发行的,体现的是债权债务关系。投资基金证券是由基金发起人发行的,基金的创立以契约为基础,证券持有人与发起人之间是契约关系。

(2)运行机制不同,投资人的经营管理权不同。

通过股票筹集的资金,完全由股份公司运用,股票持有人有权参与公司管理;通过债券筹集的资金,由债务人自主支配;投资人和发起人都不直接从事基金的运用,而是委托管理人进行运营。

(3)风险和收益不同。

投资基金风险小于股票投资,大于债券投资;

一般认为基金证券是一种风险低于股票、收益高于债券的证券品种。

(4)存续时间不同。

每一种投资基金都规定有一定的存续时间,期满即终止。

命题点 17 投资基金类别

1. 契约型和公司型

(1)契约型。又称信托型,指基金发起人将受益权证券化,然后通过发行受益证券的形式,由有关证券机构和金融机构认购包销以及向社会公开发行。

投资人购买受益证券即成为该基金的受益人,在约定的存续时间内凭所持证券分享红利。

(2)公司型。基金发起人通过组织投资公司(或称基金公司)的形式,发行投资基金股份(即基金股票),投资人购买基金股份即成为基金公司股东,享有议决权、利益分配权和剩余财产分配权。一个基金公司只能发行一种基金,并以该基金作为唯一的全部运行资本。

2. 依据基金证券能否赎回，可分为封闭型和开放型

(1)封闭型。不允许证券持有人向发行人请求赎回证券，如持有人不满意该基金的经营和收益时，可在公开市场上将其持有的证券卖出，收回投资。

(2)开放型。允许持有人申购或赎回所持有的单位或股份。当基金发行新证券时，应持净资产价值加上经销手续费售出，赎回时则按净资产价值减除一定比例的手续费计算。

3. 依据基金的运用方式，可分为固定型和管理型

(1)固定型。指将信托基金投资于预先确定的证券，而在整个信托期间，原则上不允许变动，即不允许转卖或重买。

(2)管理型。指经营者可以根据市场变化，对购进的证券自由买卖，不断调整组合结构，所以管理型基金又称自由型和融通型。

4. 按基金是否可以追加，可分为单位型和追加型

(1)单位型。在契约型基金中，有的规定每次新募集创设的基金，分别作为一个单元信托财产加以运用和管理，在规定的信托期满之前不得追加新的基金单位，故称为单位型基金。

一般情况下，单位型基金多属于封闭型和半封闭型，或属于固定型和半固定型。

(2)追加型。指基金设立后，可视基金单位的售出情况，随时以当时的市场价格追加新的基金单位。

5. 依据投资的对象，可分为股权式基金和有价证券基金

(1)股权式基金。以参股或合资的方式，投向实际产业中未公开发行或未上市的股份或股票，以获取投资收益为主要目的，可以参与企业经营，但又不起控制支配作用。

(2)有价证券基金。以投资于公开发行和上市的股票和债券为主。

6. 依据募集资金的币种，可分为本币基金和外币基金

(1)本币基金。以本国货币募集资金，运用范围也限于国内。

(2)外币基金。以国际上可自由兑换的任何一种外币募集和运用资金。

命题点 18　投资基金的特点

(1)化零为整、凑小钱成大钱；

(2)降低和分散投资风险、提高投资效率；

(3)弥补中小投资者投资管理缺陷；

(4)避免国外投资者直接控制国内企业股权。

历年考题诠解

一、单项选择题

1. 下列证券中，风险最小的是(　　)。**[2003 年考题]**

A. 债券　　B. 普通股　　C. 优先股　　D. 投资基金证券

【答案】A　本题考核的是证券投资风险。债券与股票相比，投资风险较小。投资基金证券风险小于股票投资，大于债券投资。

2. 下列股东权利中属于共益权的是(　　)。**[2004 年考题]**

A. 出席股东大会的权利、股票过户的权利、表决权

B. 股息红利分配的请求权、表决权、出席股东大会的权利

C. 表决权、查询公司经营状况的请求权、出席股东大会的权利

D. 股票过户的权利、表决权、查询公司经营状况的请求权

【答案】C　本题考核的是普通股股东的权利。按行使的目的不同，股东权利可以分为共益权和自益权。共益权是指股东为自己，同时也为公司利益而行使的权利。如股东享有的出席股东大会的权利、表决权、查询公司经营状况的请求权等都属于共益权。

3. 可以股息、红利形式参与企业经营收益的分配，但不能通过市场转让获取交易差价的证券是(　　)。**[2004 年考题]**

A. 股份　　B. 股票　　C. 股单　　D. 公司债券

【答案】C　本题考核的是股单的概念。股单本身没有价格，不是有价证券，所以不能在市场上自由流通，而只能依法定条件和手续转让出资。相应地，股单持有者只能根据其出资，从有限责任公司获取利息、红利，一般情况下，不能获取交易差价。

4. 在以下投资组合中，对投资者来说，投资品等比例选择风险最小的是(　　)。**[2005 年考题]**

A. 股票＋投资基金　　B. 债券＋投资基金

C. 投资基金＋股票＋债券　　D. 股票＋债券

【答案】B　本题考核的是资本证券投资的风险。债券与股票相比，投资风险较小。投资基金的风险小于股票投资，大于债券投资。所以上述选项中风险最小的为债券＋投资基金。

5. 表明对物质资料具有某种权利的有价证券属于(　　)。**[2006 年考题]**

A. 货币证券　　B. 信用证券　　C. 商品证券　　D. 资本证券

【答案】C　本题考核的是证券的分类。证券可分为商品证券、货币证券及资本证券。商品证券是表明对物质资料具有某种权利的有价证券，如提货单、运货单、仓库栈单等。

6. 某基金允许持有人申购或赎回所持有的基金单位或股份，若依据基金证券能否赎回划分，这种基金属于(　　)基金。**[2006 年考题]**

A. 契约型　　B. 公司型　　C. 封闭型　　D. 开放型

【答案】D　本题考核的是投资基金类别。依据基金证券能否赎回，可分为封闭型和开放型投资基金。开放型投资基金是指允许持有人申购或赎回所持有的基金单位或股份。

7. 某种有价证券的持有者既可凭该证券以股息、红利形式参与企业经营收益的分配，又能通过市场转让获取交易差价，这种证券是(　　)。**[2007 年考题]**

A. 股份　　B. 股单　　C. 股票　　D. 公司债券

【答案】C　本题考核的是证券的概念。股票是由股份有限公司公开发行、用以证明投资者的股东身份和权益、并据以获得股息和红利的凭证。债券是一种有价证券，是社会各类经济主体为筹措资金而向债券投资者出具的、承诺按一定利率定期支付利息、并到期偿还本金的债权债务凭证。股票和债券都是流通证券，可以在证券市场上进行转让和买卖。

二、多项选择题

1. 股票和债券的相同之处表现在(　　)。**[2004 年考题]**

A. 都是融资工具　　B. 都是流通证券

C. 持有者享有相同权利　　D. 都具有偿还性

E. 都可以为投资者带来收益

【答案】ABE　本题考核的是股票与债券的相同之处。主要表现在，两者都是投资手段，都是融资工具，体现着资本信用关系，它们既可以为投资者带来收益，又能使公司筹集到从事

生产经营活动所需要的资金；两者都是流通证券，可以在证券市场上进行转让和买卖。

2. 股票和债券的相同之处表现在（　　）。[2007 年考题]

A. 都是融资工具　　B. 都是流通证券　　C. 享有相同权利

D. 都是长期投资　　E. 都可以为投资者带来收益

【答案】ABE　本题考核的是股票与债券的相同之处。

三、判 断 题

1. 证券的价格由货币使用中产生的收益与社会借贷资金利率之间的比率所决定。（　　）[2003 年考题]

【答案】√

2. 基金公司将所有的各种基金作为全部运行资本。（　　）[2003 年考题]

【答案】×　本题考核的是基金公司。一个基金公司只能发行一种基金，并以该基金作为唯一的全部运行资本。

3. 债券发行时，若市场利率低于债券利率，则债券的发行价格往往低于债券的票面价值。（　　）[2004 年考题]

【答案】×　本题考核的是债券的价格。若市场利率低于债券利率，则溢价发行；若市场利率等于债券利率，则平价发行；若市场利率高于债券利率，则折价发行。

4. 投资基金证券，是指由基金管理人向社会公开发行的，表示持有人按其所持份额享有资产所有权、收益分配权和剩余资产分配权的凭证。（　　）[2005 年考题]

【答案】×　本题考核的是投资基金证券的概念。投资基金证券，是指由基金发起人向社会公开发行的，表示持有人按其所持份额享有资产所有权、收益分配权和剩余资产分配权的凭证。

5. 债券和股票都是金融市场交易的媒介。（　　）[2006 年考题]

【答案】√

6. 证券可分为商品证券、货币证券和资本证券三类。（　　）[2006 年考题]

【答案】√

7. 相对股票而言，投资基金的投资风险较小。（　　）[2006 年考题]

【答案】√　本题考核的是投资基金的风险。由于投资基金是委托专门的投资机构进行分散组合投资，可以分散和降低风险，所以风险小于股票投资，大于债券投资。

8. 证券出售后，购买证券的货币所有权和使用权发生了分离。（　　）[2007 年考题]

【答案】√　本题考核的是证券的一般特征。证券出售后，买主即货币所有者拥有购买证券的货币所有权，而该货币的使用权则归证券发行单位拥有，所有权和使用权发生了分离。

9. 债券发行时，若市场利率高于债券利率，则债券的发行价格往往低于票面价值。（　　）[2007 年考题]

【答案】√　本题考核的是债券发行价格。债券发行时，若市场利率高于债券利率，则折价发行；市场利率低于债券利率，则溢价发行。

热点试题全解

一、单项选择题

1. 证券可分为商品证券、货币证券和（　　）。

A. 投资证券　B. 投资基金证券　C. 交易证券　D. 资本证券

2. 股票是由股份有限公司公开发行、用以证明投资者的股东身份和权益、并据以获得股息和红利的凭证，是一种(　　)。

A. 货币资本　B. 虚拟资本　C. 实际资本　D. 权益资本

3. 如果要求召开临时股东会，必须由代表公司(　　)以上股份的若干股东提出才有效，即为少数股东权。

A. 10%　B. 20%　C. 25%　D. 30%

4. 我国《公司法》规定，公司当年的税后利润，应提取10%列入法定公积金，当公司法定公积金累计额达到公司注册资本的(　　)后，可不再提取。

A. 40%　B. 50%　C. 80%　D. 100%

5. 普通股票持有者之间的平等原则是指(　　)。

A. 股票持有者的身份是平等的　B. 每一股份的平等

C. 在权利方面是平等的　D. 在义务方面是平等的

6. 股票市场上数量占绝对多数的主要股票品种是(　　)，它是取得公司收入分配的部分所有权凭证，是公司资本构成的基本组成部分。

A. 普通股　B. 法人股　C. 优先股　D. 个人股

7. 股票盈利的大小取决于(　　)。

A. 股份有限公司的经营状况和盈利水平　B. 公司的盈利状况

C. 公司的年终利润的多少　D. 公司风险程度和股票的稳定性

8. 在通常情况下，股票持有者的投资意志和享有的经济权益，是通过(　　)而实现的。

A. 其行使对股息红利分配的要求权　B. 其行使对公司剩余财产的分配权

C. 其行使股东参与权　D. 其行使股票转让权

9. 既是股份有限公司改善经营管理，努力提高经济效益和加强公司市场竞争力的一个重要外部因素，同时也是吸引社会公众积极进行股票投资的重要原因的是(　　)。

A. 股票所具有的决策参与性　B. 股票在交易价格上所表现出的波动性

C. 股票所体现出的盈利性　D. 股票所具有的流动性

10. 股单是(　　)发给股东的出资凭证和确立股东地位的凭证。

A. 有限公司　B. 股份公司　C. 有限责任公司　D. 股份有限公司

11. 股票在股份有限公司的存续期间有效，而认股权证一般是有确定期限的，通常以(　　)为限。

A. 6个月～1年　B. 1年～1年半　C. 1年～2年　D. 2年

12. 下列关于股票和股单的表述中，正确的是(　　)。

A. 股票和股单都是由股份有限公司公开发行，用以确认投资者的出资份额和股东地位的法律凭证

B. 股票和股单同属于有价证券

C. 股票可以有记名股和不记名股；股单必须是记名的

D. 股票属于证券，法律允许它自由流通；股单持有者只能根据其出资，从股份有限公司获取股息、红利，不能在市场上自由流通

13. 当市场利率高于债券利率时，债券的票面价值(　　)发行价格。

A. 高于　B. 低于　C. 等于　D. 接近于

14. 债券持有人每年获得的利息与债券票面价值之比为(　　)。

A. 债券利率　　B. 债券负债率　　C. 债券付息率　　D. 债券成本率

15. 下列关于债券的表述中,正确的是(　　)。

A. 债券的偿还期限是指从债券到期日起到实际偿清本息之日止的时间

B. 中期债券是指偿还期限在 1 年以上,5 年以下的债券

C. 债券可以在证券市场上转让,但不能进行抵押

D. 债券的利率在发行时就已固定,不受市场利率变动的影响

16. 我国目前有关部门把公司或企业发行的债券统称为"企业债券",并且明文规定,发行的主体仅限于我国境内的(　　)。

A. 国有企业　　B. 全民所有制企业　　C. 私营企业　　D. 公有制企业

17. 按债券的偿还期限来看,我国的国库券属于(　　)。

A. 短期债券　　B. 中期债券　　C. 长期债券　　D. 永久债券

18. 附息债券一般限于(　　)债券。

A. 短期　　B. 长期　　C. 中长期　　D. 无期

19. 一般情况下,单位型基金多属于(　　)。

A. 开放型和半开放型　　B. 封闭型和半封闭型

C. 自由型　　D. 管理型

20. 下列关于有价证券基金表述中,正确的是(　　)。

A. 对股份制企业的组织形式要求高

B. 有价证券基金着眼于二级市场

C. 转让性能差

D. 有价证券基金着眼于股权或股票的未来公开转让和上市

21. 近年来国际上投资基金得以迅速发展的原因在于它具有一些独特的优点,其中不包括(　　)。

A. 降低和分散投资风险、提高投资效率　　B. 避免国外投资者直接控制国内企业股权

C. 弥补中小投资者资金过于分散的缺陷　　D. 化零为整,凑小钱成大钱

二、多项选择题

1. 我国上海证券市场上允许发行和流通的证券包括(　　)。

A. 政府债券　　B. 企业债券　　C. 公司债券

D. 个人债券　　E. 国际债券

2. 证券市场对促进经济发展具有十分重要的积极作用,主要表现在(　　)方面。

A. 证券是一种直接融资的金融工具

B. 证券是一种间接融资的金融工具

C. 发展证券市场是建立和完善投资市场的需要

D. 发展证券市场有利于产业结构调整

E. 发展证券市场有利于企业重组

3. 下列选项,不属于证券自身的基本特征的是(　　)。

A. 证券是一种可以依法买卖的特殊商品

B. 代表一定的财产权利,能给持有者带来收益

C. 证券是一种虚拟资本
D. 可以依法转让，买卖时存在证券交易价格
E. 是一种有价凭证

4. 按权利性质的不同，股东权利可分为(　　)。
A. 共益权　　B. 自益权　　C. 少数股东权
D. 非固有权　　E. 固有权

5. 从具体内容看，普通股股东享有的权利包括(　　)。
A. 参加表决的权利　　B. 股票转让权
C. 公司剩余财产的分配权　　D. 对公司事务的质询权
E. 要求赎回权

6. 我国股票市场上目前都是普通股票，但相同普通股票依其股份享有人的不同，可分为(　　)。
A. 国家股　　B. B股　　C. 法人股
D. H股　　E. 个人股

7. 股票的基本特征包括(　　)。
A. 非返还性　　B. 高盈利性　　C. 稳定性
D. 流通性　　E. 决策参与性

8. 股份制不包括(　　)等企业组织形式。
A. 无限公司　　B. 有限责任公司　　C. 股份有限公司
D. 两合公司　　E. 股份公司

9. 对于有价证券的说法中不正确的是(　　)。
A. 是反映某种法律行为结果的凭证　　B. 是认定持证人有权取得收入的凭证
C. 可以记名也可以不记名　　D. 表明对物资资料具有某种权利
E. 是对证券价值的反映

10. 下列关于股票与公司债券的表述中，正确的有(　　)。
A. 股票与公司债券都是一种长期投资
B. 股票与公司债券都是流通证券，可以在证券市场上进行转让和买卖
C. 股票投资者与公司之间形成的是一种股东权与公司生产经营权的关系
D. 公司债券持有人依法获取的收益是公司债券利息，受公司经营状况的影响
E. 股票的投资风险比公司债券的大

11. 债券的基本要素不包括(　　)。
A. 债券的票面价值和价格　　B. 债券的发行总额　　C. 债券的利率
D. 债券的偿还期　　E. 债券的购买者

12. 债券的特征包括(　　)。
A. 偿还性　　B. 流动性　　C. 风险性
D. 收益性　　E. 稳定性

13. 债券按发行的主体的不同，可分为(　　)。
A. 个人债券　　B. 企业债券　　C. 政府债券
D. 金融债券　　E. 不记名债券

14. 根据有无抵押担保，债券可分为(　　)。

A. 附息债券　　B. 信用债券　　C. 贴现债券
D. 抵押债券　　E. 担保债券

15. 下列关于投资基金证券与股票、债券的表述中，正确的有（　　）。
A. 股票是股份公司发行的；债券和投资基金证券是分别由政府、银行和企业发行的
B. 投资基金证券的投资人、发起人、管理人和托管人之间完全是一种信托契约关系
C. 通过债券筹集的资金，由债务人自主支配，投资基金则是委托管理人进行运营
D. 投资基金证券是一种风险低于股票收益高于债券的证券
E. 任何一种投资基金都规定有一定的存续时间，期满即终止，在期满之前不能提前终止，期满后可以再延续

16. 下列选项不属于投资基金证券按其所持份额享有的权利的是（　　）。
A. 经营决策权　　B. 资产所有权　　C. 收益分配权
D. 剩余资产分配权　　E. 资金转让权

17. 下列关于投资基金说法中不正确的是（　　）。
A. 封闭型基金证券的价格波动较大　　B. 开放式基金的风险较小
C. 股权式基金具有较多的投机成分　　D. 有价证券基金着眼于二级市场
E. 追加型基金证券不允许中途解约

18. 基金按其运用方式不同，可分为（　　）。
A. 开放型基金　　B. 封闭型基金　　C. 融通型基金
D. 追加型基金　　E. 固定型基金

19. 投资人购买基金股份即成为基金公司股东，享有（　　）。
A. 要求赎回权　　B. 利益分配权
C. 议决权　　D. 剩余财产分配权
E. 分配股息的优先权

三、判 断 题

1. 普通商品的使用价值是为满足人们的某种需要，证券的使用价值则可以生息，能为持有者带来一定的利息收入。（　　）

2. 证券是一种商品，可以进行依法买卖；同时，证券又是一种资本，可以为持有者带来一定的收益。（　　）

3. 普通商品的价格由该商品的价值所决定，而证券的价格则由货币使用中产生的收益和社会借贷资金率的比率所决定。（　　）

4. 普通商品出售后，该商品的所有权和使用权一并转移，而证券出售后，所有权和使用权发生了分离。（　　）

5. 货币证券是指可与货币相互转化的有价证券，支票、汇票、股票都属于货币证券。（　　）

6. 证券能够定期地给它的持有者带来收益，投入证券的资本未到期可通过出售收回，因此是一种权益资本。（　　）

7. 股票一经认购，持有者不能以任何理由要求退本还股，但可以通过证券市场进行转让。（　　）

8. 股票可以作为买卖的对象，成为金融市场上主要的、长期的信用工具，但不能作为抵

押品。（　）

9. 普通股票所说的平等原则，是指每一位股东所拥有的权利和义务是平等和无差异的。（　）

10. 即使公司某年度的盈利水平下降，优先股股东也可优先于普通股股东按原有水平享受股息，而普通股股东则可能不能享受分红。（　）

11. 在公司弥补亏损并提取法定公积金后，所剩利润可按股东持股比例进行分配。（　）

12. B股是指以人民币标明面值，美元标明价格，专供大陆以外的境外法人和自然人在境内以外汇进行买卖的不记名式外资股票。（　）

13. 股票的基本特征有：盈利性、风险性、稳定性、流通性、决策参与性、价格波动性、政策性。（　）

14. 国家股和法人股是两种具有相互渗透的股份。（　）

15. 股票的盈利性特征除表现在从公司取得股息和分享公司的经营红利外还表现在股票持有者利用股票可以获取差价和保值。（　）

16. 股票的转让，意味着转让者将其出资额以股价的形式收回，同时将股票所代表的股东身份及其各种权益让渡给受让者。（　）

17. 股票是由股份有限公司公开发行、用以证明投资者的股东身份和权益、并据以获得股息和红利的凭证。（　）

18. 持有认股权证，意味着持有者享有在规定时间内，按最优价格购买一定数量某股份有限公司新发行的股票的权利。（　）

19. 普通股票持有者的权利和义务主要体现在有限责任原则和平等原则之内，这里所说的平等，主要是指每一股份的平等。（　）

20. 公司债券持有人与公司之间形成的是一种借贷性质的债权债务关系。（　）

21. 公司债券持有者享有的是收益权，其内容包括到期收取利息和本金的权利、债务人破产时优先分取财产的权利，以及在证券市场转让债券的权利。（　）

22. 若市场利率低于债券利率，则债券的发行价格高于票面价值。（　）

23. 期限在1年以上、10年以下的为中期债券，我国的国库券属于长期债券。（　）

24. 永久债券指的是不规定到期期限，债权人也不能要求清偿但可按期取得利息的一种债券，我国曾发行过这种债券，现在已不再发行。（　）

25. 附息债券是指债券券面上附有各种息票的债券，息票一般以6个月为一期。（　）

26. 贴水债券是指券面上不附息票，发行时按规定的折扣率以券面价值的价格发行，到期时一次性偿还本金及利息的债券。（　）

27. 公募债券的利率一般要低于私募债券。（　）

28. 投资人干预基金的管理和操作，同时分享基金的盈利和分红。（　）

29. 投资基金证券是指由基金发起人向社会公开发行的，表示持有人按其所持股份额享有资产所有权、收益分配权的凭证。（　）

30. 封闭式基金在存续期间内不得随意增减基金证券，持有人只能通过证券交易所买卖证券，这一点类似于股票投资。（　）

31. 一个基金公司只能发行一种基金，并以该基金作为唯一的全部运行资本。（　）

32. 一般情况下，投资变现能力较好的证券的基金都适于采用开放型。（　）

33. 经营者可以根据市场变化，对购进的证券自由买卖，不断调整组合结构的基金称为融通型基金。（　）

34. 股权式基金一般要求是封闭型和固定型，以便于稳定运作。（　）

热点试题答案

一、单项选择题

1. D	2. B	3. A	4. B	5. B
6. A	7. A	8. C	9. B	10. C
11. C	12. C	13. A	14. A	15. D
16. B	17. B	18. C	19. B	20. B
21. C				

二、多项选择题

1. ABC	2. ACDE	3. BDE	4. DE	5. ABCD
6. ACE	7. CDE	8. BE	9. DE	10. BCE
11. BE	12. ABD	13. BCD	14. BDE	15. CD
16. AE	17. CE	18. CE	19. BCD	

三、判 断 题

1. √	2. √	3. √	4. √	5. ×
6. ×	7. √	8. ×	9. ×	10. √
11. ×	12. ×	13. ×	14. √	15. √
16. √	17. √	18. ×	19. √	20. √
21. ×	22. √	23. ×	24. ×	25. √
26. ×	27. √	28. ×	29. ×	30. √
31. √	32. ×	33. √	34. √	

第九章 保险知识

命题规律解读

本章的命题规律主要体现在：

1. 保险的职能是个很重要的命题点，属必考的内容。
2. 掌握保险按不同标准的分类，这是一定会考核的内容。
3. 保险的基本原则是个很好的命题点，其中保险利益原则及近因原则应重点掌握。
4. 掌握保险合同的主体，命题者很喜欢在此出题。
5. 我国保险公司的组织形式，注意在此出现选择题。
6. 房地产保险是个重要的命题点，注意以判断题形式出现。

命题点解读

命题点1　保险的概念

保险是集合同类危险聚资建立基金，对各类特定危险的后果提供经济补偿的一种财产转移机制。从这个定义可以看出：(1)保险是一种通过聚资建立基金的机制。任何保险，都离不开通过法律认可的形式集中保费建立保险基金，这是保险正常运行的基础；(2)保险是对特定危险的后果提供经济补偿的一种机制；(3)保险是一种财产转移的机制。

从本质上说，保险体现一定的经济关系。这种关系是保险人(即保险公司)与被保险人之间的一种商品交易关系，即被保险人以缴纳保险费为条件，将风险转嫁给保险人；而保险人则以收取保险费为条件，对被保险人的风险损失承担经济补偿责任。

被保险人之间体现的是互助合作关系，表现在一定时期内少数被保险人遭受的损失实际上由全体被保险人来分担。

命题点2　保险形成的条件

(1)可保危险的存在；(2)多个经济单位的结合；(3)随机事件的科学化。

命题点3　保险的基本职能

保险的基本职能是指保险在一切经济条件下均具有的职能，包括分散风险职能、组织经济补偿职能。

1. 分散危险

分散危险是指保险人在最大范围内，通过向各个相互独立的经济单位或个人收取保险费的形式，将这些经济单位或个人可能遇到的危险损失化为必然，由保险人把“必然”的损失集中承担下来，并且当某些被保险人一旦遭遇到危险损失时，使全体被保险人共同承担。

2. 组织经济补偿

组织经济补偿是指保险人把有共同危险顾虑的经济单位或个人所缴付的保险费集中起来，对遭受危险损失的经济单位或个人实行经济补偿，以对抗危险，保障社会经济活动正常进行和人民生活安定。

分散危险作为处理偶然性灾害事故的良策，是保险经济活动所特有的内在功能；而组织经济补偿作为体现保险行为内在功能的表现形式，是保险经济活动的外部功能。

命题点 4 保险的派生职能

保险的派生职能是指随着社会生产力的发展而逐渐具有的职能，包括融通资金职能、防灾防损职能和分配职能。

1. 融通资金

融通资金是指保险人利用集聚起来的保险基金而实现的货币资金融通。

这是保险在基本职能的基础上派生出来的特殊职能；如果说保险的基本职能是通过保险人的负债业务实现的，那么，保险的融通资金职能则是通过保险人的资产业务实现的。

2. 防灾防损

防灾防损是指保险人参与防灾防损活动，提高了社会的防灾防损能力。

3. 分配

分配职能是指保险实际上参与了国民收入的再分配；社会保险最能体现分配职能。

命题点 5 商业保险、社会保险与政策保险

1. 商业保险

是指根据合同约定，投保人向保险人支付保险费，保险人对于合同约定可能发生的保险事故发生时造成的财产损失承担赔偿保险金责任；或者当被保险人死亡、伤残、疾病，或者达到合同约定的年龄、期限时，保险人承担给付保险金责任的保险。

商业保险既是一种经济行为，也是一种合同行为；商业保险是一种自愿保险。

2. 社会保险

是指国家根据立法对社会劳动者暂时或者永久丧失劳动能力提供一定物质帮助，以保障其基本生活的保险。

与商业保险不同，社会保险是一种强制保险，任何符合国家规定条件的都必须参加。

目前我国的社会保险主要有统筹医疗保险、社会养老保险、劳动工伤保险和失业保险等。

3. 政策保险

是指政府为了特定目的，运用普通保险技术开办的保险。

政策性保险在缴纳保险费和给付保险金方面，不遵循利益对等原则，而是向被扶持对象倾斜。一般可分为四类：(1)农业保险（养殖业保险、种植业保险等）；(2)信用保险（无担保保险、预防公害保险等）；(3)输出保险（出口信用保险、外汇变动保险、存款保险等）；(4)巨灾保险。

命题点 6 财产保险、责任保险、信用保证保险与人身保险

以保险标的的不同性质为标准，可将商业保险分为财产保险、责任保险、信用保证保险与人身保险四大类。保险标的是指保险合同中所载明的投保对象。

1. 财产保险

是指以各种有形财产以及与其相关的利益为保险标的，保险人根据保险合同承担承保责任范围内的自然灾害、意外事故等风险，并因其发生对所造成的损失承担赔偿责任的一种保险。

财产保险种类繁多，主要有海上保险、运输货物保险、运输工具保险、火灾保险、工程保险、贵重物品意外损害以及失窃保险等。

2. 责任保险

是指以被保险人对第三者依法应负的民事损害赔偿责任或经过特别约定的合同责任为保

险标的的保险。

在责任保险中，凡根据法律或合同规定，由于被保险人疏忽、过失等原因造成他人财产损失和人身伤害的，其应负的民事损害赔偿责任由保险人全部或部分赔偿。

3. 信用保证保险

是指以合同双方约定的经济信用为标的，保险人因债务人不能履约而对债权人损失承担赔偿责任的保险。

信用保证保险是担保性质的保险，在形式上可分为信用保险和保证保险。

(1)信用保险。是指债权人就债务人的信用向保险人投保的保险。

信用保险包括国内商业信用保险、出口信用保险和投资保险。

(2)保证保险。是指债务人就自己的信用向保险人投保，由保险人为被保险人(债务人)向债权人提供担保的保险。

保证保险包括合同保证保险、房地产贷款保证保险等。

信用保险与保证保险的主要区别在于投保人不同：债权人投保债务人的信用风险的，为信用保险；债务人为自己的信用投保的，是保证保险。

4. 人身保险

是指以人的生命或身体为保险标的，以被保险人的死亡、疾病、伤害等人身危险为保险事故的一种保险。人身保险主要包括：

(1)人寿保险。是指以被保险人的生命为保险标的的保险。

(2)健康保险。又称疾病保险，是指被保险人在保险期间因疾病、分娩以及因疾病、分娩所致残疾或者死亡时，保险人给付约定保险金的保险。

(3)意外伤害保险。又称伤害保险，是指被保险人在保险期间因遭受意外伤害或因此而导致残疾或死亡时，保险人给付约定保险金的保险。

人身保险和财产保险存在着本质区别，即财产保险属损失保险，其标的为有形或无形的物，可以用货币来衡量；但人身保险标的是人的寿命或身体健康，不能用货币来衡量，因此人身保险的实质不是赔偿，而是按约定予以给付。

命题点 7　以保险的实施形式为标准，可将保险分为自愿保险与强制保险

1. 自愿保险

是投保人和保险人双方在平等互利、协商一致的基础上，通过签订保险合同而形成的保险。

自愿保险是商业保险的基本形式。

2. 强制保险

也称法定保险，是指依据国家有关保险法律制度规定而强行实施的保险。

命题点 8　以保险标的的价值确定与否为标准，可将保险分为定值保险与不定值保险

1. 定值保险

是指保险当事人双方在订立保险合同时即已确定保险标的的保险价值，并将其在保险合同中载明的保险。

如果保险事故造成保险标的灭失或者价值全部损失，则无论该保险标的的实际损失如何，保险人都应按保险合同约定的保险金额全额支付，不必重新估价。

如果保险事故仅造成保险标的部分损失，则只需确定损失的比例，该比例与保险合同约定的保险金额的乘积，即为保险人应支付的赔偿金额。

2. 不定值保险

是指保险当事人双方在订立保险合同时不预先确定保险标的的保险价值，仅载明须至事故发生后再估价和确定损失与赔偿的保险。

对于不定值保险而言，保险当事人双方事先仅约定了保险人最高赔偿限额的保险金额，而将保险标的实际价值的估算留待保险事故发生后，需要确定赔偿金额时进行。

无论保险标的的实际价值如何变化，保险人应支付的赔偿金额都不得超过保险合同约定的保险金额。如果实际损失小于保险金额，保险人仅赔偿实际损失；如果实际损失大于保险金额，保险人的赔偿额以保险金额为限。

命题点 9　以保险人承保危险的数量为标准，可将保险分为单一危险保险与综合危险保险

1. 单一危险保险

是指对某一种危险所造成的损失给予经济赔偿的保险。

2. 综合危险保险

是指对数种危险均承担赔偿责任的保险，通常分为基本险（主险）和附加险。

命题点 10　保险的基本原则

1. 最大诚信原则

是指保险合同当事人双方订立保险合同时，应依法向对方提供影响对方是否缔约及缔约条件的全部实质性重要事实；一旦合同订立，则双方在合同的有效期间应绝对信守合同约定和承诺的原则。

最大诚信原则的内容主要包括告知、保证、弃权和禁止反言。

对保险人而言，在从事保险业务中不得有如下行为：

(1)欺骗投保人、被保险人或者受益人；(2)对投保人隐瞒与合同有关的重要情况；(3)阻碍投保人、被保险人履行告之义务，或者诱骗投保人不履行告之义务；(4)承诺向投保人、被保险人或者受益人给予保险合同规定以外的保险费回扣或者其他利益。

2. 保险利益原则

保险利益是指投保人或被保险人对投保标的所具有的法律上承认的利益，用以衡量投保人或被保险人因保险标的的损害或丧失而遭受的经济损失。

构成保险利益必须具备三个条件：(1)保险利益必须是合法的，是法律承认并且可以主张的利益；(2)保险利益必须是确定的，是可以实现的利益；(3)保险利益是经济上的利益。

无论何种保险合同，都必须以保险利益的存在为前提，而保险标的又是产生保险利益的前提。

3. 近因原则

是指根据保险事故与保险标的损失之间因果关系的判定，从而确定保险赔偿责任的原则。

所谓近因，是指引起保险标的损失最直接、最有效和起决定性作用的因素。

近因原则的具体含义是：如果引起保险事故发生，造成保险标的损失的近因属于保险责任，则保险人承担赔偿责任；如果近因属于除外责任，则保险人不负赔偿责任。

4. 损失补偿原则

是指当保险标的发生保险责任范围内的损失时，保险人应按保险合同的约定，对被保险人给予弥补损失的经济赔偿，但被保险人不能因损失获得额外利益的原则。

损失补偿原则进一步派生出权益转让原则和分摊原则。

权益转让原则仅适用于财产保险，而不适用于人身保险；分摊原则与财产保险业务中发生的重复保险密切相关，不适用于人身保险。

命题点 11　保险合同的概念

保险合同又称保险契约，是投保人与保险人约定保险权利和义务关系的协议，是保险关系得以建立的依据。保险合同一般采用书面形式。

保险单是保险合同的主要体现形式和证明。此外，投保单、暂保单、保险凭证、批单等也在不同程度上构成保险合同的一部分。

命题点 12　保险合同的主体

1. 保险合同的当事人

保险合同的当事人有保险人和投保人。

保险人又称承保人，是指在保险关系中，依保险合同的约定，享有收取保险费的权利，并向被保险人承担赔偿损失或者给付保险金义务的一方。

在我国，保险人专指保险公司。

投保人是指与保险人订立保险合同，并按照保险合同承担缴付保险费等义务的一方。

投保人可以是法人或自然人，也可以是被保险人本人或者是法律许可的他人。

但投保人与被保险人为同一人时，只限于为自己利益投保。

2. 保险合同的关系人

保险合同的关系人有被保险人、受益人。

被保险人俗称"保户"，是指其财产或人身受保险合同保障，享有向保险人要求保险损失赔偿或给付保险金的法人或自然人。

受益人是指保险事故发生后，由于各种原因造成被保险人不能行使保险金请求权时，有权获得保险金给付的法人或自然人。

在保险合同期间，受益人可以变更，但必须经过被保险人同意。

受益人的变更无需保险人同意，但应当将受益人的变更事宜及时通知保险人，否则变更受益人的法律效率不得对抗保险人。

3. 保险合同的辅助人

保险合同的辅助人是指介于保险人之间或者保险人与保险客户之间专门从事保险业务咨询与招揽、危险管理与安排、价值衡量与评估、损失鉴定与理赔等中介服务活动，并从中依法获取佣金或手续费的企业或个人，主要包括保险代理人、保险经纪人、保险公估人等。

保险代理人是指根据保险人的委托，在保险人授权范围内代为办理保险业务，并依法向保险人收取代理手续费的企业或者个人。

保险经纪人是指基于投保人的利益，为投保人与保险人订立保险合同提供中介服务，并收取服务费用的企业。

保险公估人是指受保险人或保险客户委托，办理保险标的查勘、鉴定、估损以及赔款理算等业务，出具有关报告或证明，并向委托人收取费用的企业。

命题点 13　保险合同的客体

保险合同的客体是指保险合同当事人双方权利和义务所指向的对象，是财产及其相关利益或者人的生命或身体，即体现保险利益的保险标的。

命题点 14、保险金额与保险费

保险金额是保险人承担赔付或给付保险金责任的最高限额，也是投保人对保险标的的实际投保金额。

在人身保险中，我国通常由保险人根据其设置的险种，单方面制定格式合同直接确定每份保险的保险金额，投保人可根据自己支付保险费的能力决定购买保险的份数。

在财产保险中，投保人与保险人在订立保险合同时，通常以保险标的的价值即保险价值为基础确定保险金额。

保险金额不得超过保险价值；超过保险价值的，超过部分无效。

保险费是投保人按照保险合同的规定必须缴纳的费用，缴纳保险费是保险合同成立的必要条件之一，是投保人必须履行的义务。

保险费等于保险金额与保险费率的乘积，它与保险价值大小、保险费缴纳方式(趸交或按年缴纳等)、期限长短、银行利率水平等多种因素有关。

命题点 15　保险合同的其他事项

保险合同的其他事项主要包括：保险责任与责任免除、保险期限、保险金赔偿或给付办法、免赔率规定、违约责任和争议处理、如实告知及维护保险标的等义务方面的规定。

命题点 16　保险合同的订立、变更与终止

保险合同当事人双方经过约定和承诺两个步骤后即完成合同订立。

保险合同一经订立，根据法律的规定，在当事人之间就产生法律效力，即生效。

在保险合同的有效期内，投保人和保险人经协商同意，可以变更保险合同的有关内容。

保险合同的终止主要有以下情形：(1)保险期限届满；(2)保险人履行了赔偿或给付义务；(3)保险标的因除外责任原因而灭失；(4)当事人解除保险合同；(5)保险公司因解散、破产等原因而终止。

命题点 17　保险公司的概念

所谓保险公司，是指依法设立的专门从事保险业务的公司。

对这一概念，应做如下理解：(1)保险公司是依法设立的；(2)保险公司是专门从事保险业务的公司；(3)保险公司是按照公司业务范围的标准来划分的一种公司。

命题点 18　我国保险公司的组织形式

根据我国《保险法》的规定，我国保险公司的组织形式有：(1)股份有限公司；(2)国有独资公司。

命题点 19　保险公司设立的条件

(1)符合《保险法》和《公司法》的有关规定；

(2)符合规定的注册资本最低限额。我国规定这一限额为人民币 2 亿元；

(3)具备专业知识和业务工作经验的高级管理人员；

(4)有健全的组织机构和管理制度；

(5)有符合要求的营业场所和与业务有关的其他设施。

除上述条件外，设立保险公司还必须经保险监督管理部门批准。

命题点 20　保险的业务范围

保险的业务范围，是指从事保险业务的主体(即保险人)所从事的法定保险活动的范围。

保险的业务范围并非是由保险人自己确定的，而是由保险业主管机关进行核定。

我国《保险法》将保险的业务范围规定为两大类：财产保险和人身保险。

我国《保险法》规定：同一保险人不得同时兼营财产保险业务和人身保险业务。

命题点 21　保险经营规则

所谓保险经营规则，是指保险人从事保险业务时必须遵守的强制性行为规范。

根据我国《保险法》的有关规定，在我国境内经营保险业务的保险公司，必须遵守的保险经营规则有：必须分业经营；必须依法办理再保险；必须提取未到期责任准备金和公积金；必须提存保险保障基金；必须保证有足够的赔偿能力；必须依法运用保险资金；不得瞒骗有关人员；必须建立保险精算制度；必须妥善保管法定的资料（如会计账簿）等。

命题点 22　房地产保险

根据保险标的性质的不同，可划分财产保险、责任保险、信用保证保险和人身保险。

1. 财产保险

涉及房地产的财产保险主要包括企业财产保险、城乡居民房屋保险、建筑工程一切险等。

2. 责任保险

责任保险是以民事损失责任为保险标的的保险；是分散房地产业务中责任风险的有效手段。

目前，我国还没有专门针对房地产业务设置的责任保险，但有些责任风险还是可以通过相应的责任保险产品来分散，主要涉及公众责任保险、产品责任保险、职业责任保险和雇主责任保险。

3. 信用保证保险

涉及房地产的信用保险主要包括买方信用保险和住宅抵押贷款保险。

涉及房地产的保证保险主要包括建筑工程承包合同保险和贷款购房保证保险。

4. 人身保险

涉及房地产的人身保险主要包括建筑工程团体人身意外伤害保险和安居定期保险。

历年考题诠解

一、单项选择题

1. 将商业保险分为财产保险、人身保险、责任保险和信用保证保险是按照（　）不同而划分的。**[2003 年考题]**

A. 被保险标的　　B. 保险资金来源

C. 保险的实施方式　　D. 保险责任承担的次序

【答案】A　本题考核的是保险的分类。以保险标的的不同性质为标准，可将商业保险分为财产保险、责任保险、信用保证保险和人身保险四大类。保险标的是指保险合同中所载明的投保对象。

2. 产生保险利益的前提是（　）。**[2003 年考题]**

A. 保险合同　　B. 保险损失　　C. 保险标的　　D. 保险义务

【答案】C　本题考核的是保险利益原则。无论何种保险合同，都必须以保险利益的存在为前提，而保险标的又是产生保险利益的前提。

3. 企业就其产品质量向保险公司投保的险种属于（　）。**[2004 年考题]**

A. 财产损失保险　B. 责任保险　　C. 意外伤害保险　　D. 保证保险

【答案】B　本题考核的是保险的种类。责任保险是指以被保险人对第三者依法应负的民事损害赔偿责任或经过特别约定的合同责任为保险标的的保险。以产品质量向保险公司投保属于责任保险。

4. 以保险的实施形式为标准，可将保险分为（　）。**[2004 年考题]**

A. 商业保险、社会保险和政策保险　　B. 财产保险和人身保险

C. 自愿保险和强制保险　　D. 定值保险和不定值保险

【答案】C　本题考核的是保险的分类。以保险基金来源的不同为标准，可将保险分为商业保险、社会保险与政策保险。以保险的实施形式为标准，可将保险分为自愿保险和强制保险。以保险标的的不同性质为标准，可将商业保险分为财产保险、责任保险、信用保证保险与人身保险。以保险标的的价值确定与否为标准，可将保险分为定值保险与不定值保险。

5. 保险活动所特有的内在功能是(　　)。[2005 年考题]

A. 组织经济补偿　B. 分散风险　C. 融通资金　D. 防灾防损

【答案】B　本题考核的是保险的职能。保险的基本职能包括分散风险职能、组织经济补偿职能。分散风险作为处理偶然性灾害事故的良策，是保险经济活动所特有的内在功能。组织经济补偿作为体现保险行为内在功能的表现形式，是保险经济活动的外部功能。

6. 根据近因原则，保险赔偿责任的确定应根据(　　)之间因果关系的来判断。[2005 年考题]

A. 投保人与保险标的　　B. 被保险人与保险标的

C. 保险事故与保险标的的损失　　D. 保险人与保险标的的损失

【答案】C　本题考核的是保险近因原则。近因原则是指根据保险事故与保险标的的损失之间因果关系的判定，从而确定保险赔偿责任的原则。

7. 下列职能中，属于保险基本职能的是(　　)。[2006 年考题]

A. 分散风险　B. 融通资金　C. 防灾防损　D. 分配资金

【答案】A　本题考核的是保险的基本职能。包括分散风险职能和组织经济补偿职能。

8. 不属于保险合同辅助人的是(　　)。[2006 年考题]

A. 保险受益人　B. 保险代理人　C. 保险公估人　D. 保险经纪人

【答案】A　本题考核的是保险合同的主体。保险合同的辅助人主要包括保险代理人、保险经纪人、保险公估人等。保险受益人属于保险合同的关系人。

9. 结合保险的本质，属于保险基本职能的是(　　)职能。[2007 年考题]

A. 分散风险　B. 融通资金　C. 防灾防损　D. 分配

【答案】A　本题考核的是保险的职能。保险的职能是由保险的本质决定的，具体可分为基本职能和派生职能。保险的基本职能包括分散风险职能、组织经济补偿职能。融通资金职能、防灾防损职能和分配职能属于保险的派生职能。

二、多项选择题

1. 保险的基本职能是指保险在一切经济条件下均具有的职能，包括(　　)。[2003 年考题]

A. 分散风险职能　　B. 融通资金职能　　C. 组织经济补偿职能

D. 防灾防损职能　　E. 分配职能

【答案】AC　本题考核的是保险的职能。保险的职能是由保险的本质决定的，具体可以分为基本职能和派生职能。保险的基本职能是指保险在一切经济条件下均具有的职能，包括分散风险职能、组织经济补偿职能。

2. 下列保险中，属于商业保险的有(　　)。[2004 年考题]

A. 保证保险　　B. 外汇变动保险　　C. 信用保险

D. 健康保险　　E. 劳动工伤保险

【答案】ACD　本题考核的是保险的种类。商业保险包括财产保险、责任保险、信用保证保险和人身保险。外汇变动保险属于政策保险。劳动工伤保险属于社会保险。

3. 下列保险中，属于政策保险的有(　　)。[2005 年考题]

A. 社会养老保险　　B. 农业保险　　C. 巨灾保险

D. 失业保险　　E. 出口信用保险

【答案】BCE　本题考核的是保险的分类。政策保险是指政府为了特定目的，运用普通保险技术开办的保险。一般可分为四类：(1)农业保险(养殖业保险、种植业保险)；(2)信用保险(无担保保险、预防公害保险等)；(3)输出保险(出口信用保险、外汇变动保险、存款保险等)；(4)巨灾保险。

4. 房地产估价师参加的下列保险中，属于社会保险险种的有(　　)。[2006 年考题]

A. 社会养老保险　　B. 健康保险　　C. 劳动工伤保险

D. 意外伤害保险　　E. 失业保险

【答案】ACE　本题考核的是保险的种类。社会保险是指国家根据立法对社会劳动者暂时或者永久丧失劳动能力提供一定物质帮助，以保障其基本生活的保险。社会保险是一种强制保险，任何符合国家规定条件的都必须参加。目前我国的社会保险主要有统筹医疗保险、社会养老保险、劳动工伤保险和失业保险。健康保险和意外伤害保险属于商业保险。

5. 下列保险险种中，属于商业保险的有(　　)。[2007 年考题]

A. 责任保险　　B. 失业保险　　C. 工程保险

D. 人寿保险　　E. 劳动工伤保险

【答案】ACD　本题考核的是保险的分类。以保险标的的不同性质为标准，可将商业保险分为财产保险、责任保险、信用保证保险和人身保险。失业保险和劳动工伤保险是社会保险。工程保险属于财产保险；人寿保险属于人身保险。

三、判 断 题

1. 对于政策性保险，在保险费的缴纳和保险金的给付方面，不遵循利益对等的原则。(　　)[2003 年考题]

【答案】√　本题考核的是政策保险。政策性保险在缴纳保险费和给付保险金方面，不遵循利益对等原则，而是向被扶持对象倾斜。

2. 保险的近因原则中所说的近因是指对保险标的损失起决定作用的因素，是直接或间接导致保险标的损失的原因。(　　)[2003 年考题]

【答案】×　本题考核的是保险的近因原则。保险近因原则中所说的近因，是指引起保险标的损失最直接、最有效和起决定性作用的因素。

3. 无论何种保险合同，都必须以保险利益的存在为前提，而保险标的是产生保险利益的前提。(　　)[2004 年考题]

【答案】√

4. 保险的基本职能是通过保险人的资产业务实现的，而保险的融通资金职能则是通过保险人的负债业务实现的。(　　)[2005 年考题]

【答案】×　本题考核的是保险的职能。如果说保险的基本职能是通过保险人的负债业务实现的，那么，保险的融通资金职能则是通过保险人的资产业务实现的。

5. 保险的近因原则是指根据保险事故与保险标的损失之间因果关系的判定，来确定保险赔偿责任的原则。（　　）[**2006 年考题**]

【答案】√

6. 张某出资为其叔父投了人身和财产保险，因此可以指定自己为受益人。（　　）[**2006 年考题**]

【答案】×　本题考核的是保险合同的受益人。受益人是指保险事故发生后，由于各种原因造成被保险人不能行使保险金请求权时，有权获得保险金给付的法人或自然人。

7. 保险中的投保人、被保险人和受益人可为同一人。（　　）[**2007 年考题**]

【答案】×　本题考核的是保险合同的主体。投保人是指与保险人订立保险合同，并按照保险合同承担缴付保险费等义务的一方。被保险人俗称"保户"，是指其财产或人身受保险合同保障，享有向保险人要求保险损失赔偿或给付保险金的法人或自然人。受益人是指保险事故发生后，由于各种原因造成被保险人不能行使保险金请求权时，有权获得保险金给付的法人或自然人。投保人和被保险人为同一人时，只限为自己利益投保。

四、综合分析题

甲房地产估价有限责任公司（以下简称甲公司）于 2000 年 6 月由 8 名具有房地产估价师资格者共同出资设立，注册资本为 200 万元。甲公司 2000 年经营收入 85 万元，但由于初创时期成本支出较大，该年度正常利润为 10 万元。2001 年、2002 年分别实现税后利润 30 万元和 50 万元。2003 年 6 月，甲公司股东会作出两项决定：一是采取分期付款方式购买公司办公用房；二是自 2003 年 7 月起，按营业收入的 2%购买保险。2003 年 7 月，甲公司与某保险公司签订协议，通过定期购买保险，由保险公司承担甲公司评估业务中因过失或疏忽造成他人经济损失应负的经济赔偿责任。2003 年 8 月，甲公司与乙房地产开发公司达成协议，购买其 200 m^2 写字楼用于办公，分 3 年 3 期全部付清房款。[**2003 年考题**]

1. 根据经济学原理，甲公司 2000 年的经济成本为（　　）万元。

A. 75　　B. 85　　C. 200　　D. 285

2. 甲公司采取分期付款方式向乙房地产开发公司购买写字楼的信用形式属于（　　）。

A. 银行信用　　B. 商业信用　　C. 国家信用　　D. 民间信用

3. 甲公司向某保险公司所购买的保险属于（　　）。

A. 信用保证保险　　B. 财产保险　　C. 人身保险　　D. 责任保险

4. 按照《中华人民共和国公司法》规定，2002 年末甲公司所提取的法定公积金累计达到（　　）万元。

A. 3　　B. 4　　C. 5　　D. 8

5. 甲公司按营业收入的 2%购买保险，该 2%属于（　　）。

A. 绝对指标　　B. 相对指标　　C. 平均指标　　D. 变异指标

6. 甲公司收入（　　）。

A. 只可能导致其资产增加　　B. 可能导致其负债减少

C. 不可能引起其银行存款和现金同时增加　　D. 导致其所有者权益增加

【答案】1. B　本题考核的是经济学中的成本。经济成本除了会计成本，还包括未计入会计成本中的厂商自有生产要素的报酬，这种报酬通常以企业"正常利润"的形式出现。即甲公司 2000 年的经济成本为 85 万元。

2. B　本题考核的是信用形式。商业信用是指企业之间相互提供的、与商品交易直接联系的信用形式。

3. D　本题考核的是保险种类。责任保险是指以被保险人对第三者依法应负的民事损害赔偿责任或经过特别约定的合同责任为保险标的的保险。甲公司所购保险中约定，由于甲公司的过失或疏忽造成他人经济损失由保险公司负责赔偿，该保险属于责任保险。

4. D　本题考核的是法定公积金的提取。2002 年末甲公司所提取的法定公积金＝(30＋50)×10％＝8(万元)。

5. B　本题考核的是统计指标。相对指标是社会经济现象的两个有联系的指标之比。平均指标是指用来测定静态分布数列中各单位的标志值集中趋势的指标。变异指标又称变动度，是反映总体单位标志值差异程度的综合指标，表明总体各单位标志值的离散程度和离中趋势。

6. BD　本题考核的是收入会计要素。收入是指企业在销售商品、提供劳务及让渡资产使用权等日常活动中所形成的经济利益的总流入。收入可能导致资产的增加，可能导致其负债减少，也可能导致其所有者权益的增加。

热点试题全解

一、单项选择题

1. 保险的职能是由(　　)决定的。

A. 保险的标的　B. 保险价值大小　C. 保险的本质　D. 保险人类型

2. 保险费与(　　)因素基本上无关。

A. 保险价值大小　B. 保险费缴纳方式　C. 保险人类型　D. 银行利率水平

3. 张某以自己的房产向保险人投保，确定该房产的价值为 100 万元，由于地震该房屋开裂，评估其重置净值为 60 万元，损失比例为 50％，则赔偿金额为(　　)万元。

A. 100　B. 75　C. 50　D. 25

4. 社会保险是国家根据立法对社会劳动者暂时或者永久丧失劳动能力提供一定物质帮助，任何符合国家规定条件的都必须参加，是一种(　　)。

A. 强制保险　B. 责任保险　C. 自愿保险　D. 信用保险

5. 以下保险险种中，不属于政策保险的有(　　)。

A. 无担保保险　B. 预防公害保险　C. 出口信用保险　D. 责任保险

6. 在保险的基本职能中，保险的派生职能不包括(　　)。

A. 融通资金职能　B. 防灾防损职能　C. 分配职能　D. 分散风险职能

7. 银行以开发商的信用向保险人投保，由保险人为银行提供开发商还款保证的保险是(　　)。

A. 信用保险　B. 无担保保险　C. 保证保险　D. 财产保险

8. 在保险的职能中，属于保险经济活动所特有的内在功能的是(　　)。

A. 组织经济补偿职能　B. 分配职能

C. 分散风险职能　D. 融通资金职能

9. 保险合同一般采用书面形式，(　　)是保险合同的主要体现形式和证明。

A. 投保单　B. 批单　C. 保险单　D. 暂保单

10. 在各种保险中，最能体现分配职能的是（　　）保险。

A. 社会　B. 商业　C. 政策　D. 财产

11. 融通资金职能是保险在基本职能的基础上派生出来的特殊职能，是通过保险（　　）实现的。

A. 负债业务　B. 资产业务

C. 负债业务和资产业务　D. 负债业务或资产业务

12. 下列保险中，不属于人身保险的是（　　）。

A. 劳动工伤保险　B. 健康保险　C. 意外伤害保险　D. 人寿保险

13. 财产保险不包括（　　）。

A. 海上保险　B. 工程保险　C. 存款保险　D. 运输工具保险

14. 保险利益是用以衡量（　　）因保险标的的损害或丧失而遭受的经济损失。

A. 投保人或受益人　B. 保险人或被保险人

C. 投保人或被保险人　D. 代理人或保险人

15. 自愿保险是投保人和保险人双方在平等互利、协商一致的基础上，通过签订保险合同而形成的保险，是（　　）的基本形式。

A. 社会保险　B. 商业保险　C. 责任保险　D. 财产保险

16. 一般财产保险，尤其是火灾保险，都采用（　　）保险的形式。

A. 单一危险　B. 综合危险　C. 定值　D. 不定值

17. 无论何种保险合同，都必须以（　　）的存在为前提。

A. 被保险人　B. 受益人　C. 保险利益　D. 保险标的

18. 保险人签发给投保人的证明保险合同已经订立的书面文件被称为（　　）。

A. 暂保单　B. 保险凭证　C. 保险单　D. 批单

19. 在财产保险中，投保人与保险人在订立保险合同时，通常以（　　）为基础确定保险金额。

A. 保险价值　B. 银行利率水平　C. 保险费率　D. 保险费缴纳方式

20. 企业房屋建筑的保险价值是按出险的房屋建筑的（　　）确定。

A. 账面原值　B. 账面净值　C. 重置价值　D. 账面原值加成数

二、多项选择题

1. 房地产投保时的保险价值评估，根据所采用的保险形式，估价方法不宜采用（　　）。

A. 收益法　B. 市场比较法　C. 成本法

D. 假设开发法　E. 剩余法

2. 作为经济补偿制度的保险，必须具备（　　）条件方可形成。

A. 任何危险的存在　B. 随机事件的科学化

C. 可保危险的存在　D. 多个经济单位的结合

E. 独立的经济单位

3. 在保险的职能中，不属于保险的基本职能是（　　）。

A. 融通资金职能　B. 防灾防损职能　C. 分配职能

D. 分散风险职能　E. 组织经济补偿职能

4. 保险公估人是指受保险人或保险客户委托，办理保险标的（　　）等业务，出具有关报告或证明，并向委托人收取费用的企业。

A. 规划　　B. 鉴定　　C. 估价

D. 赔款理算　　E. 估损

5. 我国保险公司的组织形式不包括(　　)。

A. 有限责任公司　　B. 股份有限公司　　C. 国有独资公司

D. 合伙企业　　E. 独资公司

6. 保险合同的辅助人不包括(　　)。

A. 保险人　　B. 被保险人　　C. 投保人

D. 受益人　　E. 代理人

7. 以保险标的不同性质为标准，可将商业保险分为(　　)。

A. 责任保险　　B. 信用保证保险　　C. 财产保险

D. 人身保险　　E. 社会保险

8. 下列保险中，属于社会保险的有(　　)。

A. 劳动工伤保险　　B. 意外伤害保险　　C. 社会养老保险

D. 无担保保险　　E. 统筹医疗保险

9. 信用保证保险是担保性质的保险，在形式上可分为(　　)。

A. 信用保险　　B. 失业保险　　C. 存款保险

D. 工程保险　　E. 保证保险

10. 下列保险中，属于商业保险的有(　　)。

A. 运输工具保险　　B. 失业保险　　C. 健康保险

D. 意外伤害保险　　E. 劳动工伤保险

11. 保险的基本原则包括(　　)。

A. 最大诚信原则　　B. 公正原则　　C. 保险利益原则

D. 损失补偿原则　　E. 近因原则

12. 保险合同的主体包括(　　)。

A. 保险代理人　　B. 保险经纪人　　C. 当事人

D. 辅助人　　E. 关系人

13. 我国《保险法》将保险的业务范围规定为(　　)两大类。

A. 财产保险　　B. 责任保险　　C. 人身保险

D. 社会保险　　E. 商业保险

三、判 断 题

1. 保险正常运行的基础是通过法律认可的形式集中保费建立保险基金。　　(　　)

2. 被保险人之间体现的是互相竞争的关系，表现在一定时期内少数被保险人遭受的损失实际上全部由保险人来分担。　　(　　)

3. 保险的基本原则是指在保险形成过程中逐渐形成的公认准则，包括最大诚信原则、保险利益原则、远因原则和损失补偿原则。　　(　　)

4. 保险经纪人是指基于投保人的利益，为投保人与被保险人订立保险合同提供中介服务，并收取服务费用的企业。　　(　　)

5. 保险利益是指投保人或被保险人对投保标的所具有的法律上承认的利益，用以衡量投

保人或被保险人因保险标的的损害或丧失而遭受的经济损失。（ ）

6. 信用保险指以债权人的合法权利因债务人不履行法定或约定的义务而受到的损失为保险标的的，由债权人就债务人的信用向保险人投保的保险。信用保险包括国内商业信用保险、进口信用保险和投资保险。（ ）

7. 综合危险保险是指对数种危险均承担赔偿责任的保险，通常分为基本险和辅助险。（ ）

8. 保险金额是保险人承担赔付或给付保险金责任的最高限额，也是投保人对保险标的的实际投保金额。保险金额不得超过保险价值；超过保险价值的，超过部分无效。（ ）

9. 债权人投保债务人的信用风险的，为保证保险；债务人为自己的信用投保的，是信用保险。（ ）

10. 经济补偿是保险的最基本职能，也是保险产生和发展的最初目的和最终目标，因此，保险的损失补偿原则是保险的重要原则。（ ）

11. 以保险基金来源的不同为标准，可将保险分为商业保险、社会保险与政策保险。（ ）

12. 最大诚信原则的内容主要包括告知、保证、弃权和反言。（ ）

13. 商业保险是一种经济行为，投保人和保险人通过签订合同明确各自的责任，从而建立起保险关系。（ ）

14. 以保险人承保危险的数量为标准，可将保险分为单一危险保险与综合危险保险。（ ）

15. 以保险的实施形式为标准，可将保险分为自愿保险与强制保险。（ ）

16. 以保险标的的价值确定与否为标准，可将保险分为定值保险与不定值保险。（ ）

17. 财产保险指以各种物质财富及其相关利益为保险标的的保险。如运输工具保险、火灾保险、工程保险、贵重耐用品意外损害或失窃保险等。（ ）

18. 对保险人而言可以承诺向投保人、被保险人或者受益人给予保险合同规定以外的保险费回扣或者其他利益。（ ）

19. 责任保险指以被保险人对第三者依法应负的民事损害赔偿责任或经过特别约定的合同责任为保险标的的保险。责任保险包括公众责任保险、职业责任保险、产品责任保险和第三者责任保险等。（ ）

20. 保险的融通资金职能是通过保险人的负债业务实现的。（ ）

21. 分摊原则与财产保险业务中发生的重复保险密切相关，适用于人身保险。（ ）

22. 人身保险标的是人的寿命或身体健康，因此人身保险的实质不是赔偿，而是按约定予以给付。（ ）

23. 定值保险是指保险当事人双方在订立保险合同时即已确定保险标的的保险价值，并将其在保险合同中载明的保险，如果保险事故仅造成保险标的的部分损失，保险人也应按保险合同约定的保险金额全额支付，不必重新估价。（ ）

24. 不定值保险的特点在于，保险标的的损失额以保险事故发生时保险标的的实际价值为计算依据，而保险标的的实际价值通常根据投保时当地同类财产的市场价格来确定。（ ）

25. 权益转让原则仅适用于财产保险和人身保险，不适用于责任保险。（ ）

26. 保险近因原则中所谓近因是指引起保险标的损失最直接，最有效和起决定性作用的

因素。（ ）

27. 保险合同中的受益人是指保险事故发生后，由于各种原因造成被保险人不能行使保险金请求权时，有权获得保险金给付的法人或自然人。（ ）

28. 在人身保险中，我国通常由投保人根据其购买保险的种类，单方面确定所购保险的保险金额。（ ）

29. 保险合同当事人双方经过约定和承诺两个步骤后即完成合同订立。（ ）

30. 保险的业务范围是由保险人与保险业主管机关协商确定的，一经确定，保险人就必须依此办理，否则，就是超范围经营，要受到法律的惩处。（ ）

31. 我国《保险法》规定：同一保险人不得同时兼营财产保险业务和人身保险业务。（ ）

32. 房屋普通险的期限分为 1 年、3 年、5 年三种，保险金额由投保人根据房屋的实际价值自行确定。（ ）

33. 房地产业务中承包人的责任险属公众责任保险的范畴，已包含在建筑工程一切险中。（ ）

34. 建筑工程团体人身意外伤害保险的保险费可以按被保险人的人数或按建筑工程项目总造价或建筑施工总面积计算，并按工程进度分期缴付。（ ）

四、综合分析题

甲房地产开发公司（以下简称甲公司）与乙建筑工程公司（以下简称乙公司）签订了工程承包合同，由乙公司承建甲公司开发的中发商场，总建设投资为 4.8 亿元人民币。甲公司向商业银行申请了年利率为 5.6%的开发贷款 2 亿元，贷款期为 18 个月。乙公司于 2006 年 6 月正式开工建设，合同规定建设期为 15 个月。乙公司对该建筑工程所有险种都投了保，保险双方事先约定了保险的最高赔偿限额，但保险标的实际价值要待保险事故发生后进行估算。在建设过程中，一场暴雨使商场外门廊地基发生了塌陷事故，但建筑主体并没有受到影响，责任鉴定结果为暴雨导致地基发生沉降引起的塌陷。此事故在保险承保范围内，保险公司对乙公司进行了赔付。商场建成后，甲公司将商场首层商铺进行销售，成交均价达到了 24 000 元/m^2。

1. 乙公司与保险公司签订的保险种类属于（ ）。

A. 社会保险　　B. 综合危险保险

C. 定值保险　　D. 不定值保险

2. 甲公司与乙公司签订的合同属于（ ）。

A. 主合同　　B. 有偿合同　　C. 不要式合同　　D. 双务合同

3. 甲公司向银行申请的贷款，其种类为（ ）。

A. 委托贷款　　B. 特定贷款　　C. 短期贷款　　D. 中期贷款

4. 以下信用关系，属于商业信用的是（ ）。

A. 企业间预付货款　　B. 按揭贷款　　C. 商业票据　　D. 企业间投资

5. 损失赔偿应该以保险责任范围内的损失发生为前提，即有损失发生则有损失补偿，无损失则无补偿。损失补偿金额受到（ ）的限制。

A. 保险标的　　B. 保险利益　　C. 保险合同　　D. 实际损失

6. 销售均价 24 000 元/m^2 为（ ）。

A. 时点指标　　B. 序时平均数
C. 简单几何平均数　　D. 算术平均数

热点试题答案

一、单项选择题

1. C	2. C	3. C	4. A	5. D
6. D	7. A	8. C	9. C	10. A
11. B	12. A	13. C	14. C	15. B
16. D	17. C	18. B	19. A	20. C

二、多项选择题

1. ADE	2. BCD	3. ABC	4. BDE	5. ADE
6. ABCD	7. ABCD	8. ACE	9. AE	10. ACD
11. ACDE	12. CDE	13. AC		

三、判 断 题

1. √	2. ×	3. ×	4. ×	5. √
6. ×	7. ×	8. √	9. ×	10. √
11. √	12. ×	13. ×	14. √	15. √
16. √	17. ×	18. ×	19. √	20. ×
21. ×	22. √	23. ×	24. ×	25. ×
26. √	27. √	28. ×	29. √	30. ×
31. √	32. ×	33. √	34. ×	

四、综合分析题

1. BD	2. ABD	3. D	4. AC	5. BCD
6. D				

第十章 统计知识

命题规律解读

本章的命题规律主要体现在：

1. 掌握统计的基本概念，这是必定会考的内容。

2. 统计数据的收集也可作为命题点，多加留意。

3. 掌握综合指标的相关内容，注意区分绝对指标、相对指标、平均指标和变异指标，这是一定会考核的内容。

4. 掌握发展速度与增长速度的关系，这是一个很好的命题点。

5. 动态序列的分解也可作为一个命题点，主要以选择题出现。

6. 长期趋势值的测定方法是个很好的命题点，要好好掌握有哪些方法及其概念。

命题点解读

命题点1　统计的基本概念

1. 统计总体与总体单位

统计总体，简称总体，是指所要研究的事物或现象的全体；总体单位是构成总体的个体。

总体必然为同质性总体，同质性是构成统计总体的基础。

总体和总体单位是相对而言的，随着研究目的的改变，总体和总体单位可以相互转化。

2. 标志、变量和指标

(1)反映总体单位的属性或特征的统计术语称为标志。

按标志是否可以用数量表现进行划分，分为品质标志和数量标志。

品质标志是指不能用数量表现而只能用文字、符号或代码进行说明的标志，如：性别、文化程度、工种等；数量标志是指能用数量表现的标志，如：年龄、工人工资、工业产值等。

(2)将可变的数量标志抽象化就称为变量，其取值称为变量值。

变量分为确定性变量和随机变量。确定性变量是指受必然性因素的作用，各变量值呈现出上升或下降唯一方向性变动的变量；随机变量是指受偶然性因素的作用，变量值呈现出随机的混沌状态变动的变量。

根据变量的取值是否连续划分，有连续型变量和离散型变量。连续型变量是指在一个取值区间内可取无穷多个值，连续型变量值要用测量或计算的方法取得；离散型变量是指在一个取值区间内变量仅可取有限个可列值，离散型变量值只能用计数的方法取得。

(3)指标反映总体数量特征及其范畴。

按指标所反映的数量性质不同划分，分为数量指标和质量指标。

数量指标是指反映总体绝对规模和水平，体现事物广度的外延指标；质量指标是指反映总体相对程度，体现事物深度的内涵指标。

命题点 2　调查对象、单位、项目以及报告单位

调查对象是指根据调查目的确定的现象总体。调查对象由若干调查单位构成。

调查单位是指调查对象中所要调查的具体单位。

设置调查项目必须注意：(1)对重大或敏感性强的问题应采用多项选择，不宜采用是非提问；(2)所问的问题应便于被调查者回答；(3)备选项目必须互不相容；(4)调查项目应当防止渗入调查者的思想导向；(5)问题的形式不宜太难和过于复杂；(6)问题不宜太长。

报告单位，又称填报单位，是指负责向调查者回答问题、填报统计表和提供统计资料的基层单位。

命题点 3　收集数据的方法

收集数据的方法有直接观察法、采访法和报告法。

命题点 4　收集数据的形式

收集数据的形式是指采集信息资源的统计调查的组织形式，主要包括：

(1)统计报表。是指按照国家统一规定，以报表的形式定期逐级上报统计资料的制度化调查方式。

(2)普查。是指专门组织的、对一定时点上的国情国力所作的一次性全面调查。

(3)重点调查。是指从调查对象的全部单位中选择一部分客观存在的重点单位进行调查。

(4)典型调查。是指在研究对象中有意识地选取若干主观认为表现突出的典型单位进行调查。

(5)抽样调查。全称为随机抽样调查，是指按照随机原则从总体中抽取部分单位构成样本，以样本数量信息推断总体数量特征的调查。按随机抽选的方式划分，有纯随机抽样调查、机械抽样调查、类型抽样调查和整群抽样调查。

命题点 5　综合指标

综合指标是反映具体时空状态下社会经济现象的综合数量性质和特征的统计指标，可以分为绝对指标(或称总量指标)、相对指标、平均指标和变异指标。

命题点 6　绝对指标

绝对指标是反映在一定时空条件下的社会经济现象总规模或绝对水平的统计指标，其表现形式是一定计量单位的绝对数。

绝对指标是统计中最常用的基本指标，是计算相对指标，平均指标和变异指标的基础。

按反映的时间状态不同，绝对指标可以分为时期指标和时点指标。

1. 时期指标是反映社会经济现象总体在一段时期内发展过程的总量

它的特点是：(1)可以连续计数；(2)各时期指标值可以直接累加；(3)通常同一总体时期指标值的大小与时期长短成正比。

2. 时点指标是反映社会经济现象总体在某一时点上的状况总量

它的特点是：(1)只能间断计数；(2)各时点指标值不可以直接累加；(3)每个时点指标值的大小与时间长短没有直接关系。

命题点 7　相对指标

相对指标是社会经济现象的两个有联系的指标之比。

相对指标是绝对指标(总量指标)的派生指标，它把对比的总量指标的绝对水平及其差异进行抽象化。

根据对比指标的性质差异和相对指标说明问题的特点，可以将相对指标划分为：

1. 结构相对指标

结构相对指标又称比重指标，是指现象总体经过分组后由各组有关数值与总体相应总值对比的综合指标。该指标的计算公式为：

$$结构相对指标(\%)=\frac{总体内某部分或组的数值}{总体总数值}\times100\%$$

2. 强度相对指标

强度相对指标是指取自两个不同性质的总体但又有一定联系的总量指标对比的综合指标。该指标的计算公式为：

$$强度相对指标=\frac{某一总体总量}{另一有联系的总体总量}$$

3. 比较相对指标

比较相对指标是指同一时期不同地区、单位之间同类指标对比的综合指标。该指标的计算公式为：

$$比较相对指标=\frac{某一空间某种现象的指标值}{另一空间同类现象的指标值}\times100\%$$

4. 比例相对指标

比例相对指标是指同一现象总体相互联系的各指标之间对比的综合指标。该指标的计算公式为：

$$比例相对指标=\frac{总体某一指标值}{同一总体另一指标值}$$

5. 计划完成相对指标

计划完成相对指标是指社会经济现象在计划期内实际完成数与计划任务数之比的综合指标。该指标的计算公式为：

$$计划完成相对指标=\frac{实际完成数}{计划任务数}\times100\%$$

6. 动态相对指标

动态相对指标是指同一现象在不同时期的两个指标值对比的综合指标。该指标的计算公式为：

$$动态相对指标=\frac{某一现象报告期数值}{同一现象基期数值}\times100\%$$

命题点 8　平均指标

平均指标是指用来测定静态分布数列中各单位的标志值集中趋势的指标。

1. 算术平均数($\bar{x}$)

又称平均值、均值，是全部变量值的算术平均，有简单算术平均数和加权算术平均数两种。

(1)简单算术平均数。适用于未分组的分布数列，其计算公式为：

$$\bar{x}=\frac{\sum x}{n}$$

式中　x——单位标志值；

n——单位数。

(2)加权算术平均数。适用于已分组的分布数列，其计算公式为：

$$\bar{x}=\frac{\sum xf}{\sum f}$$

式中 x——单位标志值；

f——组单位数。

2. 调和平均数($\bar{x}_{\mathrm{H}}$)

是分布数列中各单位标志值倒数的算术平均数的倒数。

(1)简单调和平均数。适用于未分组的分布数列，其计算公式为：

$$\bar{x}_{\mathrm{H}}=\frac{n}{\sum\frac{1}{x}}$$

(2)加权调和平均数。适用于已分组的分布数列，其计算公式为：

$$\bar{x}_{\mathrm{H}}=\frac{\sum w}{\sum\frac{1}{x}w}$$

式中 w——各组的权值。

3. 几何平均数($\bar{x}_{\mathrm{G}}$)

是指分布数列中 n 个标志值的连乘积的 n 次方根。

(1)简单几何平均数。适用于未分组的分布数列，其计算公式为：

$$\bar{x}_{\mathrm{G}}=\sqrt[n]{x_1\cdot x_2\cdot x_3\cdots x_n}$$

式中 x_i——第 i 组单位标志值；

n——总体单位数。

(2)加权几何平均数。适用于已分组的分布数列，其计算公式为：

$$\bar{x}_{\mathrm{G}}=\sqrt[\sum f_i]{x_1^{f_1}\cdot x_2^{f_2}\cdots x_n^{f_n}}$$

式中 f_i——第 i 组的单位数，或称第 i 组的频数，即 x_i 出现的次数。

4. 中位数(M_{e})

是指分布数列中总体各单位标志值按大小顺序排列，处在中间位置的标志值。其计算公式为：

下限公式：

$$M_{\mathrm{e}}=x_{\mathrm{L}}+\frac{\frac{\sum f_i}{2}-F_{m-1}}{f_m}\times d$$

上限公式：

$$M_{\mathrm{e}}=x_{\mathrm{U}}-\frac{F_m-\frac{\sum f_i}{2}}{f_m}\times d$$

式中 x_{L}——中位数所在组的下限；

x_{U}——中位数所在组的上限；

f_m——中位数所在组的频数；

F_{m-1}——中位数所在组下限以下的各组累计频数；

F_m——中位数所在组上限以下的各组累计频数；

d——中位数所在组的组距。

5. 众数(M_{e})

是分布数列中出现频率最大的标志值。其计算公式为：

下限公式：

$$M_{\mathrm{e}}=x_{\mathrm{L}}+\frac{\Delta f_1}{\Delta f_1+\Delta f_2}\times d$$

上限公式：
$$M_e = x_U - \frac{\Delta f_2}{\Delta f_1 + \Delta f_2} \times d$$

式中　x_L——众数所在组的下限；

x_U——众数所在组的上限；

Δf_1——众数组的次数—众数组前一组的次数；

Δf_2——众数组的次数—众数组后一组的次数；

d——众数所在组的组距。

命题点 9　变异指标

变异指标又称变动度，是反映总体单位标志值差异程度的综合指标，表明总体各单位标志值的离散程度和离中趋势。包括全距、平均差、标准差、变异系数等。

1. 全距(R)

又称极差，是指分布数列中最大标志值与最小标志值之差，反映现象的实际变动范围。

2. 平均差(AD)

是指分布数列中各单位标志值与其平均数的差异绝对值的算术平均数，反映各单位标志值对其平均数的平均变异程度。

3. 标准差(σ)

是指分布数列中各单位标志值与其平均数的离差的平方的算术平均数的平方根。其计算公式为：

$$\sigma = \sqrt{\frac{\sum (x_i - \overline{x})^2 f_i}{\sum f_i}}$$

4. 变异系数

是以相对形式表现的变异指标。变异系数通过全距、平均差、标准差分别与平均数的比得到，而常用的是标准差系数。

命题点 10　水平指标

1. 发展水平

发展水平是指时间序列中的各项指标值。

2. 序时平均数

序时平均数，又称平均发展水平或动态平均数，它是根据时间序列中各个时期或时点的发展水平即指标值加以平均所得到的平均数。

命题点 11　速度指标

1. 发展速度

发展速度是表明现象在一定时期内的发展方向和程度的动态相对指标。

(1)定基发展速度

$$定基发展速度 = \frac{计算期发展水平}{固定基期发展水平} \times 100\%$$

(2)环比发展速度

$$环比发展速度 = \frac{计算期发展水平}{前一期发展水平} \times 100\%$$

2. 增长速度

增长速度是反映现象增长程度的相对指标，由增长量与发展水平的比求得。

与发展速度相对应，增长速度分为定基增长速度和环比增长速度。其中定基增长速度加上 1(或 100%)等于定基发展速度;而环比增长速度加上 1(或 100%)等于环比发展速度。

命题点 12 平均发展速度

通常,计算平均发展速度采用几何平均法,其公式如下:

$$\bar{x}_G=\sqrt[n]{x_1\cdot x_2\cdots x_n}$$
$$=\sqrt[n]{\frac{a_1}{a_0}\cdot\frac{a_2}{a_1}\cdot\frac{a_3}{a_2}\cdots\frac{a_n}{a_{n-1}}}$$
$$=\sqrt[n]{\frac{a_n}{a_0}}$$

命题点 13 动态序列的分解

动态序列的总变动(Y)一般可以分解为四种动态趋势,即长期趋势、季节变动、循环波动和不规则波动。

命题点 14 动态序列的分解模型

(1)乘法模型;(2)加法模型。

命题点 15 长期趋势的测定

长期趋势的测定主要是求趋势值,而测定长期趋势值的方法主要有:扩大时距法、移动平均法和最小二乘法。

1. 扩大时距法

是指通过扩大动态序列各项指标所属的时间,从而消除因时距短而使各指标值受偶然性因素影响所引起的波动,以便使经修匀过的动态序列能够显著地反映现象发展变动总趋势的方法。

2. 移动平均法

是指对动态序列进行逐期移动以扩大时距,同时对时距已扩大了的新动态序列的各项指标值分别计算序时平均数,从而由移动平均数形成一列派生动态序列的方法。

3. 最小二乘法

又称最小平方法,是估计回归模型参数的常用方法。其基本原理是:要求实际值与趋势值的离差平方和为最小,以此拟合出优良的趋势模型,从而测定长期趋势。

设 $$e_i=y_i-\hat{y}_i$$

式中 e_i——偏差,亦称残差;

y_i——实际值。

再设估计值 $\hat{y}_i$ 满足: $$\hat{y}_i=a+bx_i$$

则因 $$\sum e_i^2=\sum(y_i-\hat{y}_i)^2=\sum(y_i-a-bx_i)^2$$

所以通过求解 $\min\sum(y_i-a-bx_i)^2$ 可得出参数 a、b 的值,根据微积分极值原理,将上式分别对 a、b 求偏导数,并分别令这两个偏导数为 0,即可求解。

经过整理后,得到正规方程组:

$$\begin{cases}\sum y=na+b\sum x\\ \sum xy=a\sum x+b\sum x^2\end{cases}$$

将该方程组联立求解,得:

$$b=\frac{n\sum xy-\sum x\sum y}{n\sum x^2-(\sum x)^2}$$

而

$$a=\bar{y}-b\bar{x}$$

$$=\frac{\sum y}{n}-b\frac{\sum x}{n}$$

解得参数 a、b 后，便可拟合出趋势方程：

$$\hat{y}=a+bx$$

命题点 16　季节变动的测定

测定季节变动的方法主要是计算季节比率。季节比率，又称季节指数，它是说明现象在各年某个月的同月平均数占各年总的月平均数的比重。

若不考虑长期趋势的影响，直接根据原始时间序列来计算季节比率，即为同月（季）平均法，或称直接平均法。

季节比率高说明“旺季”；季节比率低说明“淡季”。

历年考题诠解

一、单项选择题

1. 关于下列数据表述正确的是（　　）。**[2003 年考题]**

1	2	3	4	5	6	7	8	9	10
98	101	101	100	101	99	102	97	102	99

A. 上述数据的众数为 100　　B. 上述数据的众数为 101

C. 上述数据的算术平均数为 101　　D. 上述数据的中位数为 101

【答案】B　本题考核的是平均指标。上述数据的算数平均数为 100。中位数是指分布数列中总体各单位标志值按大小顺序排列，处在中间位置的标志值。则上述数据的中位数为 100.5。众数是分布数列中出现频率最大的标志值。则上述数据的众数为 101。

2. 某房地产开发商开发了一栋 6 层商品住宅楼，假设每层楼的建筑面积和户型都相同，且第一层和第六层住宅售价同为 2 000 元/m^2，第二层和第五层的住宅售价同为 2 100 元/ m^2，第三层和第四层的住宅售价同为 2 200 元/m^2，则该住宅楼的加权算术平均价格和简单算术平均价格相比，（　　）。**[2004 年考题]**

A. 前者高于后者　　B. 前者低于后者

C. 前者等于后者　　D. 无法确定

【答案】C　本题考核的是算术平均数。算术平均数有简单算术平均数和加权平均数两种。简单算术平均数：$\bar{x}=\frac{\sum x}{n}=\frac{2\,000+2\,100+2\,200+2\,200+2\,100+2\,000}{6}=2\,100$（元/$m^2$）。加权平均数：$\bar{x}=\frac{\sum xf}{\sum f}=\frac{2\,000\times2+2\,100\times2+2\,200\times2}{2+2+2}=2\,100$（元/$m^2$）。

3. 收集统计资料时，对于重大或敏感性强的问题应采用（　　）方式设置调查项目表。**[2005 年考题]**

A. 判断提问　　B. 多项选择　　C. 单向选择　　D. 书面提问

【答案】B　本题考核的是统计调查项目的设置。对重大或敏感性强的问题应采用多项选择方式设置调查项目,不宜采用是非提问。

4. 反映社会经济现象总体在某一时点上的状况总量被称为(　　)。[2006 年考题]

A. 时点指标　B. 相对指标　C. 时期指标　D. 平均指标

【答案】A　本题考核的是综合统计指标。按反映的时间状态不同,绝对指标可以分为时期指标和时点指标。时期指标是反映社会经济现象总体在一段时期内发展过程的总量;时点指标是反映社会经济现象总体在某一时点上的状况总量。相对指标是社会经济现象的两个有联系的指标之比。平均指标是指用来测定静态分布数列中各单位的标志值集中趋势的指标。

5. 下列统计指标中属于变异指标的是(　　)。[2007 年考题]

A. 众数　B. 调和平均数　C. 中位数　D. 标准差

【答案】D　本题考核的是综合统计指标的类别。变异指标又称变动度,是反映总体单位标志值差异程度的综合指标,表明总体各单位标志值的离散程度和离中趋势。包括全距、平均差、标准差、变异系数等。众数、调和平均数、中位数属于平均指标。

二、多项选择题

1. 对今年参加全国房地产估价师执业资格考试的人员进行统计,则(　　)。[2003 年考题]

A. 全部参加考试人员为总体单位　B. 全部参加考试人员为统计总体

C. 你作为考生是总体单位　D. 你作为考生是个体

E. 你的年龄是一个品质标志

【答案】BC　本题考核的是统计的基本概念。统计总体简称总体,是指所要研究的事物或现象的全体。总体单位是构成总体的个体。品质标志是指不能用数量表现而只能用文字、符号或代码进行说明的标志。数量标志是指能用数量表现的标志。年龄是一个数量标志。

2. 下列有关统计学基础知识的表述中,不正确的有(　　)。[2006 年考题]

A. 随着研究目的的改变,统计总体和总体单位可以相互转化

B. 反映总体单位属性或特征的统计术语称为指标

C. 调查对象就是被调查和访问的具体单位

D. 调查单位与报告单位可以一致也可以不一致

E. 相对指标是社会经济现象的两个有联系的指标之比

【答案】BC　本题考核的是统计的基本概念。反映总体单位的属性或特征的统计术语称为标志。指标反映总体数量特征及其范畴。调查对象是指根据调查目的确定的现象总体。调查单位是指调查对象中所要调查的具体单位。

3. 根据对比指标的性质差异和相对指标说明问题的特点,统计中的相对指标包括(　　)。[2007 年考题]

A. 价值相对指标　B. 结构相对指标　C. 强度相对指标

D. 动态相对指标　E. 时期相对指标

【答案】BCD　本题考核的是统计相对指标的具体形式。根据对比指标的性质差异和相对指标说明问题的特点,可以将相对指标划分为:(1)结构相对指标;(2)强度相对指标;(3)比较相对指标;(4)比例相对指标;(5)计划完成相对指标;(6)动态相对指标。

三、判 断 题

1. 扩大时距法是通过扩大动态序列各项指标所需的时间，从而清除因时距短而使各指标受偶然因素影响所引起的波动，以便更好地反映现象发展变动总趋势的方法。（ ）**[2003年考题]**

【答案】× 本题考核的是长期趋势测定的方法。扩大时距法是指通过扩大动态序列各项指标所属的时间，从而消除因时距短而使各指标值受偶然性因素影响所引起的波动，以便使经修匀过的动态序列能够显著地反映现象发展变动总趋势的方法。

2. 标志是反映总体单位的属性和特征的统计术语。（ ）**[2004年考题]**

【答案】√

3. 平均指标是指用来测定静态分布数列中各单位的标志值集中趋势的指标，包括算术平均数、几何平均数、中位数和众数。（ ）**[2005年考题]**

【答案】× 本题考核的是平均指标。平均指标是指用来测定静态分布数列中各单位的标志值集中趋势的指标。包括算术平均数、调和平均数、几何平均数、中位数和众数。

4. 在速度指标统计中，定基发展速度加上1(或100%)等于定基增长速度。（ ）**[2005年考题]**

【答案】× 本题考核的是速度指标。定基增长速度加上1(或100%)等于定基发展速度；环比增长速度加上1(或100%)等于环比发展速度。

5. 统计指标中，质量指标是指反映总体相对程度、体现事物深度的内涵指标，数量指标是质量指标的派生指标。（ ）**[2006年考题]**

【答案】× 本题考核的是统计指标的种类。指标按所反映的数量性质不同划分，分为数量指标和质量指标。数量指标是指反映总体绝对规模和水平，体现事物广度的外延指标。质量指标是指反映总体相对程度，体现事物深度的内涵指标。

6. 某城市2006年房地产投资额统计的统计总体，是指该市2006年全年累计新开工面积的投资总额。（ ）**[2006年考题]**

【答案】× 本题考核的是统计总体。统计总体是指所要研究的事物或现象的全体。

热点试题全解

一、单项选择题

1. 离散型变量是指在一个取值区间内变量仅可取有限个可列值，离散型变量值只能用（ ）的方法取得。

A. 测量　　B. 观察　　C. 计数　　D. 询问

2. 某时点相对另外一个时点的定基增长速度为230%，则定基发展速度为（ ）。

A. 30%　　B. 100%　　C. 130%　　D. 330%

3. 在统计土地利用强度时采用的容积率指标的是（ ）。

A. 结构相对指标　　B. 强度相对指标

C. 比较相对指标　　D. 比例相对指标

4. 在房地产估价中，运用的价格变动指数为（ ）。

A. 结构相对指标　　B. 计划相对指标

C. 动态相对指标　　D. 强度相对指标

5. 分布数列中总体各单位标志值按大小顺序排列，处在中间位置的标志值是(　　)。

A. 中位数　　B. 平均数　　C. 众数　　D. 全距

6. 某企业的女职工是男职工的 2 倍，该指标属于(　　)。

A. 强度相对指标　　B. 比较相对指标　　C. 比例相对指标　　D. 结构相对指标

7. 同一现象在不同时期的两个指标对比的综合指标是(　　)。

A. 比较相对指标　　B. 动态相对指标　　C. 强度相对指标　　D. 静态相对指标

8. 以下属于变异指标的是(　　)。

A. 平均差　　B. 几何平均数　　C. 调和平均数　　D. 中位数

9. 长期趋势的测定主要是求(　　)。

A. 近似值　　B. 平均值　　C. 相对值　　D. 趋势值

二、多项选择题

1. 以下属于统计品质标志的有(　　)。

A. 年龄　　B. 性别　　C. 工种

D. 工业产值　　E. 文化程度

2. 测定长期趋势值的方法不包括(　　)。

A. 专家意见法　　B. 扩大时距法　　C. 移动平均法

D. 最小二乘法　　E. 德尔斐法

3. 动态序列的总变动一般可以分解的动态趋势，不包括(　　)。

A. 乘法模式　　B. 加法模式　　C. 长期趋势

D. 循环波动　　E. 不规则波动

4. 搜集资料的方法不包括(　　)。

A. 直接观察法　　B. 间接调查法　　C. 采访法

D. 报告法　　E. 比较法

5. 按反映的时间状态不同，绝对指标可以分为(　　)。

A. 平均指标　　B. 水平指标　　C. 时点指标

D. 速度指标　　E. 时期指标

6. 以下属于相对指标的有(　　)。

A. 结构相对指标　　B. 比例相对指标

C. 比较相对指标　　D. 计划完成相对指标

E. 时间相对指标

7. 以下属于平均指标的有(　　)。

A. 调和平均数　　B. 众数　　C. 中位数

D. 平均差　　E. 发展速度

8. 统计综合指标可分为(　　)。

A. 水平指标　　B. 变异指标　　C. 平均指标

D. 相对指标　　E. 绝对指标

9. 关于以下一组统计值的表述中，正确的有(　　)。

期数	1	2	3	4	5	6	7	8	9	10
统计值	98	99	101	97	98	103	100	101	102	101

A. 上组数的算术平均数为 100.5　　B. 上组数的算术平均数为 100
C. 上组数的众数为 101　　D. 上组数的中位数为 101
E. 上组数的众数为 101.5

三、判 断 题

1. 搜集资料的形式是指采集信息资源的统计调查的组织形式，主要包括统计报表、普查、重点调查、典型调查和抽样调查。（　）
2. 构成总体的所有单位至少有两个主要属性相同，这是组成总体的前提条件。（　）
3. 每个时点指标值的大小与时间长短有直接关系。（　）
4. 数量指标是指反映总体绝对规模和水平，体现事物广度的外延指标；质量指标是指反映总体相对程度，体现事物深度的内涵指标。（　）
5. 总体必然为同质性总体，同质性是构成统计总体的全部。（　）
6. 通常同一总体时期指标值的大小与时期长短成反比。（　）
7. 调查对象是指根据调查目的确定的现象总体，调查对象由若干调查单位构成，调查单位是指调查对象中所要调查的具体单位。（　）
8. 反映总体单位的属性或特征的统计术语称为标志，标志是统计认识的终点。（　）
9. 测定季节变动的方法主要是计算季节比率，季节比率高说明“旺季”；季节比率低说明“淡季”。（　）
10. 发展速度是表明现象在一定时期内的发展方向和程度的动态相对指标。（　）
11. 测定长期趋势值的方法主要有：扩大时距法、移动平均法和最小二乘法，最小二乘法，是估计回归模型参数的常用方法。（　）
12. 连续型变量值只能用计算的方法取得。（　）
13. 对重大或敏感性强的问题在设置调查项目时应采用是非提问，不宜采用多项选择。（　）
14. 统计时期指标是反映社会经济现象总体在某一时点上的状况总量。（　）
15. 绝对指标是统计中最常用的基本指标，是计算相对指标、平均指标和变异指标的基础。（　）
16. 环比发展速度减去 1（或 100%）等于环比增长速度。（　）

热点试题答案

一、单项选择题

1. C　2. D　3. B　4. C　5. A
6. C　7. B　8. A　9. D

二、多项选择题

1. BCE　2. AE　3. AB　4. BE　5. CE

6. ABCD　7. ABC　8. BCDE　9. BC

三、判断题

1. √　2. ×　3. ×　4. √　5. ×
6. ×　7. √　8. ×　9. √　10. √
11. √　12. ×　13. ×　14. ×　15. √
16. √

第十一章　会计知识

命题规律解读

本章的命题规律主要体现在：

1. 会计的基本职能是个很好的选择题素材。
2. 注意掌握会计有哪几个基本假设及其概念，命题者很喜欢在此出题。
3. 应熟悉会计核算有哪些原则以及这些原则的分类，这里比较容易出现选择题。
4. 会计要素及会计恒等式是个重要的命题点，是必考的内容。
5. 对于会计的基本核算方法应有一定的了解，注意出现判断题。
6. 会计报表的编制要求及种类很适合出选择题。
7. 资产负债表与损益表容易出现判断题，多加留意。
8. 财务分析是本章的重点，注意掌握财务分析指标的概念及应用，这是必考的内容。

命题点解读

命题点 1　会计的含义

会计是指在提高微观经济效益，加强经济管理，而在企事业及其他经济组织范围内建立的一个以提供财务信息为主的经济信息系统。

该系统包括四个层次：(1)会计信息流通系统；(2)会计信息处理系统；(3)会计信息解释系统；(4)会计信息调节系统。

命题点 2　会计的目标

会计的目标是向国家、企业内部、企业外部提供有助于实行宏观调控、优化社会经济资源配置、合理地进行投资和信贷决策、加强内部经营管理所必须的、以财务信息为主的经济信息。

命题点 3　会计的基本职能

会计的基本职能包括反映职能、监督职能和管理职能。

命题点 4　我国会计法规体系

会计规范指协调、统一会计处理过程中对不同处理方法做出合理选择的假设、原则、制度等的总和，它是会计行为的标准。

目前我国已基本形成了以会计法为中心、国家统一会计制度为基础的法规体系。

命题点 5　会计主体

会计主体是指会计信息所反映的特定单位，也称为会计实体、会计个体。

会计主体作为会计工作的基本前提之一。(1)明确会计主体，才能划定会计所要处理的经济业务事项的范围；(2)明确会计主体，才能把握会计处理的立场；(3)明确会计主体，将会计主体的经济活动与会计主体所有者的经济活动区分开来。

会计主体不同于法律主体。一般来说，法律主体往往是一个会计主体。但是，会计主体不一定是法律主体。

命题点 6 持续经营

持续经营是指在可以预见的将来，企业将会按当前的规模和状态继续经营下去，不会停业，也不会大规模削减业务。

只有设定企业是持续经营的，才能进行正常的会计处理。

命题点 7 会计分期

会计分期是指将一个企业持续经营的生产活动划分为一个个连续的、长短相同的期间，又称会计期间。

会计分期的目的是，将持续经营的生产经营活动划分成连续、相等的期间，据以结算盈亏，按期编报财务报告，从而及时地向各方面提供有关企业财务状况、经营成果和现金流量信息。

最常见的会计期间是一年，以一年确定的会计期间称为会计年度，按年度编制的财务会计报表也称为年报。

在我国，会计年度自公历每年的 1 月 1 日起至 12 月 31 日止。

命题点 8 货币计量

货币计量是指采用货币作为计量单位、记录和反映企业的生产经营活动。

在我国，要求采用人民币作为记账本位币，是对货币计量这一会计前提的具体化。

考虑到一些企业的经营活动更多地涉及外币，同时也规定，业务收支以人民币以外的货币为主的单位，可以选定其中一种货币作为记账本位币。

当然，提供给境内的财务会计报告使用者的应当折算为人民币。

命题点 9 衡量会计信息质量的一般原则

1. 客观性原则

要求会计核算以实际发生的经济业务及证明经济业务发生的合法凭证为依据，如实反映财务状况和经营成果，做到内容真实，数字准确，资料可靠。

2. 相关性原则

要求会计信息能够满足各方面的需要，包括符合国家宏观经济管理的需要，满足有关各方面了解企业财务状况和经营成果的需要，满足企业加强内部经营管理的需要。

3. 可比性原则

是指企业之间的会计信息口径一致，相互可比。

4. 一贯性原则

要求企业采用的会计政策在前后各期保持一致，不得随意改变。只有遵循一贯性，保持前后各期会计政策的一致性，才能对前后期间的会计信息进行比较、分析和利用。

5. 及时性原则

是指会计信息应当及时处理，及时提供。

6. 明晰性原则

是指会计记录和会计信息必须清晰、简明，便于理解和使用。

明晰性原则要求会计信息简明、易懂，能够简单明了地反映企业的财务状况、经营成果和现金流量，从而有助于会计信息使用者正确理解、准确掌握企业的情况。

命题点 10 确认和计量的一般原则

1. 权责发生制原则。是指在收入和费用实际发生时进行确认，不必等到实际收到现金或者支付现金时才确认。

2. 配比原则。是指将收入与对应的费用、成本进行对比，以结出损益。

配比原则包括两层含义。(1)因果配比；(2)时间配比。

3. 历史成本原则。是指将取得资产时实际发生的成本作为资产的入账价值，在资产处置前保持其入账价值不变。

4. 划分收益性支出与资本性支出原则

是指将与当期收益相关的支出计入当期的损益，将与当期以及以后多个期间的收益相关的支出计入资产的价值。

命题点 11　起修正作用的一般原则

1. 谨慎原则

是指在存在不确定因素的情况下做出判断时，保持必要的谨慎，既不高估资产或收益，也不低估负债或费用。

2. 重要性原则

是指在选择会计方法和程序时，要考虑经营业务本身的性质和规模，根据特定的经营业务对经营决策影响的大小，来选择合适的会计方法和程序。

重要性原则与会计信息成本效益直接相关。坚持重要性原则，就能够使提供会计信息的收益大于成本。

3. 实质重于形式原则

这里所讲的形式是指法律形式，实质是指经济实质。

有时，经营业务的外在法律形式并不能真实反映其实质内容。为了真实反映企业的财务状况和经营成果，就不能仅仅根据经营业务的外在表现形式来进行核算，而要反映其经济实质。

命题点 12　资　　产

资产是指过去的交易或事项形成并由企业拥有或者控制的资源，该资源预期会给企业带来经济利益。

资产具有如下特点：(1)资产能够给企业带来经济利益；(2)资产都是为企业所拥有的，或者即使不为企业所拥有，但也是企业所控制的；融资租入固定资产应当视为企业的资产；(3)资产都是企业在过去发生的交易、事项中获得的。

资产按流动性进行分类，可以分为流动资产和长期资产或非流动资产。

流动资产是指那些可以在一年内变现的资产。长期投资、固定资产、无形资产的变现周期往往在一年以上，所以称为长期资产或非流动资产。

按资产有无实物形态分，可以分为有形资产和无形资产。

命题点 13　负　　债

负债是指过去的交易、事项形成的现时义务，履行该义务预期会导致经济利益流出企业。如果把资产理解为企业的权利，那么，负债就可以理解为企业所承担的义务。

负债具有如下特点：(1)负债是由于过去的交易、事项引起的、企业当前所承担的义务；(2)负债将要由企业在未来某个时日加以清偿；(3)为了清偿债务，企业往往需要在将来转移资产，也有可能将债务转为所有者权益。

按偿还期间的长短，一般将负债分为短期负债和长期负债。

命题点 14　所有者权益

所有者权益是指所有者在企业资产中享有的经济利益，其金额为资产减去负债后的余额，又称之为净资产。

所有者权益在性质上体现为所有者对企业资产的剩余利益，在数量上也就体现为资产减去负债后的余额。

所有者权益包括实收资本、资本公积、盈余公积和未分配利润四个项目，其中，盈余公积和未分配利润合称为留存收益。

命题点 15　收　入

收入是指企业在销售商品、提供劳务及让渡资产使用权等日常活动中所形成的经济利益的总流入。

收入具有以下特点：(1)收入是从企业的日常活动中产生的；(2)收入可能表现为企业资产的增加，也可能表现为企业负债的减少；也可能同时引起资产的增加和负债的减少；(3)收入将引起企业所有者权益的增加。

按企业所从事日常活动的性质，收入有三种来源：(1)对外销售商品；(2)提供劳务；(3)让渡资产的使用权，主要表现为对外贷款、对外投资或者对外出租等。

按日常活动在公司、企业所处的地位，收入还可以分为主营业务收入、其他业务收入。

命题点 16　费　用

费用是指企业为销售商品、提供劳务等日常活动中所发生的经济利益的流出。

费用与收入相配比，即为企业经营活动中取得的盈利。

与收入相对应，费用的特点在于：(1)费用是企业在销售商品、提供劳务等日常活动中发生的经济利益的流出；(2)费用可以表现为资产的减少，也可能引起负债的增加，或者同时表现为资产的减少和负债的增加；(3)费用将引起所有者权益的减少。

费用按照其与收入的关系，可以分为营业成本和期间费用两部分。

命题点 17　利　润

利润是指企业在一定会计期间的经营成果；净利润为营业利润、投资净收益和营业外收支净额等三个项目的总额减去所得税费用之后的余额。

命题点 18　会计恒等式

1. 资产、负债与所有者权益的数量关系

资产＝权益＝债权人权益＋所有者权益

资产＝负债＋所有者权益

所有者权益＝资产－负债

2. 收入、费用与利润的数量关系

收入－费用＝利润

3. 六大会计要素之间的关系

资产＋利润＝负债＋所有者权益＋(收入－费用)

命题点 19　会计账户与会计科目

会计要素是会计对象的基本分类，是构成会计报表的基本要素，其进一步分类便是会计科目；会计科目被赋予借贷双方的记录空间就是账户。

会计科目与账户的共同点，都是分门别类地反映某一项经济内容；不同点是会计科目只表明某一项经济内容，而账户则不仅反映某一项经济内容，而且还记录经济内容的增减变化和变化后结果。

会计科目按照会计要素进一步分为五类：即资产类会计科目、负债类会计科目、所有者权益类会计科目、成本类会计科目和损益类会计科目。

命题点 20　借贷记账法的原理及应用

借贷记账法是以“借”和“贷”作为记账符号的一种复式记账方法。

其主要特点有：

(1)以“借”“贷”作为记账符号；

(2)以会计恒等式作为记账理论依据。即以“资产＝负债＋所有者权益”为记账依据；

(3)以“有借必有贷，借贷必相等”为其记账规则。

各类账户记账的基本方法见下表。

各类账户的基本计账方法

账户类别		借方登记内容	贷方登记内容	期末余额及方向
资产类账户		增加＋	减少－	借方余额
负债类账户		减少－	增加＋	贷方余额
所有者权益		减少－	增加＋	贷方余额
成本费用类账户		增加＋	减少－	借方余额
损益类	期间收入账户	减少－	增加＋	期末结转后无余额
	期间成本费用账户	增加＋	减少－	期末结转后无余额

命题点 21　会计核算的基本程序与方法

我国将会计核算的基本程序和方法概括为设置会计科目和账户、复式记账、填制和审核凭证、登记账簿、成本计算、财产清查和编制会计报表。

命题点 22　会计报表的意义和作用

会计报表是根据账簿上所记录的资料，经过整理、归类、汇总而编制的表式报告，用以概括地、系统地反映企业在一定时期内的经济活动情况和经营成果。

会计报表的作用，主要有：

(1)企业的负责人通过会计报表所提供的信息，可以了解和掌握企业的财务状况，着重分析企业的资产、负债及所有者权益的结构是否合理，是否具有一定的偿债能力以及企业未来的盈利能力，为进一步改善经营管理做出决策，为企业制订发展规则提供重要的参考资料。

(2)企业的投资者通过会计报表所提供的信息，可以作出正确的投资决策。

(3)银行及其他金融组织通过企业会计报表提供的信息，可以了解企业的偿债能力和获利能力，有助于银行及其他金融机构做出正确的贷款决策。

(4)政府主管部门，通过企业会计报表，可以了解不同行业的发展状况和趋势，为制定产业政策，做好国民经济宏观调控提供依据。

命题点 23　会计报表的编制要求

(1)内容完整，数字真实；(2)计算准确，报送及时。

命题点 24　会计报表的种类

1. 按照报表所反映的经济内容分类

(1)反映资产、负债及所有者权益情况的会计报表，如资产负债表；

(2)反映利润情况的会计报表,如损益表、利润分配表、主营业务收支明细表、商品销售利润明细表;

(3)反映现金流量的会计报表,如现金流量表。

2. 按照报表编制和报送的时间分类

企业所编制的会计报表可分为月报、季报和年报。

月报、季报只包括最主要的会计报表,按月、季反映财务、成本的基本情况,资产负债表及损益表均属月报、季报;

年报则包括全部会计报表,以便全面地考核全年财务收支执行情况和结果;

年度会计报表是总结全年经济活动和财务状况的报表,所以也称为年度决算报告。

3. 按照报表编制的单位分类

企业所编制的报表可分为基层报表、汇总报表和合并报表。

命题点 25 资产负债表

资产负债表是综合地反映企业一定日期财务状况的报表,由企业的经济资源即资产,企业的债务即负债,以及投资者对企业的所有权即所有者权益三个部分组成。

通过资产负债表可以了解企业的经济实力、企业的偿债能力、企业的经营能力等情况,以及企业未来的财务趋向等方面的信息。

资产负债表是根据会计等式的原理设计的。它的左方反映资产类;它的右方反映负债及所有者权益类。左右两方的金额合计必定相等,保持平衡。

资产负债表中资产类所列项目有:(1)流动资产;(2)长期投资;(3)固定资产;(4)无形及递延资产,反映无形及递延资产及其他资产等。

资产负债表中负债及所有者权益类所列项目有:(1)流动负债;(2)长期负债;(3)所有者权益。

资产负债表的编制方法,主要是根据各种账簿记录编制。

命题点 26 损 益 表

损益表是总括反映企业在某一会计期间的经营成果,提供该期间的收入、费用、成本、利润或亏损等信息的会计报表。

通过损益表,可以了解企业正常经营情况下的收支状况及获利能力;企业获得的利润总额和分配情况,可供企业负责人做出经营决策、投资者做出投资决策的参考。

损益表的内容包括销售收入、销售成本、销售税金、销售利润及其他业务利润,以及投资收益、营业外收入、营业外支出、所得税和净利润等项目。

命题点 27 现金流量表

现金流量表是反映企业在一定会计期间内经营活动、投资活动和筹资活动产生的现金流入与流出情况的报表。

该表分基本部分和补充资料两个部分。

基本部分的现金分为三类,即经营活动产生的现金流量、投资活动产生的现金流量和筹资活动产生的现金流量;

补充资料也分为三类,即不涉及现金收支的投资和筹资活动、将净利润调整为经营活动的现金流量以及现金和现金等价物的净增加情况。

基本部分的经营活动产生的现金流量净额项目,与补充资料同一项目的金额应该相等;基本部分的现金及现金等价物净增加额项目,与补充资料同一项目的金额应该相等。

命题点 28　财务分析

财务分析是以企业的财务报告等会计资料为基础，对企业财务状况和经营成果进行分析和评价。

财务分析的内容包括偿债能力分析、盈利能力分析和营运能力分析。

命题点 29　财务分析的目的

(1)评价企业的偿债能力；

(2)评价企业的资产管理水平；

(3)评价企业的获利能力；

(4)评价企业的发展趋势。

命题点 30　财务分析的程序

(1)确定财务分析的范围，搜集有关的资料；

(2)选择适当的分析方法进行对比，作出评价；

(3)进行因素分析，抓住主要矛盾；

(4)为作出经济决策，提供各种建议。

命题点 31　偿债能力分析

偿债能力分析主要分为短期偿债能力分析和长期偿债能力分析。

短期偿债能力指标主要有流动比率和速动比率，长期偿债能力指标主要是资产负债率。

(1)流动比率。是流动资产与流动负债的比率，是反映企业短期偿债能力的主要指标。流动比率越高，说明企业偿还流动负债的能力越强，流动负债得到偿还的保障越大，但是，过高的流动比率也并非好现象，因为流动比率过高，可能是企业滞留在流动资产上的资金过多，未能有效地加以利用，因而可能影响企业的获利能力。

根据西方的经验，流动比率在 2∶1 左右比较合适。

$$流动比率=\frac{流动资产}{流动负债}\times 100\%$$

(2)速动比率。是速动资产与流动负债的比率，是反映企业短期偿债能力的辅助指标。

速动资产等于流动资产减去存货、待摊费用等的余值，主要包括现金(货币资金)、短期投资、应收票据、应收账款等。

$$速动比率=\frac{速动资产}{流动负债}\times 100\%$$

速动比率越高，说明企业的短期偿债能力越强。

根据西方经验，一般认为速动比率为 1∶1 时比较合适。

(3)资产负债率。是企业负债总额与资产总额的比率，也称为负债比率或举债经营比率，它反映了企业的资产总额中有多少是通过举债得到的。

$$资产负债率=\frac{负债总额}{资产总额}\times 100\%$$

资产负债率反映企业偿还债务的综合能力。该比率越高，企业偿还债务的能力越差；反之，企业偿还债务的能力越强。

命题点 32　营运能力分析

企业的营运能力反映了企业资金周转状况，对此进行分析，可以了解企业的营业状况及经营管理水平。

营运能力分析主要包括存货周转指标和应收账款周转指标分析。

(1)存货周转指标。主要有存货周转率和存货周转天数。

存货周转率,也称为存货周转次数,反映企业存货在计算期内周转的次数,它等于销货成本除以平均存货,平均存货为年初和年末存货合计的平均数;存货周转天数等于计算期天数(通常为365天)除以存货周转率。

$$存货周转率=\frac{销货成本}{平均存货}$$

$$平均存货=\frac{期初存货+期末存货}{2}$$

$$存货周转天数=\frac{365}{存货周转率}$$

一般来讲,存货周转率越高,则流动性越强,存货转变为现金和应收账款的速度也越快。因此,提高存货周转率可以提高企业的变现能力。

但是,如果存货周转率过高,也可能是企业在存货管理方面存在一些问题:如存货水平太低甚至经常缺货,或采购次数过于频繁、批量太小等。

另一方面,如果存货周转率过低,则可能是企业对存货管理不力,或者是因销售状况不好而造成存货积压,也可能是由于企业调整了经营方针而增加了存货。

(2)应收账款周转指标。主要有应收账款周转率和应收账款周转天数。

应收账款周转率反映计算期内企业应收账款转为现金的次数,它等于赊销收入除以平均应收账款,平均应收账款为年初和年末应收账款合计数的平均数;应收账款周转天数表示企业在计算期内从获得应收账款的权利到收回款项所需要的时间,它等于计算期天数(通常为365天)除应收账款周转率。

$$应收账款周转率=\frac{赊销收入}{平均应收账款}$$

$$平均应收账款=\frac{期初应收账款余额+期末应收账款余额}{2}$$

$$应收账款周转天数=\frac{365}{应收账款周转率}$$

一般来说,应收账款周转率越高,说明应收账款收回越快,可以减少坏账损失,而且资产的流动性强,企业的短期偿债能力也会增强,在一定程度上可以弥补流动比率低的不利影响;相反,应收账款周转率越低,企业的营运资金会过多的呆滞于应收账款上,影响正常的资金运转。

然而,如果应收账款周转率过高,则可能是企业奉行了比较严格的信用政策、信用标准和付款条件都比较苛刻的结果。

命题点 33　盈利能力分析

盈利能力是指企业赚取利润的能力。盈利是企业的重要经营目标,是企业生存和发展的物质基础,它不仅关系到企业所有者的利益,也是企业偿还债务的一个重要来源。

对企业盈利能力分析,一般只分析企业正常经营活动的盈利能力,不涉及非正常经营活动。

盈利能力分析指标主要包括:

(1)资产报酬率。也称资产收益率、资产利润率或投资报酬率,是企业在一定时期内的净利润与资产平均总额的比率。

$$资产报酬率=\frac{净利润}{资产平均总额}\times 100\%$$

资产报酬率主要用来衡量企业利用资产获取利润的能力,它反映了企业总资产的利用效率。这一比率越高,说明企业的获利能力越强。

(2)股东权益报酬率。也称净资产收益率、净值报酬率或所有者权益报酬率,它是一定时期企业的净利润与股东权益平均总额的比率。

$$股东权益报酬率=\frac{净利润}{股东权益平均总额}\times 100\%$$

$$股东权益平均总额=\frac{期初股东权益+期末股东权益}{2}$$

股东权益报酬率是评价企业获利能力的一个重要财务比率,它反映了企业股东获取投资报酬的高低。该比率越高,说明企业的获利能力越强。

(3)销售毛利率。也称毛利率,是企业销售毛利与销售收入净额的比率。

$$销售毛利率=\frac{销售毛利}{销售收入净额}\times 100\%=\frac{销售收入净额-销售成本}{销售收入净额}\times 100\%$$

销售毛利率反映了企业的销售成本与销售收入净额的比例关系,毛利率越大,说明在销售收入净额中销售成本所占比重越小,企业通过销售获取利润的能力越强。

(4)销售净利率。是企业的净利润与销售收入净额的比率

$$销售净利率=\frac{净利润}{销售收入净额}\times 100\%$$

销售净利率说明了企业净利润占销售收入的比例,它可以评价企业通过销售赚取利润的能力。

(5)成本费用净利率。是企业的净利润与成本费用总额的比率。

$$成本费用净利率=\frac{净利润}{成本费用总额}\times 100\%$$

成本费用净利率反映了企业在生产经营过程中发生的耗费与获得的收益之间的关系。

该比率越高,说明企业为获取收益付出的代价越小,企业的获利能力越强。

该比率不仅可以用以评价企业获利能力的高低,也可以用以评价企业对成本费用的控制能力和经营管理水平。

命题点 34　企业财务状况的趋势分析

企业财务状况的趋势分析,主要是通过比较企业连续几个会计期间的财务报表或财务比率,了解企业财务状况变化的趋势,并以此来预测企业未来的财务状况,判断企业的发展前景。

一般而言,在对企业财务状况作趋势分析时,常用的方法主要有比较财务报表、比较百分比财务报表、比较财务比率、图解法等。

历年考题诠解

一、单项选择题

1. 某企业总资产为 150 万元,负债 30 万元,资本公积 10 万元,留存收益 10 万元,盈余公积 5 万元,则该企业的实收资本为(　　)万元。**[2003 年考题]**

A. 95　　B. 100　　C. 120　　D. 175

【答案】B　本题考核的是会计要素与会计恒等式。资产=负债+所有者权益。所有者权益包括实收资本、资本公积、盈余公积和未分配利润四个项目,其中盈余公积和未分配利润合称为留存收益。则该企业的实收资本=[150-30-(10+10)]万元=100 万元。

2. 属于反映会计主体某一时点财务状况的报表是(　　)。**[2003 年考题]**

A. 资产负债表　B. 损益表　C. 现金流量表　D. 利润分配表

【答案】A　本题考核的是会计报表。资产负债表是综合地反映企业一定日期财务状况的报表。损益表是总括反映企业在某一会计期间的经营成果。现金流量表是反映企业在一定会计期间内经营活动、投资活动和筹资活动产生的现金流入与流出情况的报表。

3. 反映企业长期偿债能力的指标是(　　)。**[2003 年考题]**

A. 流动比率　B. 速动比率　C. 资产负债率　D. 存货周转率

【答案】C　本题考核的是财务分析指标。流动比率和速动比率是反映企业短期偿债能力的指标。存货周转率是反映企业营运能力的指标。

4. 某企业 12 月末部分资产和负债余额如下：现金和银行存款 70 万元，长期投资 100 万元，短期投资 120 万元，应收票据 210 万元，短期借款 30 万元，应付票据和应付账款 110 万元，应付工资 60 万元，应付债券 300 万元。则该企业流动资产比率是(　　)。**[2004 年考题]**

A. 40%　B. 50%　C. 200%　D. 250%

【答案】C　本题考核的是财务分析指标。流动比率$=\frac{流动资产}{流动负债}\times100\%=\frac{70+120+210}{30+110+60}\times100\%=\frac{400}{200}\times100\%=200\%$。

5. 会计核算要求，凡在当期取得的收入或者负担的费用，不论款项是否收付，都应作为当期的收入或费用，是会计核算一般原则中的(　　)。**[2005 年考题]**

A. 权责发生制原则　B. 收付实现制原则

C. 配比原则　D. 划分收益性支出与资本性支出原则

【答案】A　本题考核的是会计核算的一般原则。权责发生制原则是指在收入和费用实际发生时进行确认，不必等到实际收到现金或者支付现金时才确认。凡在当期取得的收入或者应当负担的费用，不论款项是否已经收付，都应作为当期的收入或费用；凡是不属于当期的收入或费用，即使款项已经在当期收到或已经在当期支付，都不能作为当期的收入或费用。

6. 下列属于会计恒等式的是(　　)。**[2006 年考题]**

A. 资产－费用＝负债＋所有者权益－收入

B. 所有者权益＝资产＋负债

C. 资产＋费用＋利润＝负债＋所有者权益＋收入

D. 负债＝资产＋所有者权益

【答案】C　本题考核的是会计恒等式。有：资产＝负债＋所有者权益；收入－费用＝利润；资产＋利润＝负债＋所有者权益＋(收入－费用)，能得出：资产＋费用＋利润＝负债＋所有者权益＋收入。

7. 资产负债表中应在资产方反映的项目是(　　)。**[2007 年考题]**

A. 预收账款　B. 应付账款　C. 应收票据　D. 预提费用

【答案】C　本题考核的是资产负债表项目。应收票据应在资产方反映；应付账款、预收账款、预提费用应在负债方反映。

二、多项选择题

1. 下列财务指标中，反映企业营运能力的有(　　)。**[2003 年考题]**

A. 资产负债率　B. 存货周转率　C. 存货周转次数

D. 应收账款周转率　　　　E. 应收账款周转次数

【答案】BCDE　本题考核的是财务分析指标。资产负债率是反映企业偿债能力的指标。存货周转率、存货周转次数、应收账款周转率、应收账款周转次数均是反映企业营运能力的指标。

2. 下列财务指标中，反映企业营运能力的指标有(　　)。[2005 年考题]

A. 流动比率　　　　B. 速动比率　　　　C. 存货周转率

D. 应收账款周转率　　　　E. 资本金利润率

【答案】CD　本题考核的是财务分析指标。反映企业营运能力的指标包括存货周转率、应收账款周转率。流动比率和速动比率是反映企业偿债能力的指标。

三、判 断 题

1. 中美合资企业可以选择用美元作为记账本位币，相应财务会计报告也可以提供给中国境内的使用者。(　　)[2003 年考题]

【答案】×　本题考核的是会计货币计量。在我国，要求采用人民币作为记账本位币。考虑到一些企业的经营活动更多地涉及外币，同时也规定，业务收支以人民币以外的货币为主的单位，可以选定其中一种货币作为记账本位币。当然，提供给境内的财务会计报告使用者的应当折算为人民币。

2. 只有取得所有权的资产才可列入企业资产进行核算。(　　)[2003 年考题]

【答案】×　本题考核的是会计核算中的资产。资产是指过去的交易或事项形成并由企业拥有或者控制的资源，该资源预期会给企业带来经济利益。

3. 某房地产开发公司所开发的商品房尚未售出，则该商品房在该房地产开发公司的会计科目中应列入资产类科目。(　　)[2004 年考题]

【答案】√

4. 会计主体可以是一个法律主体，也可以是多个法律主体。(　　)[2005 年考题]

【答案】×　本题考核的是会计主体。会计主体是指会计信息所反映的特定单位。法律主体往往是一个会计主体，但是会计主体不一定是法律主体。

5. 会计要素是会计对象的基本分类，是构成会计报表的基本要素，其进一步分类便是账户，账户被赋予借贷双方的记录空间就是会计科目。(　　)[2005 年考题]

【答案】×　本题考核的是会计账户与会计科目。会计要素是会计对象的基本分类，是构成会计报表的基本要素，其进一步分类便是会计科目。会计科目被赋予借贷双方的记录空间就是账户。

6. 根据资产的特点，融资租入的固定资产可以视为企业的资产。(　　)[2006 年考题]

【答案】√　本题考核的是资产的特点。融资租赁由于租赁合同中条款规定的租期相当长，接近于该资产使用寿命，到租期结束时承租企业有优先购买这些资产的权利，在租期内企业有权支配资产，并从中受益，所以融资租入的固定资产应当视为企业的资产。

7. 会计核算的可比性原则是指企业之间的会计信息口径一致，相互可比。(　　)[2006 年考题]

【答案】√

8. 某房地产开发公司所开发的未售商品房价值在该公司资产负债表的资产类科目中反映。(　　)[2007 年考题]

【答案】√　本题考核的是会计核算中的资产要素。资产是指过去的交易或事项形成并由企业拥有或者控制的资源，该资源预期会给企业带来经济利益。

9. 在财务分析指标中，应收账款周转率越高，说明应收账款收回越快，资产的流动性增强，因此该指标越高越好。(　　)**[2007 年考题]**

【答案】×　本题考核的是财务分析指标。在财务分析指标中，应收账款周转率越高，说明应收账款收回越快，可以减少坏账损失，而且资产的流动性强，企业的短期偿债能力也会增强，在一定程度上可以弥补流动比率低的不利影响。然而，如果应收账款周转率过高，则可能是企业奉行了比较严格的信用政策、信用标准和付款条件都比较苛刻的结果。因此可能会限制销售量的扩大，影响企业盈利水平；与此同时，企业的存货周转率往往也比较低。所以应收账款周转率不是越高越好。

热点试题全解

一、单项选择题

1. 在存货、有价证券等资产的市价低于成本时，相应地减记资产的账面价值，并将减记金额计入当期损益，体现(　　)原则对历史成本原则的修正。

A. 权责发生制　　B. 谨慎
C. 配比　　D. 划分收益性支出与资本性支出

2. 房地产开发企业的半年度中期财务会计报告应于年度中期结束后(　　)内对外提供。

A. 60 天　　B. 45 天　　C. 30 天　　D. 15 天

3. 综合地反映企业一定日期财务状况的报表是(　　)。

A. 资产负债表　　B. 损益表　　C. 现金流量表　　D. 利润分配表

4. 在资产负债表的编制中，根据几个账户的期末余额合计数填列的是(　　)项目。

A. 短期投资　　B. 累计折旧　　C. 未分配利润　　D. 存货

5. 反映企业在一定会计期间内经营活动、投资活动和筹资活动产生的现金流入、流出情况的报表是(　　)。

A. 资产负债表　　B. 现金流量表　　C. 损益表　　D. 利润分配表

6. 某房地产开发企业 2008 年初的存货为 69 500 000 元，2008 年末的存货为 80 500 000 元，当年销货成本为 175 000 000 元，则当年的存货周转天数为(　　)。

A. 150.61 天　　B. 156.43 天　　C. 169.82 天　　D. 172.62 天

7. 某房地产开发企业 2008 年初的应收账款为 8 200 000 元，2008 年末的应收账款为 7 800 000 元，当年赊销收入为 35 000 000 元，则当年的应收账款周转率为(　　)。

A. 2.725　　B. 3.475　　C. 4.375　　D. 5.255

8. 季度财务会计报告应当于季度终了后(　　)内对外提供。

A. 6 天　　B. 10 天　　C. 15 天　　D. 30 天

9. 某房地产开发企业 2008 年的流动资产总额为 2 000 万元，流动负债总额为 1 500 万元，则流动比率为(　　)。

A. 0.33　　B. 0.75　　C. 1.33　　D. 1.75

10. 出现权责发生制和收付实现制区别的前提是(　　)。

A. 会计主体假设　　B. 持续经营假设　　C. 会计分期假设　　D. 货币计量假设

11. 会计核算的确认和计量的一般原则不包括(　　)。

A. 权责发生制原则　　B. 可比性原则
C. 配比原则　　D. 划分收益性支出与资本性支出原则

12. 要求企业采用的会计政策在前后各期保持一致，不得随意改变的原则是(　　)。
A. 可比性原则　B. 一贯性原则　C. 历史成本原则　D. 相关性原则

13. 以下关于负债的表述中，错误的是(　　)。
A. 负债将要由企业在未来某个时日加以清偿
B. 负债是由于过去的交易、事项引起的、企业以后所承担的义务
C. 为了清偿债务，企业往往需要在将来转移资产
D. 企业有可能将债务转为所有者权益

14. 以下关于收入的表述中，错误的是(　　)。
A. 收入是从企业的日常活动中产生的
B. 收入将引起企业所有者权益的增加
C. 收入来源包括对外销售商品、提供劳务、让渡资产的使用权
D. 出售固定资产所取得的收益是作为企业的收入

15. 以下会计等式中，正确的是(　　)。
A. 资产＝负债＋权益
B. 所有者权益＝资产＋负债
C. 资产＋利润＝负债＋所有者权益－费用
D. 资产＋费用＝负债＋所有者权益＋收入－利润

16. 甲公司以银行存款 100 万元，偿还到期的银行借款，其会计分录为(　　)。
A. 借:银行存款　1 000 000
　贷:长期借款　1 000 000
B. 借:银行借款　1 000 000
　贷:银行存款　1 000 000
C. 借:长期借款　1 000 000
　贷:银行存款　1 000 000
D. 借:银行存款　1 000 000
　贷:银行借款　1 000 000

17. 记账凭证是由会计部门依据审核后的原始凭证填制的，记账凭证上最重要的内容是(　　)。
A. 明确会计科目　　B. 确定记账方向
C. 确认经济业务的金额　　D. 作会计分录

18. 反映资产、负债及所有者权益情况的会计报表是(　　)。
A. 利润分配表　B. 损益表　C. 现金流量表　D. 资产负债表

19. 甲企业为购买一设备所支付的现金应列入现金流量表中的(　　)。
A. 经营活动产生的现金流出　　B. 筹资活动产生的现金流出
C. 投资活动产生的现金流出　　D. 经营活动产生的现金流入

20. 以下财务分析指标表示正确的是(　　)。
A. 速动比率$=\frac{\text{流动负债}}{\text{流动资产}}\times 100\%$

B. 应收账款周转率$=\frac{\text{赊销收入}}{\text{应收账款余额}}$

C. 资产报酬率$=\frac{\text{净利润}}{\text{资产总额}}\times100\%$

D. 股东权益报酬率$=\frac{\text{净利润}}{\text{股东权益平均总额}}\times100\%$

21. 资产报酬率主要用来衡量企业(　　)能力，它反映了企业总资产的利用效率。

A. 利用资产获取利润　　B. 偿还债务的综合

C. 短期偿债　　D. 长期偿债

22. 会计上所称的"净资产"是指(　　)。

A. 债权人权益　　B. 所有者权益

C. 权益　　D. 负债与所有者权益之和

二、多项选择题

1. 会计的基本职能包括(　　)。

A. 反映职能　　B. 决策职能　　C. 调控职能

D. 监督职能　　E. 管理职能

2. 衡量会计信息质量的一般原则包括(　　)。

A. 主观性　　B. 相关性　　C. 重要性

D. 明晰性　　E. 及时性

3. 对于权责发生制原则，下列说法错误的是(　　)。

A. 在收入和费用实际发生时进行确认

B. 在实际收到现金或者支付现金时确认

C. 凡是当期取得的收入或者应当负担的费用，不论款项是否已经收付，都应作为当期的收入或费用

D. 凡是不属于当期的收入或费用，只要款项已经在当期收到或已经当期支付，就应作为当期的收入或费用

E. 权责发生制与收付实现制相对应

4. 盈利能力是企业生存和发展的物质基础，对盈利能力进行分析的指标包括(　　)。

A. 资产报酬率　　B. 应收账款周转率

C. 净资产收益率　　D. 销售毛利率

E. 所有者权益报酬率

5. 记账凭证按经济业务是否涉及货币资金分为(　　)。

A. 收款凭证　　B. 现金凭证　　C. 付款凭证

D. 转账凭证　　E. 原始凭证

6. 通过资产负债表，不可以了解(　　)。

A. 企业的偿债能力　　B. 企业的经营能力

C. 企业未来的财务趋向　　D. 企业的现金流入与流出情况

E. 企业的利润分配

7. 所有者权益包括(　　)。

A. 实收资本　　B. 资本公积　　C. 盈余公积

D. 未分配利润　　E. 利润总额

8. 对于损益表的说法不正确的是（　　）。

A. 损益表是总括反映企业在某一会计期间的经营成果，提供该期间的收入、费用、成本、利润或亏损等信息的会计报表

B. 损益表是反映企业在一定会计期间内经营活动、投资活动和筹资活动产生的现金流入与流出情况的报表

C. 通过损益表，可以了解企业正常经营情况下的收支状况及获利能力

D. 损益表的内容包括销售收入、销售成本、销售税金、销售利润及其他业务利润，以及投资收益、营业外收入、营业外支出、所得税和净利润等项目

E. 通过损益表，可以了解到企业的经济实力

9. 会计核算的一般原则中，具有修正作用的是（　　）。

A. 历史成本原则　　B. 谨慎性原则　　C. 重要性原则

D. 配比原则　　E. 实质重于形式原则

10. 以下关于资产的表述中，正确的有（　　）。

A. 资产都是为企业所拥有的，或者即使不为企业所拥有，但也是企业所控制的

B. 资产指所有者在企业资产中享有的经济利益

C. 资产都是企业在现时发生的交易、事项中获得的

D. 收入可能表现为企业资产的增加

E. 资产能够给企业带来经济利益

11. 以下关于费用的表述中，正确的是（　　）。

A. 费用将引起所有者权益的减少

B. 费用与收入相配比，即为企业经营活动中取得的盈利

C. 费用按照其与收入的关系，可以分为营业成本和期间费用两部分

D. 费用可以同时表现为资产的减少和负债的增加

E. 固定资产清理损失，属于费用

12. 会计凭证根据填制的程序和用途不同分为（　　）。

A. 记账凭证　　B. 原始凭证　　C. 转账凭证

D. 付款凭证　　E. 收款凭证

13. 反映企业利润情况的会计报表包括（　　）。

A. 资产负债表　　B. 利润分配表　　C. 损益表

D. 现金流量表　　E. 商品销售利润明细表

14. 会计假设包括（　　）。

A. 会计主体假设　　B. 会计分期假设　　C. 持续经营假设

D. 会计核算假设　　E. 货币计量假设

15. 在编制会计报表时，会计报表所提供的信息质量必须符合（　　）。

A. 简明清晰　　B. 报送及时　　C. 计算准确

D. 数字真实　　E. 内容完整

16. 资产负债表中的流动资产包括（　　）。

A. 短期投资　　B. 应收票据　　C. 在建工程

D. 预提费用　　E. 存货

17. 下列财务分析指标中，属于反映企业短期偿债能力的指标有(　　)。

A. 资产负债率　　B. 速动比率　　C. 流动比率

D. 应收账款周转率　　E. 销售净利率

18. 下列财务指标中，反映企业营运能力的指标有(　　)。

A. 资产负债率　　B. 资产报酬率　　C. 存货周转次数

D. 应收账款周转率　　E. 成本费用净利率

19. 在对企业财务状况作趋势分析时，常用的方法主要有(　　)。

A. 比较财务报表　　B. 比较收益率财务报表　　C. 比较财务比率

D. 图解法　　E. 趋势分析法

三、判 断 题

1. 会计系统包括四个层次：①会计信息流通系统；②会计信息处理系统；③会计信息解释系统；④会计信息反馈系统。(　　)

2. 划分收益性支出与资本性支出原则是指将与当期收益相关的支出计入当期的损益，将与当期以及以后多个期间的收益相关的支出计入资产的价值。(　　)

3. 为满足人们对会计信息的需要，也要求企业按短于一年的期间编制财务会计报告，如半年度、季度和月度，均按公历起讫日期确定，称为会计短期报告。(　　)

4. 会计的目标是向国家、企业内部、企业外部提供有助于实行宏观调控、优化社会经济资源配置、合理地进行投资和信贷决策、加强内部经营管理所必须的、以财务信息为主的经济信息。(　　)

5. 在我国，会计年度自公历每年的 6 月 30 日起至 12 月 31 日止。(　　)

6. 会计信息质量高低是评价会计工作成败的标准。(　　)

7. 历史成本原则是指将取得资产时实际发生的成本作为资产的入账价值，在资产处置前保持其入账价值不变。(　　)

8. 在运用比较财务报表这种方法时，选择的期数越多，分析结果的准确性也越低。(　　)

9. 资产负债表是反映资产、负债及所有者权益情况的会计报表。(　　)

10. 会计分期的目的是将持续经营的生产经营活动划分成连续、相等的期间，据以结算盈亏，按期编报财务报告，从而及时地向各方面提供有关企业财务状况、经营成果和现金流量信息。(　　)

11. 由于会计分期，产生了当期与其他期间的差别，从而出现权责发生制和收付实现制的区别，进而出现了应收、应付、递延、预提、待摊这样的会计方法。(　　)

12. 会计要素是设定会计报表结构、内容、进行确认和计量的依据，会计要素主要包括资产、负债、所有者权益、收入、费用和利润等六大类。(　　)

13. 只有设定企业是持续经营的，才能在历史成本的基础上进一步采用计提折旧的方法，否则，就不能继续采用折旧的方法，而只能采用可变现净值法进行计价。(　　)

14. 重要性原则不会影响到会计信息的成本和效益。(　　)

15. 划分收益性支出与资本性支出有助于保持会计信息的可比性。(　　)

16. 相关性原则所说的相关，是指与决策相关。(　　)

17. 配比原则是指将收入与对应的费用、成本进行对比，以结出损益。(　　)

18. 财务分析是以企业的财务报告等会计资料为基础，对企业财务状况和经营成果进行分析和评价。 （ ）

19. 一般来说，法律主体往往是一个会计主体，会计主体也一定是法律主体。 （ ）

20. 在我国，要求采用人民币作为记账本位币，业务收支以人民币以外的货币为主的单位，也必须使用人民币作为记账本位币，同时可选定另一种货币记账。 （ ）

21. 会计核算的实质重于形式原则中所讲的形式是指法律形式，实质是指事物本身的性质。 （ ）

22. 所有者权益在性质上体现为所有者对资产减去负债后的余额，在数量上也就体现为企业资产的剩余利益。 （ ）

23. 所有者权益中的盈余公积和本年利润合称为留存收益。 （ ）

24. 企业出租其固定资产所取得的收益不能作为企业的收入。 （ ）

25. 我国通常将会计核算概括为设置账户、复式记账、填制和审核凭证、成本计算以及编制报表。 （ ）

26. 会计要素是会计对象的基本分类，是构成会计报表的基本要素，其进一步分类便是会计账户。 （ ）

27. 借贷记账法是以"借"和"贷"作为记账方向的一种复式记账方法。 （ ）

28. 登记账簿必须以原始凭证为依据，并定期进行结账、对账，为编制会计报表提供完整、系统的会计数据。 （ ）

29. 各单位编制的会计报表格式，是根据企业自身的经营情况的要求和向有关方面提供信息的需要制定的。 （ ）

30. 按照报表编制和报送的时间分类，企业所编制的会计报表可分为月报、季报和年报。 （ ）

31. 现金流量表和资产负债表都是根据会计等式的原理设计的。 （ ）

32. 流动比率是反映企业偿债能力的指标，根据西方的经验流动比率在 1∶2 左右比较合适。 （ ）

33. 资产负债率是反映企业偿还债务的综合能力，该比率越高，企业偿还债务的能力越强；反之亦然。 （ ）

34. 一般来讲，存货周转率越高，则流动性越强。因此，提高存货周转率可以提高企业的变现能力。 （ ）

35. 应收账款周转率可以用来分析企业应收账款的变现速度和管理效率，所以应收账款周转率越高越好。 （ ）

36. 销售毛利率越大，说明在销售收入净额中销售成本所占比重越小，企业通过销售获取利润的能力越强。 （ ）

热点试题答案

一、单项选择题

1. B	2. A	3. A	4. D	5. B
6. B	7. C	8. C	9. C	10. C
11. B	12. B	13. B	14. D	15. D

16. C　17. D　18. D　19. C　20. D
21. A　22. B

二、多项选择题

1. ADE　2. BDE　3. BD　4. ACDE　5. ACD
6. DE　7. ABCD　8. BE　9. BCE　10. ADE
11. ABCD　12. AB　13. BCE　14. ABCE　15. BCDE
16. ABE　17. BC　18. CD　19. ACD

三、判 断 题

1. ×　2. √　3. ×　4. √　5. ×
6. √　7. √　8. ×　9. √　10. √
11. √　12. √　13. √　14. ×　15. ×
16. √　17. √　18. √　19. ×　20. ×
21. ×　22. ×　23. ×　24. ×　25. ×
26. ×　27. ×　28. ×　29. ×　30. √
31. ×　32. ×　33. ×　34. √　35. ×
36. √

第十二章　法 律 知 识

命题规律解读

本章的命题规律主要体现在：

1. 中国现行的法律制度体系，注意考核判断题。
2. 民法的概念也可以作为一个命题点，应多加留意。
3. 掌握民事法律关系的构成，注意判断题。
4. 民事法律行为是个比较好的命题点，注意选择题。
5. 代理是个重要的命题点，应好好掌握。
6. 诉讼时效属于命题者比较喜欢的出题点，一定要牢固掌握。
7. 掌握合同的各种分类，这是个必考的内容。
8. 合同的成立是个好的出题点，在此要注意单选题和判断题。
9. 掌握合同的效力，很有可能在此出一个选择题。
10. 违约责任是一个重要的命题点，特别注意定金与违约金、预付款的区别。
11. 物权、所有权、用益物权及担保物权是本章的重点，注意区分，是必考的内容。
12. 掌握物权与债权的区别，不要将两种权利混淆。

命题点解读

命题点 1　法的概念

法是由国家制定或认可，以权利义务为主要内容，体现国家意志并以国家强制力来保证实现的人们行为规范的总称。

命题点 2　中国现行法律制度体系

(1)宪法。是国家的根本大法，由国家最高权力机关经由特殊程序制定和修改，综合性地规定国家、社会和公民生活的根本问题，具有最高法的效力的一种法。

(2)法律。狭义上的法律，是指由全国人民代表大会及其常务委员会依法制定，规定和调整国家、社会和公民生活中某一方面带根本性的社会关系或基本问题的法的统称。

(3)行政法规。是由国务院依法制定和公布的有关行政管理和管理行政事项的规范性法文件的总称，其效力低于法律，高于地方性法规、部门规章。

(4)地方性法规(自治条例、单行条例)。是由省、自治区、直辖市的人民代表大会及其常务委员会根据本行政区域的具体情况和实际需要，在不同法律、行政法规相抵触的前提下，效力不超出本行政区域范围，作为地方司法依据之一的规范性文件的总称。

(5)行政规章。是有关行政机关依法制定的事关行政管理的规范性法文件的总称。分为部门规章和政府规章两种。

从法的层次和效力看，政府规章是有权制定地方性法规的地方的人民政府根据法律、行政法规，制定的规范性法文件，也称为地方政府规章。

宪法具有最高的法律效力，一切其他法律、行政法规、地方性法规、自治条例和单行条例、规章都不得同宪法相抵触；法律的效力高于行政法规、地方性法规、规章；行政法规的效力高于地方性法规、规章；地方性法规的效力高于本级和下级地方政府规章；省、自治区的人民政府制定的规章的效力高于本行政区域内的较大的市的人民政府制定的规章；部门规章之间、部门规章与地方政府规章之间具有同等效力，在各自的权限范围内施行。

命题点 3　法的分类

法按其设立和适用范围，分为国内法与国际法；

法按其规定的内容不同，分为实体法与程序法。

命题点 4　民法的概念

民法是调整平等主体的公民之间、法人之间以及他们相互之间的财产关系和人身关系的法律规范的总称。

财产关系是指在生产、分配、交换、消费过程中形成的财产所有权关系和财产流转关系；人身关系包括人格权关系（如姓名、名称、名誉等）和身份权关系（如收养、监护等）。

命题点 5　中国民法的基本原则

(1)平等原则；(2)诚实信用原则；(3)公序良俗原则；(4)自愿原则；(5)禁止滥用权利原则。

命题点 6　民事法律关系的概念

民事法律关系是指由民法调整、确认或保护的社会关系。

命题点 7　民事法律关系的构成

1. 民事法律关系的主体

又称民事主体或者民事权利义务主体，是指参加民事法律关系而享有民事权利、承担民事义务的人。这里的“人”包括自然人和法人。在特殊情况下，国家也是民事法律关系的主体。

2. 民事法律关系的客体

是指民事主体间民事权利义务所共同指向的对象，包括物、行为、智力成果等；在民法上，客体也称为“标的”。

(1)物。民法上的物是指能够满足人类生活、生产需要，可以为人类所控制，具有一定经济价值的物体。

(2)行为。指为满足他人利益而进行的活动。

(3)智力成果。指脑力劳动所创造的精神财富，如发明创造、文学作品等。智力成果是一种无形资产，是知识产权法律关系的客体。

3. 民事法律关系的内容

是指民事主体所享有的权利和应承担的义务。

命题点 8　民事权利

1. 民事权利的概念

民事权利是指民事主体受法律保护的、实现某项利益的权利，包括：(1)权利人可在法定的范围内，根据自己的意志进行民事活动；(2)权利人可以要求负有义务的人做出一定的行为或不为一定的行为以实现自己的权利；(3)权利人因他人的行为而使权利不能实现时，有权要求有关机关予以保护。

2. 民事权利的分类

根据权利标的的不同性质，民事权利可分为财产权和人身权。

财产权是指与人身相分离的、有财产价值的权利，如物权、债权等；人身权是指以人身利益为标的的权利，如生命健康权、姓名权、肖像权等。

根据权利的作用，民事权利可分为支配权、请求权、形成权和抗辩权。

支配权是指对权利标的直接进行支配而不受他人非法干涉的权利，如物权、知识产权、人身权等；请求权是指权利主体请求他人为或不为特定行为的权利；形成权是指权利主体依自己的行为，使自己与他人之间的法律关系发生变动的权利，如撤销权、解除权、追认权、选择权等；抗辩权又称异议权，是指不同意他人的请求，而提出证据加以抗辩的权利。

根据权利效力的不同，民事权利可分为绝对权和相对权；

根据相互联系的几个民事权利中各权利所处的地位不同，可分为主权利和从权利；

根据权利是否具有转移性，可分为专属权和非专属权。

命题点 9　民事义务

1. 民事义务的概念

民事义务是指由民事法律规定或者当事人自己的选择产生的对民事主体为一定行为或不为一定行为的约束。

2. 民事义务的分类

以义务人行为的方式，民事义务可分为积极义务和消极义务。

需要义务人以作为来完成的义务为积极义务，如交货或付款义务；需要义务人以不作为来完成的义务为消极义务，如禁止义务。

民事义务还可分为主要义务和附随义务，约定义务和法定义务等。

命题点 10　自 然 人

自然人也称为公民。自然人既包括本国公民，也包括外国人和无国籍人。

具有中华人民共和国国籍的自然人都是中国公民。

1. 自然人的民事权利能力

民事权利能力是指法律赋予自然人享有民事权利和承担民事义务的资格。

民事权利能力可分为一般权利能力和特殊权利能力。一般权利能力是指民事主体参加一般民事法律关系的资格；特殊权利能力是指民事主体参加特殊民事法律关系的资格。

在中国，自然人的民事权利能力一律平等。自然人从出生时起到死亡时止，具有民事权利能力，依法享有民事权利，承担民事义务。

胎儿不具有民事权利能力，不得成为民事法律关系的主体。

2. 自然人的民事行为能力

民事行为能力是指自然人以自己的行为依法独立取得民事权利、承担民事义务的资格，即民事主体独立实施民事法律行为的资格。

法律根据自然人不同的认知能力，将自然人分为：完全民事行为能力人、限制民事行为能力人和无民事行为能力人。

3. 监护

监护是指依法对无民事行为能力人和限制民事行为能力人的人身、财产和其他合法权益进行保护和监督的制度。依法进行保护和监督的人为监护人，被保护和监督的人为被监护人。

监护主要有：法定监护、指定监护、遗嘱监护、自愿监护。

4. 宣告失踪和宣告死亡

(1)宣告失踪

公民下落不明满2年的，利害关系人可以向人民法院申请宣告其为失踪人。

(2)宣告死亡

公民有下列情形之一的，利害关系人可以向人民法院申请宣告其死亡：1)下落不明满4年的；2)因意外事故下落不明，从事故发生之日起满2年的。

命题点11　法　　人

法人是具有民事权利能力和民事行为能力，依法独立享有民事权利并承担民事义务的组织。法人包括机关法人、事业单位法人、企业法人和社团法人等。

要成为法人，需要具备的条件是：(1)依法成立；(2)有必要的财产或经费；(3)有自己的名称、组织机构和场所；(4)能独立承担民事责任。

命题点12　合　　伙

合伙是依法设立的，由各合伙人订立合伙协议，共同出资、合伙经营、共享收益、共担风险，并对合伙企业债务承担无限连带责任的组织。

合伙的法律特征有：(1)合伙具有团体性；(2)合伙人对合伙承担无限连带责任。

命题点13　民事法律行为

民事法律行为是指民事主体设立、变更、终止民事权利和民事义务的合法行为。

民事法律行为的形式主要有口头形式、书面形式、视听资料形式和默示形式等。

民事法律行为成立的条件是：(1)行为人具有相应的民事行为能力；(2)意思表示真实；(3)不违反法律或者社会公共利益。

民事行为无效包括：(1)无民事行为能力人实施的；(2)限制民事行为能力人依法不能独立实施的；(3)一方以欺诈、胁迫的手段或者乘人之危，使对方在违背真实意思的情况下所为的；(4)恶意串通，损害国家、集体或者第三人利益的；(5)违反法律或者社会公共利益的；(6)经济合同违反国家指令性计划的；(7)以合法形式掩盖非法目的的。

无效的民事行为，从行为开始起就没有法律约束力。

被撤销的民事行为从行为开始起无效。

命题点14　代理的概念

代理是指行为人根据一定方式的授权，以他人的名义与第三人为一定法律行为，所产生的法律后果直接归于该他人。

这里，代他人为法律行为的人为代理人；"他人"为被代理人，法律上又称为"本人"；第三人又称"相对人"。

命题点15　代理的分类

(1)根据代理权发生的依据不同，可将代理分为委托代理、法定代理和指定代理。

委托代理是指基于被代理人的委托而发生的代理关系。

法定代理是指根据法律的直接规定而发生的代理关系。

指定代理是指根据人民法院或有关单位的指定而发生的代理，其实质是一种实现法定代理的方式。

(2)本代理和复代理：

本代理是指基于被代理人选任代理人而发生的代理关系。

复代理是指代理人为行使代理权，通过以自己的名义为本人选任代理人而发生的代理关系。

(3)根据代理人为一人或数人的不同，可将代理分为单独代理和共同代理。

单独代理是指将代理权授予一人的代理，又称独立代理。

共同代理是指将代理权授予二人以上的代理。

(4)民法上的代理和诉讼法上的代理：

二者最主要的区别在于代理事项不同：民法上的代理是指代理人代被代理人为民事法律行为；而诉讼法上的代理则是代理人代被代理人为诉讼法上的行为。

命题点 16　代理关系

通过代理人的代理活动而在被代理人、代理人以及第三人之间产生的关系叫做代理关系。代理关系由以下 3 个方面的关系构成：

(1)代理人与被代理人之间的关系；

(2)代理人与第三人之间的关系；

(3)第三人与被代理人之间的关系。

命题点 17　代理权和代理行为

根据有关法律的规定，代理权可通过以下方式取得：

(1)因授权而取得代理权；(2)因指定而发生；(3)因法律规定而发生。

民事法律行为的委托代理，可以采取书面形式，也可以采取口头形式。

代理人在行使代理权时应遵循以下两项原则：

(1)代理权应为维护被代理人的最大利益而行使。即代理人应当在代理权限范围内，从被代理人的利益出发，争取在对被代理人最有利的情况下完成代理行为。

(2)代理权不得滥用。根据有关法律的规定，代理人不得有以下滥用代理权的行为：

1)自己代理。指代理人以被代理人的名义与自己进行民事法律行为。

2)双方代理。指代理人以被代理人的名义与自己同时代理的其他人进行民事法律行为。

3)与第三人恶意串通，损害被代理人的利益。

4)超越代理权限进行代理活动。

5)利用代理权从事违法活动。

没有代理权、超越代理权或者代理权终止后的行为，只有经过被代理人的追认，被代理人才承担民事责任。未经追认的行为，由行为人承担民事责任。

本人知道他人以本人名义实施民事行为而不作否认表示的，视为同意。

命题点 18　诉讼时效的概念

诉讼时效是指权利人在法定期限内不行使权利，即丧失请求人民法院或仲裁机关保护其权利的权利。

诉讼时效消灭的是一种请求权，而不消灭实体权利。

命题点 19　诉讼时效期间

诉讼时效期间是指权利人请求人民法院或仲裁机关保护其民事权利的法定期间。

根据法律对诉讼时效期间的规定不同，诉讼时效期间可分为普通诉讼时效期间、特别诉讼时效期间和长期诉讼时效期间。

普通诉讼时效期间是指适用于一般请求权的诉讼时效期间。《民法通则》规定，向人民法院请求保护民事权利的诉讼时效期间为 2 年，法律另有规定的除外。

特别诉讼时效期间是指只适用于特定请求权的诉讼时效期间。《民法通则》规定下列的诉讼时效期间为 1 年：(1)身体受到伤害要求赔偿的；(2)出售质量不合格的商品未声明的；(3)延付或拒付租金的；(4)寄存财物被丢失或损毁的。除此之外，《环境保护法》规定，因环境污染损害赔偿提起诉讼的时效期间为3年。

《民法通则》规定，诉讼时效期间从知道或者应当知道权利被侵害时起计算。如果权利人不知道或不应当知道权利被侵害，诉讼时效期间即不应开始。

但是，从权利被侵害之日起超过20年的，人民法院不予保护。

有特殊情况的，人民法院可以延长诉讼时效期间。这里的20年，称为最长诉讼时效期间或者长期诉讼时效期间。

命题点20 诉讼时效的中止、中断与延长

诉讼时效的中止是指在诉讼时效进行中，因发生一定的法定事由而使权利人不能行使请求权，暂时停止计算诉讼时效期间，以前经过的时效期间仍然有效，待阻碍诉讼时效进行的事由消失后，诉讼时效继续进行。

诉讼时效的中断是指在诉讼时效进行中，因发生一定的法定事由，致使已经经过的时效期间统归无效，待诉讼时效中断的法定事由消除后，诉讼时效期间重新计算。

引起诉讼时效中断的事由有：(1)权利人提起诉讼；(2)当事人一方向义务人提出请求履行义务的要求；(3)当事人一方同意履行义务。

诉讼时效的延长是指人民法院对已经完成的诉讼时效，据特殊情况而予以延长。

命题点21 民事责任

承担民事责任的方式主要有：

(1)停止侵害；(2)排除妨碍；(3)消除危险；(4)返还财产；(5)恢复原状；(6)修理、重作、更换；(7)赔偿损失；(8)支付违约金；(9)消除影响、恢复名誉；(10)赔礼道歉。

命题点22 合同的概念和特征

合同又称契约，其本质是一种合意或协议，是平等主体的自然人、法人或其他组织之间设立、变更、终止民事权利义务关系的意思表示一致的协议。

合同的特征：

(1)合同是平等主体之间的民事法律关系；

(2)合同是两方以上当事人的法律行为；

(3)合同是从法律上明确当事人间特定权利与义务关系的文件；

(4)合同是具有相应法律效力的协议。

命题点23 合同法的概念和特征

合同法是调整平等主体之间的交易关系的法律，主要规范合同的订立、效力、履行、变更、转让、终止、违反合同的责任等问题。

合同法的特征：

(1)合同法以任意性规范为主；(2)合同法以平等协商和等价有偿为原则。

命题点24 合同的分类

(1)根据法律是否设有规范并赋予一个特定名称，可将合同分为典型合同和非典型合同。

典型合同又称有名合同，是指法律设有规范，并赋予一定名称的合同。

合同法规定的买卖、赠与、借款等合同为典型合同。

非典型合同又称无名合同，是指法律尚未特别规定，也未赋予一定名称的合同。

(2)根据合同当事人是否互相享有权利、承担义务，可将合同分为双务合同与单务合同。

双务合同是指双方当事人互相享有权利、承担义务的合同，如买卖、租赁等合同。

单务合同是指仅有一方当事人承担义务的合同，如赠与、借用等合同。

(3)根据合同当事人是否为从合同中得到的利益支付代价，可将合同分为有偿合同与无偿合同。

有偿合同是指当事人为从合同中得到利益要支付相应代价的合同，如买卖合同。

无偿合同是指当事人不需为从合同得到的利益支付相应代价的合同，如赠与合同。

(4)根据合同的成立是否以交付标的物为要件，可将合同分为诺成合同与实践合同。

诺成合同是当事人双方意思表示一致即可成立的合同，即“一诺即成”的合同，也称不要物合同。

实践合同是在当事人意思表示一致后，仍须有实际交付标的物的行为才能成立的合同。

(5)根据法律是否要求合同必须符合一定的形式才能成立，可将合同分为要式合同与不要式合同。

要式合同是指根据法律规定必须采用特定形式的合同。

不要式合同是指当事人订立的合同依法并不需要采用特定的形式，当事人可以采用口头方式，也可以采用书面形式。

(6)根据合同是否必须以其他合同的存在为前提而存在，可将合同分为主合同与从合同。

主合同是指不以其他合同的存在为前提即可独立存在的合同。

从合同是指不能独立存在而以其他合同的存在为存在前提的合同。

主合同不能成立，从合同就不能有效成立；主合同转让，从合同也不能单独存在；主合同被宣告无效或被撤销，从合同也将失效；主合同终止，从合同也随之终止。

命题点 25　合同的内容

合同的内容即合同当事人订立合同的各项具体意思表示，具体体现为合同的各项条款。

在不违反法律强制性规定的情况下，合同的内容由当事人约定，一般包括：(1)当事人的名称或者姓名和住所；(2)标的，即合同双方当事人权利义务所共同指向的对象；(3)数量；(4)质量；(5)价款或者报酬；(6)履行期限、地点和方式；(7)违约责任；(8)解决争议的方法。

命题点 26　合同的形式

合同的形式有书面形式、口头形式和其他形式。

如建设用地使用权出让合同、房屋买卖合同、房屋租赁合同应当采取书面形式。

命题点 27　合同的订立程序

当事人订立合同，应当具有相应的民事权利能力和民事行为能力。

1. 要约

是指希望与他人订立合同的意思表示。该意思表示应当符合下列规定：(1)内容具体明确，即表达出订立合同的意思，包括一经承诺合同即可成立的各项基本条款；(2)表明经受要约人承诺，要约人即受该意思表示约束。

《中华人民共和国合同法》第十五条规定下列行为属于要约邀请而不属于要约：寄送的价目表、拍卖公告、招标公告、招股说明、商业广告。但商业广告的内容符合要约规定的，应视为要约。

2. 承诺

是指受要约人同意接受要约的条件以缔结合同的意思表示。承诺必须由受要约人向要约人做出；同时，承诺必须向要约人做出，如果向要约人以外的其他人做出，则只能视为对他人发出要约，不能产生承诺效力。

承诺必须在规定的期限内到达要约人；承诺只有到达要约人时才能生效。

命题点 28 合同的效力

合同的生效是指已经成立的合同开始发生以国家强制力保障的法律约束力，即合同发生法律效力。

合同生效应具备的条件：(1)当事人具有相应的民事行为能力；(2)意思表示真实；(3)不违反法律和社会公共利益。

无效合同是相对于有效合同而言的，是指合同虽然已经成立，但因其在内容和形式上违反了法律、行政法规的强制性规定和社会公共利益，因此应确认为无效。

合同无效的情形有：(1)一方以欺诈、胁迫的手段订立合同，损害国家利益；(2)恶意串通，损害国家、集体或者第三人利益；(3)以合法形式掩盖非法目的；(4)损害社会公共利益；(5)违反法律、行政法规的强制性规定。

命题点 29 合同的履行

合同的履行是指债务人全面地、适当地完成其合同义务，债权人的合同债权得到完全实现。

当事人就有关合同内容约定不明确，按照合同有关条款或者交易习惯仍不能确定的，适用下列规定：

(1)质量要求不明确的，按照国家标准、行业标准履行；没有国家标准、行业标准的，按照通常标准或者符合合同目的的特定标准履行。

(2)价款或者报酬不明确的，按照订立合同时履行地的市场价格履行；依法应当执行政府定价或者政府指导价的，按照规定履行。

(3)履行地点不明确，给付货币的，在接受货币一方所在地履行；交付不动产的，在不动产所在地履行；其他标的，在履行义务一方所在地履行。

(4)履行期限不明确的，债务人可以随时履行，债权人也可以随时要求履行，但应当给对方必要的准备时间。

(5)履行方式不明确的，按照有利于实现合同目的的方式履行。

(6)履行费用的负担不明确的，由履行义务一方负担。

逾期交付标的物的，遇价格上涨时，按照原价格执行；价格下降时，按照新价格执行。

逾期提取标的物或者逾期付款的，遇价格上涨时，按照新价格执行；价格下降时，按照原价格执行。

命题点 30 合同的变更、转让和终止

当事人协商一致，可以变更合同。

合同的当事人将其权利或义务全部或者部分转让给第三人，并不改变合同原有的权利义务内容，只是合同的主体发生了变化。

债权人可以将合同的权利全部或者部分转让给第三人，但有下列情形之一的除外：(1)根据合同性质不得转让；(2)按照当事人约定不得转让；(3)依照法律规定不得转让。

债权人转让权利的，应当通知债务人。未经通知，该转让对债务人不发生效力。

债务人将合同的义务全部或者部分转移给第三人的，应当经债权人同意。

合同的终止又称合同的灭失。合同终止的原因主要有：债务已经按照约定履行、合同解除、债务相互抵销、债权人免除债务、债权债务同归于一人等。

命题点 31 违约责任

违约责任也称违反合同的民事责任，是指合同当事人因不履行合同义务或者履行合同义务不符合约定,而向对方承担的民事责任。

命题点 32　违约的形式

(1)预期违约。也称先期违约,是指在履行期限到来之前,一方无正当理由而明确表示其在履行期到来后将不履行合同,或者其行为表明其在履行期到来以后将不可能履行合同。

(2)实际违约。是指履行期限到来之后,当事人不履行或不完全履行合同义务,都将构成实际违约。实际违约行为的类型有:拒绝履行、迟延履行、不适当履行、部分履行。

命题点 33　违约责任的承担方式

(1)继续履行。继续履行也称强制继续履行、依约履行、实际履行。

继续履行是指在一方违反合同时,另一方有权要求其依据合同的规定继续履行。

(2)赔偿损失。赔偿损失又称违约赔偿损失,是指违约方因不履行或不完全履行合同义务而给对方造成损失,依法和依据合同的规定应承担赔偿损失的责任。

(3)给付违约金。是指由当事人通过协商预先确定的、在违约发生后做出的独立于履行行为以外的给付。违约金是由当事人协商确定的,其数额是预先确定的。

(4)定金罚则。债务人履行债务后,定金应当抵作价款或者收回。

给付定金的一方不履行约定的债务的,无权要求返还定金;收受定金的一方不履行约定的债务的,应当双倍返还定金。

定金具有惩罚性,是对违约行为的惩罚。

《担保法》规定定金的数额不得超过主合同标的额的 20%。如果当事人约定的定金比例超过了 20%,并非整个定金条款无效,而只是超过部分无效。

定金与预付款的区别在于:预付款是由双方当事人商定的在合同履行前所支付的一部分价款;预付款的交付在性质上是一方履行主合同的行为,合同履行时预付款要充抵价款,合同不履行时预付款应当返还;预付款的适用不存在制裁违约行为的问题,无论发生何种违约行为,都不发生预付款的丧失和双倍返还。

当事人既约定违约金,又约定定金的,一方违约时,对方可以选择适用违约金或者定金条款。这就是说,定金和违约金不能同时并用,只能选择其一适用。

命题点 34　物的种类

物的种类可以分为不动产和动产、流通物和限制流通物、主物和从物、原物和孳息、特定物和种类物、替代物和不可替代物等。

命题点 35　物权的概念

物权是指权利人依法对特定的物享有直接支配和排他的权利。

同一物上不能有内容不相容的两种以上的物权并存。

命题点 36　物权的分类

我国《物权法》规定的物权主要有所有权、用益物权、担保物权等。

按照一定的标准,可对物权做下列分类:

(1)自物权和他物权。自物权是权利人对自己的物享有的权利,即所有权;他物权是指在他人的物上设立的权利,如抵押权、地役权、土地使用权等。

(2)动产物权和不动产物权。凡以动产为标的的物权为动产物权,如质权;凡以不动产为标的物权为不动产物权,如抵押权。

(3)主物权和从物权。主物权是指本身就独立存在,不需要依附于其他权利的物权,如所有权;从物权是指必须依附于其他权利而存在的物权,如抵押权。

(4)所有权和限制物权。权利人可以在其所有物上为他人设立权利,这种权利的直接效力是限制了所有权的效用,称为限制物权,用益物权和担保物权都是限制物权。

命题点 37　物权的效力

物权除因种类不同而有各种不同的效力外,有下列共同效力:

(1)排他效力;(2)优先效力;(3)追及效力。

命题点 38　物权的特征

(1)物权法定原则;(2)物权公示原则;(3)物权优先原则。

命题点 39　所 有 权

1. 所有权的一般原理

完整的所有权包含占有、使用、收益、处分四项权能。

占有、使用、收益、处分四项权能可以与所有权发生分离,而所有权人并不因此丧失其所有权,但其所有权因此而受到限制。

2. 共有

共有是两个或两个以上的人(自然人或法人)对同一项财产享有所有权。

共有可分为按份共有和共同共有。

因共有关系消灭而分割共有财产时,在不损害财产的经济价值的前提下,可以采取以下方法:实物分割;变价分割;作价补偿。

共同共有与按份共有的最显著的区别在于:共同共有是不确定份额的共有,只要共同共有关系存在,共有人就不能划分自己对财产的份额,只有在共同共有关系消灭,对共有财产进行分割时,才能确定各个共有人应得的份额。

3. 不动产所有权

不动产所有权包括土地所有权和房屋所有权等。

我国土地所有权分为国家土地所有权和集体土地所有权。

4. 建筑物区分所有权

业主对建筑物内的住宅、经营性用房等专有部分享有所有权,对专有部分以外的共有部分享有共有和共同管理的权利。

命题点 40　用益物权概述

用益物权是指权利人对他人所有的不动产或动产依法享有占有、使用和收益的权利。

用益物权具有以下特点:(1)用益物权的标的物是不动产或动产;(2)用益物权是一种他物权;(3)用益物权以对物的占有、使用、收益为主要内容,重在取得物的使用价值。

命题点 41　用益物权的分类

用益物权包括土地承包经营权、建设用地使用权(国有土地使用权)、宅基地使用权(居住用途的集体土地使用权)、地役权等。

命题点 42　担保物权概述

担保物权是以确保债务履行为目的,在债务人或第三人所有或经营管理的特定财产上设定的一种物权。

其特征为:(1)担保物权以确保债务的履行为目的;(2)担保物权是在债务人或第三人的财产上设定的权利,是一种他物权;(3)担保物权是以担保物的交换价值为债务履行提供担保的,是以对所有人的处分权能加以限制而实现这一目的;(4)担保物权具有从属性和不可分性。

命题点 43 担保物权的分类

担保物权包括抵押权、质权、留置权等。

质权是指为了担保债务的履行，债务人或第三人将其动产或权利凭证移交债权人占有，当债务人不履行债务时，债权人有就其占有的动产或权利凭证处分价款优先受偿的权利。

质权的特征为：(1)质权是一种担保物权；(2)质权的标的物只能是动产或财产权利；(3)质权须转移质物的占有；(4)质权是就质物优先受偿的权利。

留置权是指为了担保债务的履行，债权人按照合同的约定占有债务人的财产，在债务人逾期不履行债务时，债权人有留置该财产并就该财产优先受偿的权利。

留置权的特征为：(1)留置权是以动产为标的物的一种担保物权；(2)留置权是债权人留置债务人动产的权利；(3)留置权是一种法定担保物权。

命题点 44 物权与债权的区别

财产权的静止状态体现为物权，在运动状态中又表现为债权，物权和债权反映着社会经济生活中最基本的财产关系。

物权和债权尽管都属于财产权的范畴，但和债权相比较，物权是支配权，债权是请求权。

除此外，物权具有自身的特点，表现在：

(1)物权的权利主体是特定的，而义务主体是不特定的；

(2)物权具有优先性，债权具有平等性；

(3)物权能够对第三人产生效力，物权都具有追及性；

(4)在权利设定上的区别；

(5)物权和债权的保护方法不同。

历年考题诠解

一、单项选择题

1. 以下权利中属于用益物权的是(　　)。**[2003 年考题]**

A. 抵押权　　B. 典权

C. 建筑物区分所有权　　D. 质权

【答案】B　本题考核的是用益物权。用益物权是指权利人对他人所有的不动产或动产依法享有占有、使用和收益的权利。典权属于用益物权。抵押权和质权属于担保物权。建筑物区分所有权属于所有权。

2. 根据权利的作用，以下民事权利属于形成权的是(　　)。**[2005 年考题]**

A. 物权　　B. 知识产权　　C. 人身权　　D. 撤销权

【答案】D　本题考核的是民事权利的分类。根据权利的作用，民事权利可分为支配权、请求权、形成权和抗辩权。形成权是指权利主体依自己的行为，使自己与他人之间的法律关系发生变动的权利，如撤销权、解除权、追认权、选择权等。

3. 甲与乙签订商品房买卖合同，如甲有侵权行为，依据《民法通则》，诉讼时效期间从(　　)时起计算。**[2006 年考题]**

A. 合同签订　　B. 合同生效

C. 权利被侵害　　D. 乙知道或者应当知道

【答案】D　本题考核的是诉讼时效期间。《民法通则》规定，诉讼时效期间从知道或者应当知道权利被侵害时起计算。

4. 省、直辖市、自治区人民政府根据法律、行政法规制定的规范性法律文件是(　　)。[2007年考题]

A. 地方性法规　　B. 政府规章　　C. 部门规章　　D. 自治条例

【答案】B　本题考核的是中国现行法律制度体系。从法的层次和效力看,政府规章是有权制定地方性法规的地方的人民政府根据法律、行政法规,制定的规范性法律文件,也称为地方政府规章。地方性法规是由省、自治区、直辖市的人民代表大会及其常务委员会根据本行政区域的具体情况和实际需要,在不同法律、行政法规相抵触的前提下,效力不超出本行政区域范围,作为地方司法依据之一的规范性文件的总称。

5. 下列关于质权特征的表述中,错误的是(　　)。[2007年考题]

A. 质权是一种担保物权　　B. 质权的标的物只能是不动产权利

C. 质权需转移质物的占有　　D. 质权是就质物优先受偿的权利

【答案】B　本题考核的是担保物权中的质权。质权是指为了担保债务的履行,债务人或第三人将其动产或权利凭证移交债权人占有,当债务人不履行债务时,债权人有就其占有的动产或权利凭证处分价款优先受偿的权利。其特征为:(1)质权是一种担保物权;(2)质权的标的物只能是动产或财产权利;(3)质权须转移质物的占有;(4)质权是就质物优先受偿的权利。

二、多项选择题

1. 担保物权包括(　　)。[2005年考题]

A. 地役权　　B. 典权　　C. 抵押权

D. 留置权　　E. 质权

【答案】CDE　本题考核的是担保物权的分类。担保物权包括抵押权、质权、留置权等。地役权和典权属于用益物权。

2. 用益物权包括(　　)。[2006年考题]

A. 承包经营权　　B. 建设用地使用权　　C. 债权

D. 典权　　E. 所有权

【答案】ABD　本题考核的是用益物权的分类。用益物权是指权利人对他人所有的不动产或动产依法享有占有、使用和收益的权利。用益物权包括土地承包经营权、建设用地使用权(国有土地使用权)、宅基地使用权(居住用途的集体土地使用权)、地役权、典权等。

3. 下列关于所有权的表述中,正确的有(　　)。[2007年考题]

A. 所有权是从物权　　B. 所有权是自物权

C. 可对所有权人的物设置他项权利　　D. 共有是确定份额的共同所有

E. 建筑物区分所有权人仅拥有专有部分所有权

【答案】BC　本题考核的是物权。所有权是自物权也是主物权。他物权是指在他人的物上设立的权利。共有是两个或两个以上的人(自然人或法人)对同一项财产享有所有权;共有可分为按份共有和共同共有;共同共有与按份共有的最显著的区别在于:共同共有是不确定份额的共有。业主对建筑物内的住宅、经营性用房等专有部分享有所有权,对专有部分以外的共有部分享有共有和共同管理的权利;建筑物区分所有权人转让其专有部分所有权,其共有和共同管理的权利,视为一并转让。

三、判 断 题

1. 承诺由受要约人向要约人做出，并且在规定的期限内到达要约人时，才能生效。(　　)[2005 年考题]

【答案】√　本题考核的是合同的订立。承诺是指受要约人同意接受要约的条件以缔结合同的意思表示。承诺必须由受要约人向要约人做出。承诺必须在规定的期限内到达要约人。承诺只有到达要约人时才能生效。

2. 当事人既约定了违约金又约定了定金的，一方违约时，违约金和定金条款可以同时使用。(　　)[2006 年考题]

【答案】×　本题考核的是违约责任的承担方式。当事人既约定违约金，又约定定金的，一方违约时，对方可以选择适用违约金或者是定金条款。也就是说，定金和违约金不能同时并用，只能选择其一适用。

3. 房地产抵押权是一种担保债权。(　　)[2007 年考题]

【答案】×　本题考核的是担保物权。抵押权、质权、留置权都属于担保物权。

热点试题全解

一、单项选择题

1. 民法是调整平等主体的公民之间、法人之间以及他们相互之间的(　　)关系的法律规范的总称。

A. 财产和人身　　B. 权利和义务　　C. 主体和客体　　D. 民事和刑事

2. 根据合同当事人是否互相享有权利、承担义务，可将合同分为(　　)。

A. 诺成和实践合同　　B. 双务和单务合同

C. 要式和不要式合同　　D. 有偿和无偿合同

3. 根据合同的成立是否以交付标的物为要件，可将合同分为(　　)。

A. 典型和非典型合同　　B. 主合同和从合同

C. 诺成和实践合同　　D. 双务和单务合同

4. 将代理分为委托代理、法定代理和指定代理是根据(　　)的不同来划分的。

A. 代理方式　　B. 代理权限

C. 代理责任　　D. 代理权的发生依据

5. 代理是指行为人根据一定方式的授权，以他人的名义与第三人为一定法律行为，所产生的法律后果(　　)。

A. 直接归于该他人承担　　B. 直接归于被代理人承担

C. 由该他人和该行为人按约定分担　　D. 由行为人代该他人承担

6. 要成为法人，以下条件中不是必须具备的是(　　)。

A. 独立承担法律责任　　B. 依法成立

C. 必要的经费　　D. 自己的名称、组织机构和场所

7. 当事人订立合同，采取(　　)的方式进行，当事人意思表示真实一致时，合同即可成立。

A. 邀请　　B. 承诺　　C. 要约邀请　　D. 要约和承诺

8. 根据《环境保护法》的规定，因环境污染损害赔偿提起诉讼的时效期间为( )年。

A. 4 B. 3 C. 2 D. 1

9.《民法通则》规定，因延付或拒付租金提起诉讼的时效期间为( )年。

A. 1 B. 2 C. 3 D. 4

10.《民法通则》规定，向人民法院请求保护民事权利的诉讼时效期间为( )年。

A. 1 B. 2 C. 3 D. 4

11. 甲委托乙公司代其购买商品房，乙以甲的名义与丙公司订立商品房买卖合同，由此而产生的合同权利义务直接由( )承受。

A. 甲 B. 乙 C. 丙 D. 甲和乙共同

12. 下列民法原则中，( )是民事法律关系的基本特点，是民事法律关系区别于行政法律关系、刑事法律关系的重要标志。

A. 诚实信用 B. 平等 C. 公序良俗 D. 自愿

13. 下列关于法律效力的表示中，不正确的是( )。

A. 宪法＞法律＞地方性法规 B. 法律＞行政法规＞行政规章

C. 法律＞行政规章＞地方性法规 D. 法律＞行政法规＞地方性法规

14. 将民事权利分为绝对权和相对权的依据是( )。

A. 各权利所处的地位不同 B. 权利的作用

C. 权利效力的不同 D. 权利标的的不同性质

15. 行为人对行为内容有重大误解和显失公平的，一方有权请求人民法院予以撤销，撤销后的民事行为从( )起无效。

A. 申请撤销 B. 人民法院判决撤销

C. 行为开始 D. 行为实际撤销

16.《民法通则》规定，代理人知道被委托代理的事项违法而仍然进行代理活动的，被代理人和代理人负( )责任。

A. 相同 B. 关联 C. 连带 D. 违约

17.《民法通则》规定，诉讼时效期间从知道或者应当知道权利被侵害时起计算，但是，从权利被侵害之日起超过( )年的，人民法院不予保护。

A. 10 B. 15 C. 20 D. 25

18. 引起诉讼时效中断的事由不包括( )。

A. 因不可抗力无法行使诉讼请求权

B. 当事人一方同意履行义务

C. 权利人提起诉讼

D. 当事人一方向义务人提出请求履行义务的要求

19.《担保法》规定定金的数额不得超过主合同标的额的( )。

A. 10% B. 15% C. 20% D. 25%

20. 权利人在其所有物上为他人设立权利，这种权利的直接效力是限制所有权的效用，此权利称为( )。

A. 他物权 B. 限制物权 C. 从物权 D. 所有权

21. 存款的利息、房屋因出租而获得的租金均属于( )。

A. 自然孳息 B. 法定孳息 C. 约定孳息 D. 天然孳息

二、多项选择题

1. 合同生效的条件有(　　)。
A. 意思表示真实　B. 合同当事人签字
C. 不违反法律和社会公共利益　D. 必须是法人
E. 当事人具有相应的民事行为能力

2. 根据合同是否必须以其他合同的存在为前提而存在，合同可分为(　　)。
A. 双务合同　B. 单务合同　C. 要式合同
D. 主合同　E. 从合同

3. 民事法律行为的形式主要有(　　)。
A. 口头形式　B. 默示形式　C. 书面形式
D. 视听资料形式　E. 电子形式

4. 违约责任的承担方式有(　　)。
A. 定金罚则　B. 继续履行　C. 赔偿损失
D. 给付违约金　E. 法律责任

5. 民事义务根据义务人行为的方式可分为(　　)。
A. 作为义务　B. 不作为义务　C. 禁止义务
D. 积极义务　E. 消极义务

6. 无民事行为能力人、限制民事行为能力人(　　)，他人不得以行为人无民事行为能力、限制民事行为能力为由，主张以上行为无效。
A. 签订合同　B. 接受报酬　C. 接受赠与
D. 接受奖励　E. 接受委托

7. 我国民法体系中规定的物权主要有(　　)。
A. 动产物权　B. 不动产物权　C. 所有权
D. 用益物权　E. 担保物权

8. 物权的特征主要有(　　)。
A. 物权处置原则　B. 物权优先原则　C. 物权公示原则
D. 物权法定原则　E. 物权排他原则

9. 根据权利标的的不同性质，民事权利可分为(　　)。
A. 主权利　B. 从权利　C. 财产权
D. 人身权　E. 形成权

10. 以下民事权利中，属于支配权的有(　　)。
A. 选择权　B. 物权　C. 追认权
D. 知识产权　E. 人身权

11. 监护是指依法对无民事行为能力人和限制民事行为能力人的人身、财产和其他合法权益进行保护和监督的制度，监护的种类主要有(　　)。
A. 法定监护　B. 委托监护　C. 自愿监护
D. 指定监护　E. 遗嘱监护

12. 根据《民法通则》规定，诉讼时效期间为1年的情况有(　　)。
A. 身体受到伤害要求赔偿的　B. 出售质量不合格的商品未声明的

C. 寄存财物被丢失或损毁的　D. 家庭财物丢失的

E. 因环境污染损害赔偿的

13. 以下属于滥用代理权的有（　　）。

A. 代理人以被代理人的名义与自己进行民事法律行为

B. 被代理人知道他人以本人名义实施民事行为而不作否认表示的

C. 代理人以被代理人的名义与自己同时代理的其他人进行民事法律行为

D. 被代理人知道代理人的代理行为违法而不表示反对的

E. 代理人和第三人串通，损害被代理人的利益的

14. 以下属于承担民事责任方式的有（　　）。

A. 停止侵害　B. 没收违法所得　C. 排除妨碍

D. 罚款　E. 赔偿损失

15. 以下属于合同无效的情形的有（　　）。

A. 一方以欺诈、胁迫的手段订立合同，损害另一方利益

B. 以合法形式掩盖非法目的

C. 损害社会公共利益

D. 恶意串通、损害第三人利益

E. 恶意串通，损害国家、集体利益

16. 下列情形中（　　）除外，债权人可以将合同的权利全部或者部分转让给第三人。

A. 根据合同性质不得转让　B. 债权人未通知债务人不得转让

C. 按照当事人约定不得转让　D. 依照法律规定不得转让

E. 合同主体发生变化时不得转让

17. 他物权是指在他人的物上设立的权利，以下属于他物权的有（　　）。

A. 所有权　B. 质权　C. 地役权

D. 土地使用权　E. 抵押权

18. 下列关于用益物权的表述中，正确的是（　　）。

A. 质权属于用益物权　B. 地役权、土地承包经营权属于用益物权

C. 用益物权是一种他物权　D. 用益物权的标的物是不动产或动产

E. 用益物权以对物的占有、使用、收益为主要内容

19. 担保物权是以确保债务履行为目的，在债务人或第三人所有或经营管理的特定财产上设定的一种物权，包括（　　）。

A. 典权　B. 质权　C. 留置权

D. 抵押权　E. 地役权

三、判 断 题

1. 民事法律关系的客体是指民事主体间民事权利义务所共同指向的对象。（　　）

2. 要约是指希望与他人订立合同的意思表示。（　　）

3. 要约应内容具体明确，即表达出订立合同的意思。（　　）

4. 要约是当事人订立合同的预备行为，当事人仍处于订约的准备阶段。（　　）

5. 要约应表明经受要约人承诺，要约人即受该意思表示约束；承诺只有到达要约人时才能生效。（　　）

6. 委托代理是基于被代理人的委托而发生的代理关系，通常以完成特定事项为代理内容。（ ）

7. 法定代理是根据法律的直接规定而发生的代理关系，法定代理人的权限来自法律的规定。（ ）

8. 指定代理是根据人民法院或有关单位的指定而发生的代理。（ ）

9. 指定代理的实质是一种实现委托代理的方式。（ ）

10. 民事权利能力是指法律赋予自然人享有民事权利和承担民事义务的资格，可分为一般权利能力和特殊权利能力。（ ）

11. 自然人从出生时起到死亡时止，具有民事权利能力，所有民事权利能力因死亡而消灭。（ ）

12. 胎儿不具有民事权利能力，不得成为民事法律关系的主体，但《继承法》规定遗产分割时，应当为胎儿保留必要的份额。（ ）

13. 标的物可以是天然的，也可以是人工创造的。（ ）

14. 完整的所有权包含占有、使用、收益、处分等四项权能，这四项权能可以与所有权发生分离。（ ）

15. 不动产所有权包括国家土地所有权、集体土地所有权和房屋所有权等。（ ）

16. 诉讼时效期间可分为普通诉讼时效期间、特别诉讼时效期间和长期诉讼时效期间。（ ）

17. 追及效力是指同一标的物，不允许有性质不相容的两个物权同时并存。（ ）

18. 当事人一方明确表示或者以自己的行为表明不履行合同义务的，对方可以在履行期限到来之后要求其承担违约责任。（ ）

19. 履行期限到来之后，当事人不履行或不完全履行合同义务，都将构成实际违约。（ ）

20. 实际违约行为的类型有拒绝履行、迟延履行、不适当履行、部分履行。（ ）

21. 违约的形式包括预期违约和实际违约。（ ）

22. 私有房屋在租赁期内，因买卖、赠与或者继承发生房屋产权转移的，原租赁合同对承租人和新房主失效。（ ）

23. 排他效力是指物权成立后，无论其标的物辗转落入何人之手，权利人均可追及标的物行使其权利。（ ）

24. 履行费用的负担不明确的和价款或者报酬不明确的，均由履行义务一方负担。（ ）

25. 合同履行地点不明确的，货币和不动产之外的其他标的，在债权人一方所在地履行。（ ）

26. 逾期交付标的物的，遇价格上涨时，按新价格执行；价格下降时，按原价格执行。（ ）

27. 逾期提取标的物或者逾期付款的，遇价格上涨时，按新价格执行；价格下降时，按原价格执行。（ ）

28. 诉讼时效是指权利人在法定期限内行使权利，请求人民法院或仲裁机关保护其权利的权利。（ ）

29. 诉讼时效消灭的是一种请求权，而不消灭实体权利。（ ）

30.《民法通则》规定，超过诉讼时效期间，当事人自愿履行的，仍受诉讼时效限制。（ ）

31. 民事法律关系的主体只包括自然人，不包括法人。（ ）

32. 自然人也称公民，既包括本国公民也包括外国人，但无国籍人不包括在内。 （ ）

33. 在中国，18周岁以上的公民是成年人，不具有完全民事行为能力，可以独立进行民事活动，是限制民事行为能力人。 （ ）

34. 在合伙制度中，团体形式并不能在合伙组织和个人之间划一条清楚的界限，合伙人要对合伙的债务承担无限连带责任。 （ ）

35. 无效的民事行为，从行为开始起就没有法律约束力。 （ ）

36. 民事法律关系的委托代理只能采用书面形式。 （ ）

37. 本人知道他人以本人名义实施民事行为而不作否认表示的，视为同意。 （ ）

38. 定金责任以实际发生的损害为前提，定金责任的承担不能替代赔偿损失。 （ ）

39. 将物分为动产和不动产的意义在于，不动产和动产权利取得、丧失、变更的要件不同。 （ ）

40. 一般来说，动产和不动产都以登记为公示方法。 （ ）

41. 物权是债权产生的前提，只有物权成立于债权之前，物权才优于一般的债权。（ ）

42. 物权和债权尽管都是财产权的范畴，但和债权相比较，物权是支配权，而债权是选择权。 （ ）

热点试题答案

一、单项选择题

1. A	2. B	3. C	4. D	5. A
6. A	7. D	8. B	9. A	10. B
11. A	12. B	13. C	14. C	15. C
16. C	17. C	18. A	19. C	20. B
21. B				

二、多项选择题

1. ACE	2. DE	3. ABCD	4. ABCD	5. DE
6. BCD	7. CDE	8. BCD	9. CD	10. BDE
11. ACDE	12. ABC	13. ACDE	14. ACE	15. BCDE
16. ACD	17. CDE	18. BCDE	19. BCD	

三、判 断 题

1. √	2. √	3. √	4. ×	5. √
6. √	7. √	8. √	9. ×	10. √
11. ×	12. √	13. √	14. √	15. √
16. √	17. ×	18. √	19. √	20. √
21. √	22. ×	23. ×	24. ×	25. ×
26. ×	27. √	28. ×	29. √	30. ×
31. ×	32. ×	33. ×	34. √	35. √
36. ×	37. √	38. ×	39. √	40. ×
41. ×	42. ×			

第十三章　拍 卖 知 识

命题规律解读

本章的命题规律主要体现在：

1. 拍卖的概念是个很容易出题的内容，应予以重视。
2. 拍卖的基本原则是个重要的命题点，是命题者很喜欢出题的内容。
3. 拍卖标的也可作为一个命题点。
4. 拍卖的报价方式是个重要的命题点，注意出现单选题和判断题。
5. 拍卖的几个规则应引起重视，很容易在此出现选择题。
6. 掌握拍卖实务，命题者很可能将其作为命题素材。
7. 强制拍卖的特点可作为一个命题点，应留意出现选择题。
8. 强制拍卖的主体和标的，是个重要的命题点，好好掌握，注意出现判断题。
9. 强制拍卖的程序也是一个值得注意的命题点。
10. 房地产拍卖是本章的重点，一定要牢固掌握。

命题点解读

命题点1　拍卖的概念

拍卖是指以公开竞价的方式，将特定的物品或财产权利转让给最高应价者的买卖方式。

拍卖活动中，主要涉及拍卖人、委托人、竞买人和买受人四方当事人。

拍卖人是指依法设立的从事拍卖活动的企业法人，即拍卖公司；委托人是指委托拍卖人拍卖物品或财产权利的公民、法人或其他组织；竞买人是指参加竞购拍卖标的的公民、法人或其他组织；买受人是指以最高应价购得拍卖标的的竞买人。

命题点2　拍卖的特征

1. 拍卖与普通商品交易的区别

(1)参与当事人。普通商品交易当事人只有卖方和买方；拍卖交易当事人有委托人、拍卖人和竞买人(买受人)，缺一不可。

(2)交易的性质。普通交易中买卖双方可以私下商量价格；而拍卖的整个过程是在公众的监督之下进行的。

(3)商品的价格形成。普通交易中商品销售价格由卖方定价或由买卖双方协商定价；拍卖中被拍卖商品的出售价格由竞买人通过竞价来决定，即由买方定价。

(4)商品的竞价对手。普通交易的价格竞争主要在卖方即生产厂家、供货商中间展开，有时也会在买卖方之间以讨价还价的方式展开；而拍卖方式交易中，价格的竞争是在买方中间展开的。

(5)对买方的身份要求。拍卖方式交易中，竞买人必须向拍卖人公开其真实身份，参与竞买前必须出示身份证明及办理竞买手续。在定向拍卖的情况下，还会对竞买人的身份或资格做出相应限制性规定。

(6)交易当事人的主体资格。根据《拍卖法》的规定，境内的拍卖活动必须由依法设立的拍卖机构来举行，而普通交易中的商业企业则一般不会受到特许的限制。

2. 拍卖与招标投标的区别

(1)标的内容上的区别。拍卖标的范围是：可以通过拍卖方式依法转让的各种财产及财产权利，包括动产、不动产和无形资产。

(2)实施机构上的区别。拍卖活动实施机构必须是依法设立的拍卖企业。招标人可以委托代理机构招标；招标人也可以自行办理招标事宜。

(3)行为目的上的区别。拍卖的目的是把拍卖标的转让给最高出价者，拍卖成交后所体现的是委托人向买受人转让财产或财产权利的关系。多数情况下，招标人是为了完成某些项目而在投标人中选择一个条件最优的合作伙伴，合同成立后由中标人完成合同约定的工作。

(4)佣金或酬劳。拍卖成交后，委托人和买受人都必须根据合同的约定向拍卖行支付佣金；而招标投标活动中，由于中标人或者成为招标人的合作伙伴，或者承揽一个合同项目，双方不需支付佣金或酬劳。

命题点3 拍卖的基本原则

1. 公开原则

其具体内容包括：

(1)拍卖信息公开。拍卖人必须在拍卖前7日内，以广告媒体或其他法律允许的形式，公开发布拍卖公告，公开展示拍卖标的，提供有关标的物的品质、材质、数量等文字说明。

(2)竞买公开。凡有两人以上符合资格的竞买人对拍卖标的提出竞买申请的，拍卖人不得无故撤回该标的或终止拍卖，更不得以其他形式转让拍卖标的。拍卖人必须公开举办拍卖会。由法律、法规所规定的原因及其他原因导致拍卖活动终止或终结的，拍卖人应通过公开的方式予以说明。

2. 公平原则

公平原则指拍卖法律关系当事人在拍卖活动中其民事权利义务、法律地位平等。

其具体内容包括：

(1)委托人与拍卖人是平等的民事主体。

(2)凡具备相应的民事行为能力并符合竞买资格的民事主体，均可平等的参加竞买活动，拍卖人不得拒绝竞买人的申请，妨碍其参与公平竞争。

(3)在竞买中，对同一应价或报价，除法律规定允许某竞买人有优先购买权外，其他竞买人均享有以最高报价或应价取得拍卖标的的权利。

3. 公正原则

其具体内容包括：

(1)拍卖人及工作人员不得以竞买人身份参加本拍卖机构举办的拍卖活动，也不得委托他人代为竞买。

(2)拍卖活动中，拍卖人不得有歧视竞买人使其无法成交或超高价成交的行为，更不允许对竞买人有欺诈、舞弊、私下交易等侵犯竞买人民事权利的行为。

(3)拍卖人与委托人不得事先串通，在拍卖交易时制造相互竞价的假象，致使报价或应价不断上扬。竞买人之间不得相互合谋串通，达到以低价成交的目的。

(4)委托人应向拍卖人,同时拍卖人也应向竞买人指明或提示其知道或应当知道的拍卖标的的瑕疵。

(5)委托人不得竞买本身所委托的拍卖标的,也不能委托他人代为竞买。

4. 诚实信用原则

其具体内容包括:

(1)拍卖法律关系当事人之间应自觉履行委托拍卖合同、拍卖成交确认书中所约定的各自的义务,以保证拍卖活动的顺利进行。

(2)整个拍卖活动中,拍卖法律关系各当事人的意思表示及行为应真实、善意和诚实。

委托人不得有意隐瞒标的瑕疵;拍卖人不得做虚假广告、虚假说明,不得以假充真,以次充好;竞买人不得对自己的应价,报价反悔;买受人成交后不得不付款、少付款或拖延付款时间。

命题点 4 拍卖标的

拍卖标的亦称"拍品"或"拍卖物",泛指可以通过拍卖方式转让的各种财产及财产权利。

依据不同标准,拍卖标的可以进行以下分类:

(1)从物品是否具备物质实体形态的角度,划分为有形财产和无形财产;

(2)从物品可否移动及移动是否影响其价值功能角度,可划分为动产和不动产;

(3)从可否流通及流通范围的广度,可以将物品划分为允许流通物、限制流通物和禁止流通物。禁止流通的物品不能作为拍卖标的;限制流通物可以作为定向拍卖的标的物;除禁止流通物和限制流通物外,大部分物品属于允许流通物,允许流通物是最常见的拍卖标的。

命题点 5 拍卖的报价方式

1. 增价拍卖

增价拍卖又称"英格兰式拍卖"或"估底价拍卖"。它是一种价格上行的报价方式,即竞价由低至高、依次递增,直到以最高价格成交为止。

增价拍卖根据竞买人报价方式不同,可分为:

(1)无声拍卖也被称为卖方报价拍卖;(2)有声拍卖也被称为买方报价拍卖。

2. 减价拍卖

减价拍卖又称"荷兰式拍卖"或"估高价拍卖"。它是一种价格下行的拍卖方式,即拍卖品的报价由高到低,依次递减,直到有人应价,即告成交。

减价拍卖皆为卖方报价拍卖,即无声拍卖。

根据拍卖方式不同,减价拍卖可分为人工式拍卖和电子式拍卖两种。

无论是增价拍卖还是减价拍卖,都遵循谁叫价谁要约的原则,另一方表示接受即为承诺,拍卖合同即告成立。但是,在买方报价拍卖中,拍卖人宣布的起拍价不是要约表示,只有竞买人报出的价格才是要约表示。

命题点 6 拍卖活动的类型

1. 强制拍卖和任意拍卖

强制拍卖是指国家有关机关依法将被查封、扣押、冻结的财产强制予以拍卖的行为。

任意拍卖是指民事关系当事人根据本身意愿将其所有的特定标的物拍卖的行为。

2. 动产拍卖和不动产拍卖

动产拍卖是指以动产为拍卖标的的拍卖行为。

动产拍卖的成交一般以拍卖标的物实际占有的转移为标志。

3. 有保留价拍卖和无保留价拍卖

有保留价拍卖是指拍卖前设立最低售价的拍卖行为。

竞买人的最高竞价必须等于或高于保留价，低于保留价不能成交。

有保留价拍卖通常用于价值较高的标的物拍卖，如房屋、土地、文物艺术品等。

无保留价拍卖是指拍卖前不设立最低售价的拍卖行为。

竞买人的最高竞价一经产生就可以成交；无保留价拍卖通常用于价值低的标的物拍卖。

4. 一次性拍卖和再拍卖

一次性拍卖是指只经过一次拍卖程序拍定的拍卖行为。

再拍卖是指必须经过两次以上拍卖程序才拍定的拍卖。

命题点 7　价高者得规则

1. 价高者得规则的含义

价高者得规则是指拍卖标的应卖给出价最高的竞买人。

2. 价高者得的效力范围：(1)价高者得规则约束竞买人；(2)价高者得规则约束拍卖人；(3)价高者得规则约束委托人。

命题点 8　保留价规则

保留价指拍卖人据以确认拍卖成交的最低价格。

保留价规则是指保留价发挥作用的制度。

保留价并非拍卖的必备条件，在无保留价拍卖中，拍卖人对某件拍卖标的宣布拍卖时，就不得收回，除非在合理时间内无人出价或应价。

命题点 9　保留价的确定、保密、公开与更改

1. 保留价的确定

委托人拥有保留价的确定权。

拍卖国有资产，依法需要评估的，应当经依法设立的评估机构评估，并根据评估结果确定拍卖标的保留价。

若拍卖国有资产是房地产的，则应当根据房地产估价机构的估价结果确定保留价。

2. 保留价的保密与公开

保留价通常仅限委托人和拍卖人等有限人知情。

保留价也可以公开，在拍卖目录中列示，也可以由拍卖主持人在拍卖现场口头宣布，总之应在竞买人开始报价前完成。

3. 保留价的更改

保留价的修改权从属于保留价的确定权，归委托人享有。

保密保留价的更改通知一般应在现场拍卖前1～2天内送达拍卖人。

在此情形下，拍卖人不得拒绝保留价的更改，但可以拒绝拍卖委托。

公开保留价的更改应及时通知竞买人，所谓及时是指竞买人参与竞买之前。

4. 保留价的效力范围

拍卖标的有保留价的，竞买人的最高应价未达到保留价时，该应价不发生效力，拍卖师应当停止拍卖标的的拍卖。拍卖人在此情况下出售拍卖标的物的行为无效。

命题点 10　瑕疵请求权的含义

瑕疵请求权是指竞买人在参与竞买前或参与竞买时，有权知道应该知道的拍品缺陷。如果该缺陷因他人的过错被隐蔽了，成为买受人时可以为所受到的欺骗和损失主张权利。

瑕疵请求权是买受人相对于委托人和拍卖人拥有的权利。

命题点 11　瑕疵请求权规则的原理

瑕疵请求权是依赖下述原理得以操作的：(1)过错责任理论；(2)担保责任理论。

命题点 12　瑕疵请求权的障碍

当出现下列情形时，买受人主张瑕疵请求权遇到障碍：

(1)委托人、拍卖人无过错。如果委托人、拍卖人能够证明自己没有过错，则可以对抗瑕疵请求权。

(2)买受人过错。表现为：1)疏忽；2)误解；3)不当行为。

(3)声明不保证。

命题点 13　瑕疵请求规则的效力范围

1. 谁知晓，谁负责

(1)委托人的责任，委托人必须受瑕疵请求规则制约；(2)拍卖人的责任，拍卖人的责任并不以委托人的告知为前提，即使委托人未向拍卖人告知瑕疵，拍卖人依然在以下两个层次上负责：1)拍卖人知道或应当知道；2)拍卖人先行负责。

2. 拍卖人先行负责

所谓拍卖人先行负责，指只要拍卖标的确实存在应告知未告知的瑕疵，则无论该责任应由谁承担，均由拍卖人先行负责。

命题点 14　禁止参与竞买规则

1. 禁止参与竞买规则的内涵

(1)禁止拍卖人参与竞买。即拍卖人不得参与自己主持的拍卖会的竞买。

(2)禁止委托人参与竞买。即禁止委托人参与自己委托拍卖标的的竞买。

2. 禁止参与规则的效力范围

(1)禁止拍卖人参与竞买。拍卖人及其工作人员不得以竞买人的身份参与自己组织的拍卖活动，并不得委托他人代为竞买。

(2)禁止委托人参与竞买的效力范围。委托人不得参与竞买，也不得委托他人代为竞买。

命题点 15　委托人分类

根据委托人的定义，委托人主要有：

(1)公民。在拍卖委托中，只有具备民事行为能力的自然人，才能成为委托人。

(2)法人。指具有民事权利能力和民事行为能力，依法独立享有民事权利和承担民事义务的组织。

(3)其他组织。指不具有法人条件，但又能独立作为民事权利主体进行民事活动的组织。

主要包括联营组织、个人合伙组织及破产企业的清算组织等。

命题点 16　拍卖委托方式及程序

1. 任意拍卖委托程序

(1)委托人拍卖意向；(2)寻找拍卖人；(3)双方当事人洽谈；(4)确定拍卖人，签订委托拍卖合同。

2. 法定拍卖委托程序

(1)发出委托拍卖函；(2)拍卖人接受委托；(3)签订委托拍卖合同。

命题点 17　委托拍卖合同

委托拍卖合同的签订，一方面标志着拍卖委托阶段的结束，另一方面是委托人与拍卖人双方法律关系的确立。

1. 委托拍卖合同的内容

委托拍卖合同的内容是指据以确定委托人、拍卖人权利、义务的合同条款。

委托拍卖合同的内容主要条款有：(1)委托人、拍卖人的姓名或者名称、住所；(2)拍卖标的的名称、规格、数量、质量；(3)委托人提出的保留价；(4)拍卖的时间、地点；(5)拍卖标的交付或者转移的时间、方式；(6)佣金及其支付的方式、期限；(7)价款的支付方式、期限；(8)违约责任；(9)双方约定的其他事项。

除上述主要条款外，应根据不同标的的情况，尽量详细地将双方的权利、义务描述清晰。

2. 委托拍卖合同的洽谈

(1)保留价的商谈。保留价一般低于目前市场上的交易价。

保留价不同于起拍价，起拍价可以低于保留价，等于保留价，也可以高出保留价。

(2)佣金比例及支付方式洽谈。

1)收取佣金是一种法定行为。

2)佣金比例。

非公物拍卖，委托人和拍卖人未作约定的而拍卖成交的，拍卖人可以向委托人收取不超过拍卖成交价5%的佣金；公物拍卖原则上不向委托人收取拍卖佣金。

3)佣金支付方式及期限。

委托人佣金支付一般有两种方式：前期支付法；扣除法。

(3)成交价款支付方式及期限洽谈。

委托拍卖合同中，应当载明拍卖标的价款支付方式和期限。

(4)拍卖标的的交付或者转移的时间和方式洽谈。

命题点18　拍卖公告及发布

拍卖企业在接受拍卖委托正式举行拍卖会之前发布的拍卖公告，是指拍卖企业通过媒介向社会公众通告有关拍卖必要事项的一种文书形式。

1. 拍卖公告发布的时间

拍卖人应当于拍卖日7日前发布拍卖公告。

2. 拍卖公告发布媒介

拍卖公告应当通过报纸或者其他新闻媒介发布。

拍卖法人股必须在国家证监会指定的3家证券类媒体之一上发布公告。

命题点19　拍卖公告的内容

拍卖公告应当载明事项包括：(1)拍卖的时间、地点；(2)拍卖标的；(3)拍卖标的的展示时间、地点；(4)参与竞买应当办理的手续；(5)需要公告的其他事项。

需要公告的其他事项，通常包括：(1)竞买人限制条件；(2)商品的限制流通；(3)拍卖标的有保留价的可以公告有保留价等。

命题点20　拍品展示

1. 拍品展示及其展示方式

拍卖人应当在拍卖前展示拍卖标的，并提供查看拍卖标的的条件及有关资料。

拍卖标的的展示时间不得少于两日。

拍品展示的方式主要有：(1)固定展示；(2)巡回展示；(3)资料展示。

2. 拍卖图录与媒体宣传

拍品展示的功能：(1)让竞买人对标的现场观察，辨别真伪；(2)宣传促销招商作用。

通常选择的媒体主要有报纸、新闻报道、广播电台发布信息等。

但公告和媒体宣传是有区别的，媒体宣传不能代替公告，媒体虽然可以起到扩大招商范围与力度的作用，但公告是不可省略的。

3. 拍卖资料及查看条件

拍卖人在展示拍卖标的的同时，还应当向竞买人提供查看标的的条件及有关资料。

拍卖资料的内容有：(1)标的名称、数量（面积）、规格、质量、存放地点（坐落地点）、折旧程度（使用年限）、用途、占用情况；(2)拍卖标的价款的支付方式及期限；(3)佣金及其他有关拍卖的费用；(4)拍卖方式，即是增价拍卖还是减价拍卖；(5)拍卖标的转让应缴纳的税费；(6)其他应告知的事项。

命题点 21　佣金与价款的结算

拍卖成交后，买受人除支付成交价款外，还须按照有关约定，向拍卖人支付拍卖佣金，即买受人应付拍卖师落槌价，加约定佣金，再加其他应付的费用。

命题点 22　强制拍卖的概念

强制拍卖是指国家执法机关依法对被查封扣押的财产实行公开竞价，把物品卖给出价最高的竞买人，以清偿债务为目的的一种强制执行行为，是法定委托拍卖方式的一种。

在我国，拥有强制拍卖权的国家机关有法院、检察院、公安机关、海关、税务机关等。

命题点 23　强制拍卖的特点

与任意拍卖相比，强制拍卖有如下特点：

(1)国家强制性；(2)标的的非自有性；(3)主体的特定性；(4)目的的利他性；(5)权利义务的不对等性。

命题点 24　强制拍卖的基本原则

1. 法院处置权限定原则

法院处置权限定原则，是指在强制拍卖中，法院虽然对拍卖标的依法享有一定的处置权，但为了充分保障被执行当事人的合法权益，对法院的处置权应当予以严格限定。

该原则本质上是由强制拍卖标的的非自有性决定的。

2. 法院主导拍卖程序原则

法院主导拍卖程序原则，是指整个强制拍卖过程，包括拍卖程序的启动、进行、中止、终结均由法院决定。

从本质上看，该原则是由法院强制拍卖的国家强制性和目的的利他性决定的。

命题点 25　强制拍卖的主体

强制拍卖的主体，是指在强制拍卖活动中形成的委托拍卖合同法律关系的当事人，即委托人和拍卖人。

拍卖委托人是指人民法院，拍卖人是指商业性拍卖机构（公司）。

拍卖标的的所有权人或处分权人（即执行案件的被执行人）与竞买人和买受人一样，均不是强制拍卖的主体，而只是强制拍卖的关系人。

命题点 26　强制拍卖的标的

强制拍卖的标的，是指被人民法院在执行中查封、扣押、冻结并委托商业性拍卖机构进行拍卖的被执行人的财产。

1. 强制拍卖标的的构成要件

(1)强制拍卖标的须为被执行人所有或依法享有处分权的财产；

(2)强制拍卖标的须为人民法院采取了控制性措施(查封、扣押、冻结)的财产；

(3)强制拍卖标的须为人民法院委托拍卖人进行拍卖的财产。

2. 强制拍卖标的的限制

(1)法律规定应当进行执行豁免的被执行人的财产，不能成为强制拍卖标的。

查封、扣押、冻结、拍卖、变卖被执行人的财产时，应当保留被执行人及其所扶养家属的生活必需品，对这部分生活必需品不能强制拍卖。

(2)法律法规规定的禁止流通物，不能成为强制拍卖标的。

对被执行人所有的禁止流通物，人民法院可以查封、扣押或冻结，但不得进行公开拍卖，而应交由法律规定的有关单位按照国家规定的价格收购。

命题点 27　强制拍卖的法律依据

人民法院在执行下列生效法律文书的过程中可以采用强制拍卖这一执行措施：

(1)人民法院民事、行政判决、裁定、调解书、民事制裁决定、支付令，以及刑事附带民事裁决、裁定、调解书；

(2)依法应由人民法院执行的行政处罚决定、行政处理决定；

(3)我国仲裁机构作出的仲裁裁决和调解书，人民法院依据我国《仲裁法》有关规定作出的财产保全和证据保全裁定；

(4)公证机关依法赋予强制执行效力的关于追偿债款、物品的债权文书；

(5)经人民法院裁定承认其效力的外国法院作出的判决、裁定，以及国外仲裁机构作出的仲裁裁决；

(6)法律规定由人民法院执行的其他法律文书。

命题点 28　强制拍卖的程序

(1)价格评估；(2)作出强制拍卖的决定；(3)确定和委托拍卖机构；(4)发布公告与展示标的；(5)确定拍卖保留价；(6)举行拍卖会；(7)确认拍卖结果。

命题点 29　房地产拍卖含义

房地产拍卖即通过公开竞价的方式将房地产标的卖给最高出价者的一种交易行为。

房地产拍卖委托人的身份有个人、公司法人、司法机关、银行、典当行、税务机关、其他行政执法机关等等。其中房地产拍卖业务主要还是来自法院委托。

命题点 30　房地产拍卖特征

(1)房地产拍卖数量多，价值高；

(2)房地产拍卖法律性强；

(3)拍卖结束后续工作多。

命题点 31　房地产拍卖业务的主要来源

(1)法院委托拍卖的查封抵债房地产；

(2)债权人委托拍卖的抵押房地产；

(3)政府部门委托拍卖的房地产；

(4)法人委托拍卖其所拥有的房地产；

(5)自然人委托拍卖的房地产。

命题点 32　房地产拍卖标的应具备的条件

(1)法律、法规禁止买卖、转让的房地产通常情况下不得拍卖：

1)未依法取得房地产产权证书的(包括土地使用权证书、房屋所有权证书、和房地产产权证书）；

2)共有房地产，未经其他共有人书面同意的；

3)权属有争议，尚在诉讼、仲裁或者行政处理中的；

4)权利人对房地产的处分权受到限制的；

5)以出让方式取得土地使用权，但不符合政府相关转让条件的；

6)司法和行政机关依法裁定，决定查封或者以其他形式限制房地产权利的；

7)国家依法收回土地使用权的；

8)法律、法规、规章规定禁止买卖、转让的其他情形。

(2)以出让或划拨方式取得国有土地使用权进行开发建设，其土地使用权需要拍卖的，应当符合国家法律、法规规定的可转让条件：

1)以出让合同取得的土地应按照出让合同的约定支付全部使用权出让金；

2)土地使用权已经依法登记并取得土地使用权证；

3)对于成片开发地块，需转让地块应已形成工业用地或者其他建设用地条件；

4)规划管理部门已经确定需转让地块的规划使用性质和规划技术参数；

5)出让合同约定的其他条件；

6)划拨方式取得的除符合 2)、3)、4)条外，还需报人民政府主管部门批准，补办出让手续。

(3)以划拨方式取得国有土地使用权的房地产拍卖应当报请有关部门批准，办理土地使用权出让手续，并缴纳土地使用权出让金；可以不办理出让手续的，应当由拍卖行将拍卖标的所得收益中的土地收益上缴国家。

(4)集体所有土地上建成的房屋需要拍卖的，应当符合法律、法规规定的买卖或转让条件。具体包括：

1)房屋所有权和该房屋占用范围内的土地使用权已经依法登记并取得房地产产权证书；

2)集体土地上的房屋拍卖前应向当地乡镇人民政府申请，获批准后方可进行拍卖。

(5)下列划拨用地不可以拍卖：

1)国家机关用地和军事用地；

2)城市基础设施用地和公益事业用地；

3)国家重点扶持的能源、交通、水利等项目用地；

4)法律、行政法规规定的其他用地。

(6)抵押房地产拍卖前应先获得抵押权人同意；如果未经抵押权人同意而因拍卖造成抵押权人经济损失的，需承担相应的民事责任。

命题点 33　房地产拍卖的程序

1. 接受拍卖委托

房地产拍卖的委托一般需提供下列有关证明文件：(1)房地产拍卖标的的产权证；(2)产权人身份证明（私产）或企业法人营业执照；(3)法定代表人证明书和法人授权委托书；(4)对拍卖房地产有处分权的证明文件；(5)产权证上标明是共有的，需出具共有证及出具其他共有人同意出售（或部分出售）的经过公证的委托书；(6)拍卖房地产的详细资料；(7)其他有关证明资料或房地产交易管理部门要求提交的其他文件；(8)至于私产，如果拍卖委托人是受托人，要出示房地产的权利人出具的经过公证的委托文件。

2. 拍卖房地产标的调查与确认

拍卖行应该对委托人提供的文件和资料进一步核实，内容主要包括：(1)拍卖标的与所提供的房地产权利证明是否一致；产权档案所标明产权人与产权证上产权人以及卖房人是否一致。(2)产权来源是否清楚，如新建，翻建，是否有规划、用地、施工管理单位的批准文件，是否领有新证。(3)房地产面积是否与房地产测绘部门出具的勘测报告一致。(4)产权证中“他项权利”一栏是否存在抵押权登记或租赁权登记等其他权利登记，查看房档中是否有记录，看抵押协议、抵押期、他项权利注销情况是否与产权证一致。(5)是否有被司法机关和行政机关依法裁定，决定查封或以其他形式限制房地产权利的文件。(6)是否有他人声明对该房地产享有权利的文件。(7)是否有产权证丢失的记录；现持产权证是原证，还是新证；是否登报声明。(8)是否有关于产权纠纷的记录，处理情况如何。(9)是否在拆迁范围，在被冻结和禁止买卖的范围内。(10)土地来源和变更情况，包括用地性质、划拨、出让、转让、土地使用年限和剩余使用年限、用途变更及其他。

3. 接受委托、签订委托拍卖合同

4. 房地产估价及拍卖保留价确定

5. 发布拍卖公告，组织接待竞买人

6. 现场拍卖阶段

7. 产权过户

命题点 34　不同权属状况拍卖标的的审查与前期处理

除了遵循房地产拍卖程序中所阐述有关前期准备及产权审查的一般内容外，还需要特别注意以下一些问题。

(1)拍卖标的房地产是否有重复查封。对于抵押权人起诉和非抵押权人因为其他经济纠纷涉及的起诉的案子，以抵押为主；对于皆非抵押权人起诉的案子，按时间先后，谁先起诉，谁先受偿。

(2)产权人为国有单位和集体单位时，房地产拍卖需要取得上级部门的许可意见。

(3)如果拍卖标的发生用途转换，为了保证拍卖成交后进行产权变更过户，补办规定的用途手续，必须进一步收集取证原始产权证办理过程的相关文件。

(4)有共有人的房地产拍卖，须有共有人的书面同意转让意见。共有人享有优先购买权。

(5)有租赁登记的房地产拍卖，须将拍卖行为告知承租人。承租人享有优先购买权。

(6)分层、分套的房屋拍卖，买受人按分摊的建筑面积取得相应比例的土地使用权。

(7)房屋的附属设施、公共部门、公用设备与房屋同时拍卖转让，应在公告中说明，并按照国家和当地政府的有关规定办理。

(8)建筑设计为成套的房屋，一般不得分割拍卖。

命题点 35　房地产拍卖价格的评估

基于以下原因，拍卖房地产价格的评估一般应比正常市场成交价格偏低。

(1)房地产拍卖委托一般都是因债务人无法履行到期债务的清偿，或出于其他较急切的融资需求而被迫拍卖其依法拥有的房地产。

(2)一般委托拍卖的房地产，尤其是直接查封开发商拥有的房地产都存在着这样那样的缺陷，且拍卖房地产多为单宗、部分、小规模物业，评估价格偏高势必会影响拍卖成交。

(3)买家也是在不充分了解该房地产的情况下进行竞投，拍卖实际上就是在短时间促成交易，买方需要在较短的时间内交付款项，承担的风险较大。

命题点 36　房地产拍卖登记需提交资料

(1)申请书;

(2)当事人身份证明或单位合法资格证明;

(3)委托书及代理人身份证明;

(4)房地产权证;

(5)拍卖成交确认书;

(6)房屋平面图及地籍图;

(7)出让或需补办出让手续的房地产需提交土地使用权出让合同及补缴土地使用权出让金收据;

(8)契税完税证及契税完税贴花;

(9)拍卖公告;

(10)其他有关文件。其中自愿委托拍卖的,除需提交上述(1)—(9)项资料外,还需提交委托拍卖合同;人民法院等强制拍卖的,除需提交上述(1)—(9)项资料外,还需提交:1)拍卖委托公函;2)生效的判决、裁定和调解书;3)协助执行通知书。

命题点 37　房地产拍卖应缴费用和相关税费

房地产拍卖(除出让土地使用权拍卖外)属于房地产二三级市场交易,通常需缴纳下列税、费项目:

(1)拍卖佣金;(2)营业税及其附加;(3)印花税;(4)契税;(5)交易手续费;(6)评估费;(7)登记费;(8)合同公证费等。

命题点 38　在建工程拍卖应注意事项

1. 应详细核查项目状况

(1)土地使用权以出让方式取得的,是否已经支付了全部土地出让金。

(2)土地使用权是否已经依法登记,取得产权证书。

(3)政府相关管理各部门的批准文件是否齐全。包括建设用地规划许可证、建设工程规划许可证、建筑工程施工许可证(或开工证)、预售许可证是否取得等等。

(4)房地产建设的开发投资总额是否已经完成25%。

(5)政府各相关部门的市政配套和基础设施配套的协议,以及配套费用的支付状况;与项目其他参与人的合同和费用支付情况。

(6)有多个债权人的工程项目最好将债权人联合起来,共同处理拍卖事宜。

(7)在建工程项目是否存在抵押行为。

(8)在建工程是否预售。如有预售,则先查阅其有无预售许可证,若没有许可证,往往开发和土地手续上存在遗留问题,应慎重处理;有预售许可证并开始预售的在建工程项目,拍卖时应将已经预售的部分扣除。

2. 在建工程拍卖需要申请和审核

拍卖前,在建项目的权利人应当向城市房产主管部门提出申请,取得拍卖的书面批准文件。

3. 拍卖成交后的手续处理

命题点 39　建成在售房地产拍卖应注意事项

(1)房地产所属物业的商品房预售(销售)许可证办理情况;

(2)土地使用权款项是否付清;

(3)房地产当前使用和租赁情况，费用拖欠情况等等。

命题点 40　破产企业房地产拍卖应注意事项

(1)破产财产拍卖前，应由破产清算组委托具有国家国有资产管理行政主管部门认证的资产评估机构进行评估；

(2)破产企业的国有土地使用权的拍卖需按照国有土地使用权出让的有关规定在拍卖前完成有关手续；

(3)涉及以划拨方式取得的土地使用权或涉及改变出让条件的土地使用权价格评估的，须由具有估价资质的价格评估机构进行评估，并在拍卖所得中首先扣除土地使用权出让金。

命题点 41　有瑕疵房地产拍卖的操作

这里所称的有瑕疵的房地产是指手续不全和规定不允许转让的，但经过有关部门、单位协商和政府审批后可以拍卖的房地产。

(1)拍卖标的有房屋所有权证，未办理土地使用权证。

经政府相关部门审批通过，如果是国有土地，则补缴出让金；如果是集体土地，则补缴征地费和出让金。补办土地使用权证。

(2)拍卖标的有土地使用权证，未办理房屋所有权证，须报请有关部门审批。经审批允许，并同意补办手续后方可拍卖。

(3)拍卖标的既无土地使用权证，又无房屋所有权证。参照(1)、(2)办理。

(4)拍卖有产权证的以划拨方式取得土地的房地产，应向有批准权的人民政府报批。

如允许补办出让手续，应当由买受人办理，并按规定缴纳土地使用权出让金。如允许可以不办理土地使用权出让手续的，转让方应当按照国务院转让房地产所获收益中的土地收益上缴国家或作其他处理。对于不可转让的国家公益型房地产，不可作为拍卖标的。

(5)对于房地产开发过程未予交清的款项，或未办完手续的房地产，应补缴清剩余款项和补办完全部手续。

(6)拍卖标的设定抵押权或重复设定抵押权问题。由于其他经济原因(不是银行诉讼)法院裁定强制拍卖已经被抵押给银行的房地产，应通知抵押权人，或解除抵押，或根据国家规定的拍卖标的拍卖金额的受偿顺序受偿。

历年考题诠解

一、单项选择题

1. 被执行人张某不能清偿张某所欠的债务，同时张某借给杨某的现金足以保证张某履行债务，杨某到期却拒不偿还，法院因此向杨某发出履行到期债务的通知，但杨某在指定期限内既没有提出异议也不履行，法院因此以裁定对(　　)的财产强制拍卖。**[2004 年考题]**

A. 张某　　B. 张某或杨某　　C. 杨某　　D. 张某和杨某

【答案】C　本题考核的是强制拍卖的标的。被执行人不能清偿债务，但对本案以外的第三人享有到期债权的，人民法院可以依法向第三人发生履行到期债务的通知，第三人在指定期限内没有提出异议而又不履行的，人民法院有权裁定对其强制执行，对其财产进行拍卖。

2. 拍卖一非公物房地产。市场价 2 800 万元，确定保留价 2 300 万元，起拍价 1 500 万元，成交价 3 200 万元，事先未约定佣金标准，拍卖人可以向委托人收取的佣金最高为(　　)万元。**[2006 年考题]**

A. 64　　B. 96　　C. 160　　D. 224

【答案】C　本题考核的是拍卖佣金。非公物拍卖，委托人和拍卖人未作约定的而拍卖成交的，拍卖人可以向委托人收取不超过拍卖成交价 5%的佣金。该房地产拍卖佣金最高额为(3 200×5%)万元＝160(万元)。

3. 下列关于拍卖行为的表述中，错误的是(　　)。**[2007 年考题]**

A. 拍卖人应公开展示拍卖标的，允许竞买人查看、检验标的物

B. 除法律、法规另有规定外，拍卖人不得拒绝竞买人的申请

C. 委托人可以派人参与竞买自身所委托的拍卖标的

D. 委托人与拍卖人是平等的民事主体

【答案】C　本题考核的是拍卖的基本原则。委托人不得竞买本身所委托的拍卖标的，也不能委托他人代为竞买。拍卖人应当在拍卖前展示拍卖标的，并提供查看拍卖标的的条件及有关资料。拍卖标的的展示时间不得少于两日。凡具备相应的民事行为能力并符合竞买资格的民事主体，均可平等的参加竞买活动，拍卖人不得拒绝竞买人的申请，妨碍其参与公平竞争，但法律法规另有规定的除外。拍卖法律关系当事人在拍卖活动中其民事权利义务、法律地位平等。

二、多项选择题

下列关于拍卖佣金的表述中，正确的有(　　)。**[2004 年考题]**

A. 拍卖人收取佣金是一种法定行为

B. 对非公物拍卖，委托人与拍卖人未作约定而成交的，拍卖人可以向委托人收取不低于拍卖成交价 10%的佣金

C. 委托人既可采取前期支付法也可采用扣除法支付拍卖佣金

D. 公物拍卖时，拍卖人一律不得向委托人收取拍卖佣金

E. 收取佣金比例按照同拍卖成交价成反比的原则确定

【答案】ACE　本题考核的是拍卖佣金比例及支付方式。拍卖人收取佣金是一种法定行为。非公物拍卖，委托人和拍卖人未作约定而拍卖成交的，拍卖人可以向委托人收取不超过拍卖成交价 5%的佣金。收取佣金比例按照同拍卖成交价成反比的原则确定。公物拍卖原则上不向委托人收取拍卖佣金。委托人佣金支付一般有前期支付法和扣除法两种方式。

三、判 断 题

1.《拍卖法》规定拍卖活动可以委托依法设立的拍卖企业，也可以自行实施拍卖。(　　)**[2004 年考题]**

【答案】×　本题考核的是拍卖活动实施机构。拍卖活动实施机构必须是依法设立的拍卖企业。

2. 拍卖人不得以竞买人的身份参与自己的拍卖活动，但可委托他人代为竞买。(　　)**[2004 年考题]**

【答案】×　本题考核的是拍卖的公正原则。拍卖人及工作人员不得以竞买人身份参加本拍卖机构举办的拍卖活动，也不得委托他人代为竞买。

3. 买方报价拍卖中，拍卖人宣布的起拍价是一种要约表示。(　　)**[2005 年考题]**

【答案】×　本题考核的是拍卖的报价方式。在买方报价拍卖中，拍卖人宣布的起拍价不

是要约表示，只有竞买人报出的价格才是要约表示。

4. 房地产拍卖成交后，无需拍卖人的协助就可办理过户手续。（ ）**[2006年考题]**

【答案】× 本题考核的是房地产拍卖特征。房地产拍卖成交，收齐相关款项后，买受人需在拍卖人的协助下办理房地产权属变更过户手续，取得拍卖房地产的产权证，该项标的拍卖才告结束。

5. 保留价不同于起拍价，起拍价可以低于等于保留价，但不可以高于保留价。（ ）**[2006年考题]**

【答案】× 本题考核的是委托拍卖保留价的商谈。保留价一般低于目前市场上的交易价。保留价不同于起拍价，起拍价可以低于保留价，等于保留价，也可以高于保留价。

6. 强制拍卖的主体，是指被拍卖标的所有权人或处分权人。（ ）**[2007年考题]**

【答案】× 本题考核的是强制拍卖的主体。强制拍卖的主体，是指在强制拍卖活动中形成的委托拍卖合同法律关系的当事人，即委托人和拍卖人。拍卖委托人是指人民法院，拍卖人是指商业性拍卖机构（公司）。

7. 因债务人无法履约而拍卖其房地产的评估价格一般比正常市场价格偏低。（ ）**[2007年考题]**

【答案】√ 本题考核的是房地产拍卖价格的评估。因债务人无法履行到期债务的清偿而拍卖其房地产的评估价格一般应比正常市场成交价格偏低。

热点试题全解

一、单项选择题

1. 下列关于拍卖公正原则的表述中，错误的是（ ）。
A. 拍卖人及工作人员不得以竞买人身份参加本拍卖机构举办的拍卖活动
B. 拍卖活动中，拍卖人不得有歧视竞买人使其无法成交或超高价成交的行为
C. 委托人应向拍卖人，同时拍卖人也应向竞买人指明或提示其知道或应当知道的拍卖标的瑕疵
D. 委托人不得竞买本身所委托的拍卖标的，可以委托他人代为竞买

2. 拍卖操作中的程序、规则、方法及技巧的总称是（ ）。
A. 拍卖实践 B. 拍卖过程 C. 拍卖实务 D. 拍卖行为

3. 在我国，（ ）是不属于拥有强制拍卖权的国家机关。
A. 法院 B. 检察院 C. 海关 D. 军队

4. 房地产拍卖登记需提交的资料中不包括（ ）。
A. 申请书 B. 登记表 C. 房地产权证 D. 拍卖公告

5. 集体土地上的房屋拍卖应向当地（ ）申请，获批准后方可进行拍卖。
A. 人民法院 B. 公安机关 C. 人民检察院 D. 乡镇人民政府

6. 根据拍卖方式不同，荷兰式拍卖可分为（ ）。
A. 有声拍卖和无声拍卖 B. 人工式拍卖和电子式拍卖
C. 有保留价拍卖和无保留价拍卖 D. 法定拍卖和任意拍卖

7. 任意拍卖属民事行为，通常由委托人委托拍卖机构拍卖，必须以（ ）为前提。
A. 委托人对标的物拥有所有权或处分权 B. 委托人对标的物拥有处分权或占有权

C. 委托人与拍卖人签订的委托拍卖合同　　D. 委托人需偿还的债务

8. 若拍卖的国有资产是房地产的，则应当根据(　　)确定保留价。

A. 房地产市场价格　　B. 房地产重置价值

C. 房地产估价机构的估价结果　　D. 房地产净值

9. 因拍卖人、委托人未说明拍卖标的的瑕疵，给买受人造成损害，属于委托人责任的，(　　)有权向委托人追偿。

A. 拍卖人　　B. 买受人　　C. 公证人　　D. 拍卖机构

10. 非公物拍卖中，委托人和拍卖人未作约定而拍卖成交，成交价为 4 000 万元人民币，则拍卖人可以向委托人收取的佣金不得超过(　　)万元。

A. 40　　B. 120　　C. 200　　D. 400

11. 拍卖人必须在拍卖前(　　)日内，以广告媒体或其他法律允许的形式，公开发布拍卖公告。

A. 2　　B. 3　　C. 7　　D. 10

12. 拍卖品展示的方式不包括(　　)。

A. 固定展示　　B. 巡回展示　　C. 资料展示　　D. 网络展示

13. 拍卖标的的所有权人或处分权人是强制拍卖的(　　)。

A. 当事人　　B. 关系人　　C. 主体　　D. 公证人

14. 从本质上看，法院主导拍卖程序原则是由法院强制拍卖的国家强制性和(　　)决定的。

A. 主体的特定性　　B. 目的的利他性

C. 标的非自有性　　D. 权利义务的不对等性

15. 以下不属于房地产拍卖的委托需提供的证明文件的是(　　)。

A. 房地产拍卖标的产权证　　B. 房地产拍卖标的的抵押证明文件

C. 对拍卖房地产有处分权的证明文件　　D. 拍卖房地产的详细资料

二、多项选择题

1. 拍卖的基本原则包括(　　)。

A. 公平原则　　B. 公正原则　　C. 公开原则

D. 自愿原则　　E. 诚实信用原则

2. 拍卖房地产，根据委托方的属性，主要来源有(　　)。

A. 债务人委托拍卖的抵押房地产　　B. 法院委托拍卖的查封抵债房地产

C. 政府部门委托拍卖的房地产　　D. 自然人委托拍卖的房地产

E. 法人委托拍卖其所拥有的房地产

3. 拍卖公告中需要公告的其他事项通常指(　　)。

A. 竞买人限制条件　　B. 商品的限制流通

C. 拍卖标的的时间　　D. 拍卖标的有保留价的可以公告保留价

E. 拍卖标的的地点

4. 下列属于强制拍卖的程序的是(　　)。

A. 确定拍卖保留价　　B. 发布公告与展示标的

C. 委托拍卖合同　　D. 确定和委托拍卖机构

E. 作出强制拍卖的决定

5. 房地产拍卖的特征有(　　)。

A. 数量多　B. 法律性强　C. 拍卖结束后续工作多

D. 操作难度较大　E. 价值高

6. 拍卖与招标投标的区别主要表现在(　　)。

A. 标的内容上　B. 实施机构上　C. 行为目的上

D. 是否收取酬劳　E. 行为结果上

7. 强制拍卖的基本原则指(　　)。

A. 法院处置权限定原则　B. 法院任意处置原则

C. 法院主导拍卖程序原则　D. 公开性原则

E. 法院指定处置原则

8. 在拍卖规则中,价高者得的效力范围表现在价高者得规则约束(　　)。

A. 竞买人　B. 拍卖人　C. 委托人

D. 所有人　E. 公正人

9. 拍卖规则是长期以来在拍卖实践过程中形成的约束拍卖活动参与者的合法习惯规则,包括(　　)。

A. 价高者得规则　B. 瑕疵请求权规则

C. 保留价规则　D. 标底价规则

E. 禁止参与竞买规则

10. 禁止流通物指法律明令禁止流通的物品,包括(　　)。

A. 毒品　B. 弹药　C. 化工物品

D. 麻醉药品　E. 军火

11. 保留价通常是保密的,有权知晓保密的保留价的有(　　)。

A. 拍卖人　B. 竞买人　C. 委托人

D. 公证人　E. 买受人

12. 买受人主张瑕疵请求权遇到障碍的情形包括(　　)。

A. 委托人、拍卖人疏忽　B. 买受人误解　C. 声明不保证

D. 委托人、拍卖人无过错　E. 买受人无过错

13. 拍卖公告的内容指应该向公众告知的必要事项,包括(　　)。

A. 拍卖的时间、地点　B. 拍卖标的交付的时间、方式

C. 参与竞买应当办理的手续　D. 拍卖标的的展示时间、地点

E. 拍卖款的支付方式、期限

14. 拍卖佣金的支付方式有(　　)。

A. 前期支付法　B. 后期支付法　C. 抽层法

D. 扣除法　E. 分段支付法

15. 与任意拍卖相比,强制拍卖的特点有(　　)。

A. 国家强制性　B. 标的的自有性

C. 权利义务的不对等性　D. 主体的特定性

E. 目的的利己性

16. 法院在强制拍卖过程中的主导地位和主导作用主要体现在(　　)。

A. 法院有权决定竞拍人范围

B. 法院有权在出现中止事由时单方中止拍卖程序

C. 法院有权对强制拍卖的各个环节和过程方面进行严格的监督和检查

D. 法院有权在出现终结拍卖由时单方解除委托拍卖合同,终结拍卖程序

E. 法院有权对最高应价者进行审查,作出是否成交的决定

17. 以下房地产通常(　　)情况下不得拍卖。

A. 以出让方式取得土地使用权,符合政府相关转让条件的

B. 未依法取得房地产产权证书的

C. 共有房地产,其他共有人书面同意的

D. 权利人对房地产的处分权受到限制的

E. 司法和行政机关依法裁定,决定查封或者以其他形式限制房地产权利的

三、判 断 题

1. 拍卖是指以公开竞价的方式,将特定的物品或财产权利转让给最终出价者的买卖方式。(　　)

2. 公正原则指拍卖法律关系当事人在拍卖活动中其民事权利义务、法律地位平等。(　　)

3. 房地产拍卖应在拍卖日的1～2个月前以登报或通过电视等媒体公告的形式发布关于该房地产拍卖的公告信息。(　　)

4. 拍卖标的展示时间不得少于3日。(　　)

5. 任意拍卖目的在于将物品换价兑现,与清偿债务一定有直接关系。(　　)

6. 拍卖人必须以广告媒体的形式,公开发布拍卖公告。(　　)

7. 对被执行人所有的禁止流通物,人民法院不可进行公开拍卖。(　　)

8. 廉价商品多采用有保留价拍卖,价值高的商品多采用无保留价拍卖。(　　)

9. 承担瑕疵责任的基本准则是谁知晓谁负责。(　　)

10. 非公物拍卖,委托人和拍卖人未作约定的而拍卖成交的,拍卖人可以向委托人收取不超过成交价10%的佣金。(　　)

11. 买方报价拍卖中,拍卖人宣布的起拍价不是要约表示,竞买人报出的价格方是要约表示。(　　)

12. 城市基础设施用地可以拍卖。(　　)

13. 拍卖活动中的竞买人是指以最高应价购得拍卖标的的公民、法人或其他组织。(　　)

14. 拍卖活动中,竞买人之间可以相互协商勾通,达到以低价成交的目的。(　　)

15. 拍卖人及工作人员可以委托他人代为参加本拍卖机构举办的拍卖活动。(　　)

16. 拍卖人与委托人不得事先串通,在拍卖交易时制造相互竞价的假象,致使报价或应价不断上扬。(　　)

17. 凡具备相应的民事能力并符合竞买资格的民事主体,均可平等的参加竞买活动,拍卖人不得拒绝竞买人的申请,妨碍其参与公平竞争。(　　)

18. 竞买人不得对自己的应价、报价后悔。(　　)

19. 法律法规规定的禁止流通物,可以成为强制拍卖标的。(　　)

20. 无论是英格兰式拍卖还是荷兰式拍卖，都遵循谁叫价谁要约的原则。　(　　)

21. 房屋拍卖成交后必须到房地产管理部门办理过户登记手续，买受人才能真正享有财产权利。　(　　)

22. 不动产必须有保留价拍卖，其拍卖成交一般以拍卖标的物财产所有权的转移为标志　(　　)

23. 保留价并非表面上所体现的价格，而是一种权利义务的制衡点，用来防止利益的过分倾斜。　(　　)

24. 保密保留价的更改通知一般应在现场拍卖前1天送达拍卖人。　(　　)

25. 瑕疵请求权是买受人相对于委托人和拍卖人拥有的权利。　(　　)

26. 只要拍卖标的确实存在应告知未告知的瑕疵，则无论该责任应由谁承担，均由委托人先行负责。　(　　)

27. 对拍卖任意物品和公物收取相同比例的佣金。　(　　)

28. 公物拍卖一律不得向委托人收取拍卖佣金。　(　　)

29. 强制拍卖是以清偿债务为目的的一种强制执行行为，是法定委托拍卖方式的一种。　(　　)

30. 强制拍卖的拍卖委托人是指人民法院，拍卖人是指商业性拍卖机构(公司)。　(　　)

31. 强制拍卖的拍卖机构一般由法院指定。　(　　)

32. 对于集体土地上建成的居住房屋，其竞买人只能是房屋所在地乡镇范围内具备房屋建设申请条件的人。　(　　)

33. 对拍卖房地产确定合理的拍卖保留价和期望价是决定拍卖行为成功与否的主要环节。　(　　)

34. 有租赁登记的房地产拍卖，须将拍卖行为告知承租人，承租人享有优先购买权。　(　　)

热点试题答案

一、单项选择题

1. D	2. C	3. D	4. B	5. D
6. B	7. A	8. C	9. A	10. C
11. C	12. D	13. B	14. B	15. B

二、多项选择题

1. ABCE	2. BCDE	3. ABD	4. ABDE	5. ABCE
6. ABCD	7. AC	8. ABC	9. ABCE	10. ABE
11. ACD	12. BCD	13. ACD	14. AD	15. ACD
16. BCD	17. BDE			

三、判 断 题

1. ×	2. ×	3. ×	4. ×	5. ×
6. ×	7. √	8. ×	9. √	10. ×

11. √	12. ×	13. ×	14. ×	15. ×
16. √	17. √	18. √	19. ×	20. √
21. √	22. √	23. √	24. ×	25. √
26. ×	27. ×	28. ×	29. √	30. √
31. ×	32. √	33. ×	34. √	